你读过赫拉巴尔吗

[捷克] 托马什·马扎尔　著　刘星灿　译

中国青年出版社

（京）新登字083号

图书在版编目（CIP）数据

你读过赫拉巴尔吗/〔捷克〕马扎尔著；刘星灿译. —北京：中国青年出版社，2010.6
ISBN 978-7-5006-9408-3

Ⅰ.①你... Ⅱ.①马...②刘... Ⅲ.①赫拉巴尔，B.（1914~1997）–传记 Ⅳ.①K835.245.6

中国版本图书馆CIP数据核字（2010）第120566号

北京市版权局著作权合同登记章

图字:01–2008–4386

Kniha byla napsána s přispěním Nadace Český literární fond

Tomáš Mazal

Torst 2004

著作者   〔捷克〕托马什·马扎尔
译者   刘星灿

责任编辑   龙　冬
封面设计   康　健
出版发行   中国青年出版社
社址   北京东四12条21号（邮编100708）
网址   www.cyp.com.cn
门市部   010–57350370
编辑部   010–57350401
印刷   三河市祥达印装厂印刷
经销   新华书店
规格   660×970 1/16
印张   18.5
插页   2
字数   180千字
版次   2010年6月北京第1版
印次   2010年6月河北第1次印刷
书号   ISBN 978-7-5006-9408-3
定价   29.00元

本图书如有印装质量问题,请凭购书发票与质检部联系调换 联系电话：(010)57350335

目　录

致中国读者

亲爱的中国读者：

我高兴地得知，捷克作家博胡米尔·赫拉巴尔的作品在你们美丽的国土上也同样受到欢迎，前前后后出版的中译本竟达十余种之多。对我个人来说，尤其让我高兴的是，拙作《赫拉巴尔》一书的摘译本也将与中国读者见面。这是我的荣幸，但愿它或多或少能让大家进一步了解到赫拉巴尔的生活、作品与风采。

说实在的，赫拉巴尔本人的生活事迹，就是一个典型的中欧人在二十世纪的生活经历。他所走过的生活与职业历程，实际上折射出中欧的历史事件与时代变迁。一九一四年，当时作为奥匈帝国公民的赫拉巴尔的诞生地摩拉维亚，就是中欧的中心地带，是你争我夺、富于欧洲政治的战略意义的不幸地区。赫拉巴尔自然也同他的民族度过了几番戏剧性的政权轮替与革命变更，不仅遇上了国家边界的改变，而且还经历了两次世界大战。他四十七岁时还一直当着工人干着体力活儿，到一九六三年才出版了第一本书，可在一九九七年他逝世时，却已是一位受到世界注目的著名作家。

至于我这个再普通不过的人，又是怎样与赫拉巴尔这位伟大作家结下了不解之缘呢？

我自一九五六年出生之后，一直生活在布拉格，读完职业高中之后，换了好几次技术工作，最后成为一名自由职业者。尽管我一直坚持业余爱好，自修文学，在国内外出版了好几本书，但仅靠文学和新闻写作是不够糊口的，所以我至今仍作为一名消防安全技术员为多家公司服务。还是在当学生的时候，我便被各类题材和风格的文学读物所吸引，当时学校里是不主张你分心去读这些闲书的。我坚持自学,十六岁时第一次得到了赫拉巴尔的一本短篇小说集《"世界"快餐店》,这本书让我喜爱得立即去将赫拉巴尔所有的其他作品都找来读。这可不是一件容易的事儿,因为他的书早已售完,并且没有再版,他的新书又不给出版,因为自一九六八年苏军占领捷克之后,对占领不肯表态支持的赫拉巴尔,是被当时的政府禁止出版其作品的作家。

后来我长大一些,便常和朋友们到金虎酒家去喝啤酒,那里提供也许是在布拉格最好的皮尔森啤酒,碰巧赫拉巴尔也常和他的朋友们去那里喝酒。当然他们是坐在另外一张桌子。那时我作为他的一名读者,虽然还未曾跟他打过招呼,但我总算亲眼看到了一位实实在在活生生的作家。

我那时很胆怯,心想无缘无故去打扰一位作家恐怕不合适吧,所以就只是默默地从我们这张离他较远的桌子注视着他,而且我得承认,也许在我最初的文学创作尝试中,还下意识地模仿过他。

一九七五年后,官方有限制地允许赫拉巴尔出书,赫拉巴尔有一些新书问世。我对他的兴趣更加提高。当时赫拉巴尔在金虎酒家的桌旁总是很热闹,常有人跑去跟他握手或让他签名。

后来,我和朋友们因故转到另一家饭店,当时我们办起了"地下出版",悄悄传抄和扩散被禁作家各类手稿及打字文稿,包括赫拉巴尔被官方出版社拒绝出版和只在国外流亡出版社问世的新作品。

直到一九八九年的"天鹅绒革命"后,情况才有所改变,我们的地下出版社也在一九九〇年初改为公开出版社。在朋友们的大力支持下,我们印刷出版了原先只用打字机复制成几个副本的第一本铅字印刷的书。

我记得这是一本由节奏明快的女诗人杨娜·克莱伊查罗娃在一九四八——一九五二年写作的一本诗集。在这之前,她一直将这些诗作藏在抽屉里,谁也不敢出版。因为赫拉巴尔在一九五〇年前后曾与杨娜·克莱伊查罗娃有过较密切的交往，我断定，让赫拉巴尔给这本由我们出版的唯一的一本小书写个前言准不错。我就这么下了决心，并鼓足勇气，克制住羞怯，到金虎酒家去找赫拉巴尔。出乎意料的是，赫拉巴尔认真地听了我的请求，还微笑着喃喃了一句什么，然后对我说，让我在下个星期二再来这里，他会将文章带给我。

一周之后，我带着几分怀疑去到金虎酒家。一打开酒家门，没想到赫拉巴尔已在后面那个位子上向我招手，仿佛他已焦急地等了我好大一会儿。"这是给你的那篇文章，"他对我说，"您坐过来，跟我们一块儿喝啤酒吧。"

篇幅有限，我不想再拉长我的回忆。总之，在这张桌子我喝了不止一杯啤酒。我在那里坐了整整七年，直到赫拉巴尔逝世。命运，或更确切地说，一种更高的精神力量将我判给了赫拉巴尔。在这张赫拉巴尔桌子上相聚过的我们这些留下的朋友，至今每逢星期二还一直在那里相聚。

我与赫拉巴尔之间是一种相互尊重、充满信任、理解和真正意义上的友谊关系——赫翁对我来说，不仅是一位杰出的作家，而首先是一个温和亲切的人。我们喝过的啤酒足够装满好几个容量大得我恐怕都游不到对岸的游泳池，我常挨着他坐在金虎酒家，乃至克鲁肖维采酒家。我不只是与他同饮啤酒，我还常去克斯科他的林中小屋看望他，为他处理邮件，管理钱财，帮他处理各种日常生活事务，我甚至有他住所的钥匙，为免遗失，他的出国护照也放在我这里。总而言之，充当他秘书的角色。还同他一道出国参加文学活动，接待来访者。在国外及国内小酒家这类嘈杂的地方，我还常常遇到赫拉巴尔的朋友，包括作家、画家、雕塑家、音乐家、戏剧家、各个门类的艺术家以及思想情趣与他相投的普通劳动者……应该说，所有这些都是我所期待的非常难得的最好的大学。而最主要的是赫翁经常鼓励我、引导我，对我讲解如何写作，如何通过写作来

3 ·　　　　　　　　　　致中国读者

询问自己应该如何生活,如何与读者更等同,如何让作品恰当地有所教益、打动人心、引起共鸣……我觉得,谁与赫拉巴尔有过交往,便会永远忘不了他。他的人格魅力会在你心中留下深刻的印象。我曾到国内外出版翻译过赫翁作品的不少地方去参加座谈会,讲述赫拉巴尔的生活与作品,发现许多听众不满足于只读他的作品,很想知道关于赫拉巴尔更多的东西,从而启发我想到应该写一本书,将我知道的有关赫拉巴尔的一些情况和照片拿出来与大家共享。终于,《赫拉巴尔》问世了。

翻译家刘星灿女士于二〇〇四年应邀访捷时,我将《赫拉巴尔》送给了她,她欣然表示乐意将它摘译介绍给中国读者。作为中国青年出版社隆重推出的"赫拉巴尔精品集"译者之一,她向我反映了赫拉巴尔的作品在中国翻译出版、受到读者热烈欢迎与好评的情况。我衷心感谢将赫拉巴尔作品介绍给中国读者的杨乐云女士等翻译家们和中国青年出版社的朋友们,由于他们的辛勤劳动,才使赫拉巴尔和他的作品在你们美丽的国土获得了众多的"知音",从而拉近了我们两国人民之间的距离。

最后,请接受我深深的祝福。恭祝各位愉悦、安康、合家幸福!

托马什·马扎尔

第 一 部 分

电影结束了

一九九七年二月三日，星期一，我感冒躺在家里。上星期六我还开车到一位木匠朋友伊希·特尔卡家去为孩子们取过鸟食槽，可到晚上便发起了高烧，几乎动弹不得，就像挨了一顿棍棒那样全身酸痛……当天下午，大概在两点四十五分，虚弱无力的我突然接到一个电话，有个女人的声音在电话里说她是从布洛夫卡医院打来的，说马上替我接通东格尔教授。紧接着，电话里响起了一个男人的声音，"马扎尔先生，我告诉你一个悲痛的消息，赫拉巴尔先生逝世了。""不，不可能……"我开始结巴起来。"这是发生在几分钟之前的事。很遗憾，这是一起悲剧性的事故，赫拉巴尔先生从窗口摔了下去。"这位布洛夫卡医院矫形外科主任用冷峻的声音补充说，"这对我来说也是一桩非常悲伤的事儿。他因为给鸽子喂面包渣，探身窗外，腰弯得过大，不小心从窗口摔了下去，当场身亡，已经回天乏术了……"是啊，已经无法抢救了。我立即拨了几个电话……开始了悲伤、漫长而又繁忙的一周。

赫拉巴尔自一九九六年十一月十三至十五日访问柏林回来，以及寒冬随即降临，健康状况一直不太好，步履越来越艰难，关节和头部总是疼。"有什么好说的呢？就该是这个样子了嘛，当然这也不会拖多久……"他心绪不佳地说。在他生命的最后几年里，他的孤独感越来越深，心情时常烦躁，这种状态对他来说可能比行动上的不便更难忍受。尽管如此，他却仍然不辞劳苦每天早上搭公交车到克斯科去，下午再返回布拉格，直奔金虎酒家，到他回家休息时已是晚上，行动就更加困难了。我们得轮流叫辆出租车送他回家，通常是谁陪他在酒家，就由谁送他，艰难地扶他爬上六楼，帮他脱

了衣服,安顿上床,为他往床头柜上放一杯水、一些止痛片和安眠药,然后……关上房门,就只能交给上帝去照顾他了。为了保险起见,我身边还留着他的一把房门钥匙。令人惊叹的是,赫拉巴尔在每次经过这种夜间神志昏迷的艰辛历险之后,第二天早上九点钟,重又踏上去克斯科的征途,下午照样重复"布拉格、小酒家、回家"这个循环圈。

十二月三日,星期二那天,克拉乌迪奥·波尔达①和伊万·科特②开车到克斯科来找赫拉巴尔,准备送他到金虎酒家去参加我们星期二的例会。参加者是他最亲密的朋友,几乎是他最在乎的一些人。他与他们定期讨论他感兴趣的事情,而朋友们则充当着他与周围世界的联系人, 他们实际上不只是对他的身体而且也包括他在文学方面的事宜给予关爱。在最近几年里,每到星期二,我们总是开车到克斯科去接他,以便稍微减轻一些他在公交车上的颠簸。赫拉巴尔欢迎这一举措,而我们所得到的回报则是按照他为我们准备的行车路线回到布拉格。我们不止一次地乘车从克斯科途经科乌辛回到布拉格,有时却又经过利普尼采或者旧博列斯拉夫、霍都涅。所经过的整个地区,布满了上千年的古旧村落和名胜古迹,还有小教堂、庄园、坟地等,更主要的是那些载负着饱含鲜血的历史的小溪与河流。赫拉巴尔是一位出色的导游,他的讲解不仅包括历史事件,而且包括与之相关的文学艺术。我们也常在那些乡村小饭店吃个晚些的中饭。在这里,赫拉巴尔以其特有的幽默风趣,讲述他或他的朋友们在这里和附近地区遇到的事情, 还将那些曾经遇到的某件吸引他的事件发生地指给我们看。后来,他还将这些事件

---

① 克拉乌迪奥·波尔达(Claudio Porta),是赫拉巴尔的一位酒友。

② 伊万·科特(Iyan Kott 1942-),化学家,是赫拉巴尔及女友所在剧院的文化俱乐部的组织者,从 1988 年起与赫拉巴尔在金虎酒家相识并成为好友。

糅进作品里。对我们来说,这是将貌似平庸、单调乏味的景色,做一番有趣而丰富多彩的描绘。对赫拉巴尔来说,哪怕只是瞬间的变幻,从他那缩在克斯科的小屋里以及布拉格预制板楼房里的"奇特孤独"中挣脱出来,一览这充满阳光、色彩以及人群的景色,都是非常愉快的事情。他以审美的眼光领悟这一切,也善于像画家那样描绘这一切。

可是,在这个一九九六年的十二月三日,赫拉巴尔却没有和我们从克斯科一同回到布拉格,据说是喝多了伏特加,腿和腰撞在了壁炉上。"小伙子们,没劲儿,我不跟你们去了。替我问候金虎酒家。可能的话,你们明天来看看我,我就留在这里了。"可到第二天,赫拉巴尔的弟媳塔莎却给刚从克斯科回来的波尔达打了个电话,让他中午就到克斯科去,因为博冈①决定要去医院,已经为他在布洛夫卡一位名医那儿挂了号。于是赫拉巴尔像前次一样,又住进了布洛夫卡医院。可这一次去的既不是内科,也不是神经科,而是由巴维尔·东格尔教授主管的矫形外科。这是一九九六年十二月四日,是个寒风凛冽的日子。

第二天,我就到医院去看望了赫拉巴尔。我们在赫拉巴尔住院期间从没遵守过探病时间的规定,门房也不在乎我们这样。赫拉巴尔住在一间空着很多病床的大病房里,仿佛他只是在一所山间木板房里作短暂的休息,仿佛那里随时还会有下一批旅行者到来,而赫拉巴尔还将从这里出发到别处去。他身穿牛仔裤和来克上衣,围了一条围巾,戴了一顶俄式羊皮帽,手杖靠在床沿上。窗外有架直升机在缓缓下降,从飞机里匆忙抬出一个裹着毯子、包扎了绷带的伤残者。马达声不停,直升机准备飞走,仿佛一只从天而降往这里运送病人的鸥,又仿佛为它巢中饥饿的雏鸟搜寻食物而来。气氛沉寂,赫拉巴尔不发一语,执拗地盯着前面。"这是空手道。我没想

---

① 作家赫拉巴尔姓赫拉巴尔,名博胡米尔,博冈则是博胡米尔的爱称。

到会这样。太可怕了,但也有它自己的逻辑啊!完了,我从这里是出不去了。刚不久,伊拉来过,说什么我脸色还不错,说他,也就是约瑟夫·伊拉举办了一个漂亮的展览。他也清清楚楚把我看了个底朝天。"我的探望时间比较短,赫拉巴尔明显想独自待一待。"这里冷得要命。"分手时他只说了这么一句。几天之后,赫拉巴尔搬进了一间单人病房,六楼十一号房间。从朝南的窗口可以看到利本尼①、维索昌尼、卡林以及日什科②。在这间开始还洒落着午后冬日阳光的房间里,赫拉巴尔已经开始习惯病房的环境和自己的状况。"我在调整自己归顺死亡……"赫拉巴尔对朋友们说,"我像你们扭动收音机上的开关、调台一样,在调整自己归顺死亡……"这个信息,尽管声音很低,却带有几分幽默,至少我们当时是这样领会的。

赫拉巴尔接待的来访者相当多。他最亲近的朋友们几乎每天都去看他。反正在单人病房,我们打扰不了任何人。除了他早年的朋友,还有那些较远一些的也都来探望他。新闻记者们来了几次,电视台的人带着摄像机大概也来过两次。会见的情形各不相同,有时赫拉巴尔显得很疲倦,有时又恰恰相反,显得十分高兴,乐意与人交谈。

有时候,他滔滔不绝、妙语连珠。有时候,他又只是平淡地描述这六楼病房外奇特的忧郁景色:灰暗、朦胧的寒空,被窗檐挡住一半的树林,乌鸦横飞,以及在离它不远的下方卡拉普山坡上那仿佛盖了一层霜的利本尼坟地。赫拉巴尔曾经喜欢散步去那里追思诗人赫拉瓦切克③ 和他的《复仇之歌》,以及那位跑得最快的冰球运

---

① 赫拉巴尔曾在布拉格利本尼区的堤坝巷 24 号住了 20 年之久。

② 维索昌尼、卡林及日什科分别在布拉格各个区。

③ 赫拉瓦切克(Karel Hlavaček 1874—1898),是 19 世纪捷克最著名的诗人之一。

动员沃拉吉斯拉夫·缪莱尔。人们在一九四七年从德国运回了他死于一次旅行的遗体，并在他的墓碑上放了一根折断的冰球棒……在这些日子里，一切都显得那么阴沉、寂静。

沃拉吉米尔·沃吉契卡①定期去给赫拉巴尔理发，与他交谈文学方面的问题。赫拉巴尔喜欢同他一起分析旧的历史纪录片，他也爱看电视里的冰球与足球赛。有时常常会出现这样的情况：根据赫拉巴尔的意愿，我们得将别的朋友好心送来给他的一些好吃的东西从病房里拿走。"这不是我吃得了的东西，让我吃掉，这可能吗？"他不耐烦地说。

赫拉巴尔住院不久曾悄声告诉我说："今天晚上大夫把我带到他的工作室说，'您喝酒碍事吗？不碍事？那好，这里有瓶伏特加，它伤害不了您的，您来一杯吧！剩下的给您存放在我的柜子里。'喏，到了夜里我就让护士去将这瓶酒拿来给我。我对她说，这是被允许的。现在已经喝光了……请您帮我将瓶子顺路扔到随便哪个垃圾桶里。"摆在这里或那里的那些装着烈性酒的瓶子可要了他的命，不是想法自己匆匆喝掉，就是让别人喝。有一次，我带着沃拉斯达·特舍什尼亚克到医院去看望赫拉巴尔。赫翁从小桌里拽出一瓶没喝完的威士忌说："小伙子们，快把它喝光，将瓶子扔到外面哪个地方去。"我和话剧导演伊沃·克罗博特在赫翁那里喝过一种什么白兰地酒。伊万·科特也想出过类似开心的"把戏"，在探望赫拉巴尔时，给他带去了抹上生牛肉酱的面包（赫拉巴尔爱吃这个）和一小瓶杜松子酒，他们一块儿干杯，科特只是象征性地喝了一小口。赫拉巴尔对此赞不绝口。我给他送去的一小包圣诞甜饼，他也很喜欢。我们根据他的要求，还多次将他早餐剩下的面包研成碎末

---

① 沃拉吉米尔·沃吉契卡（Vladimir Vodiček 1929—   ），是布拉格著名的栏杆剧院的创建人之一（1958 年），1958—1990 年间为该剧院院长。从20 世纪 60 年代起，成为赫拉巴尔最亲近的朋友和酒友之一。

在克斯科品尝捷克的贝赫洛夫卡酒。摄于 1996 年。

给他喂鸽子，他自己不干这个。他不吃水果，只是将它们摆在窗台上当装饰，欣赏它们的颜色。至于啤酒，那的的确确是赫拉巴尔每天的液体面包。可在医院里他拒绝喝它，将优先权让给塑料瓶装的优质水。

有一次，大夫们带着实习生来查病房，站在赫拉巴尔的病床前，赫拉巴尔笑着对我说："对我来说，已经没什么好查病房的了，倒是该去把牧师叫来。我已经准备好了死去，很快就要归天了，我的一切已近尾声……可是歌德临终时，叫来了牧师，并对他说，'给我行临终涂油礼吧！'当牧师给他行了临终涂油礼时，他又说，'请您再给我往皮鞋上也涂些油，因为我还有很长的路要走，免得它咯吱作响。'喏，我的情况也不相上下。你们在这里看着我，就像看伦勃朗的《杜普博士的解剖学课》①一样，我就是那具光芒四射的尸体，只不过我是那艘沉在海底的希腊船，已经解体，因为肋骨都已经散落。这就是我……我已经沉到了底下。"

赫拉巴尔表达出这样一种类似歌德式的联想。一九七三年，他就曾经说过："我不是歌德，但连他在临终时也请求人家将他抬到花园里去，让他能在那里流淌出他整个的内心世界。此刻，他既看不见众多云彩般的美女，也看不见那些矿石②，更没有与埃克曼③的交谈，但却竭力要找到这一片刻，找到通向天空的这么一个小洞，以便借助光亮的快速，飞回到他的恋人们身边，飞向无穷，飞向永恒。"

赫拉巴尔这是在做离别人世的准备，而我们却有点儿把这些当做一种幽默。我们了解他前一阵住院的经历。在医院解除对赫拉巴尔的加急护理之后，我们就立即雇了出租车将他直接送到小酒家。我们更多的是在琢磨：医院这次大概还会让他在那里待多久。

_____

① 伦勃朗(1606—1669)，荷兰伟大画家，曾接受绘制《杜普博士的解剖学课》这样极为重要的委托。在同一主题的早期画面上，是一列排在尸体或骷髅旁的呆板的、互不相关的人像。他改变这种惯例，用金字塔构图将一群人有机地安排在尸体的上方和旁边。
② 歌德曾有过大量的珍贵矿石收藏品，到临死前也就不再在乎了。
③ 埃克曼(E.P.Eckermann 1792—1854)，德国作家，歌德晚年的助手和知己。

根据所有一连串的专业检查以及医疗报告，赫拉巴尔实际上没有任何严重的病，对像他这样高龄和有着这种生活方式的人来说，他简直算得上令人不可置信的健康。他患的所谓病就是年纪大和包括他的脊椎疼痛在内的老年综合征。其主要表现是走路越来越不方便，还有睡觉不宁、有时神志昏迷……防寒保暖及有规律的起居饮食，让赫拉巴尔开始对医院感到满意。户外活动不可避免地常让他摔倒。眼下，他就在这里暖暖和和地躺着休息，不再到处走动——凭什么要去走动呢？没理由，也没有地方可去。

大约在十二月六日，哈维尔总统在医院做了心脏手术。赫拉巴尔对大夫们说，要是哈维尔情况太糟，就把我旁边那张空床铺好给瓦谢克①睡，让他躺在我旁边，免得他在布拉格另一端的医院里受罪。当时，赫拉巴尔对哈维尔基本上还是喜欢的，认为他将抒情色彩带进了政治，扩大了政治的空间。

赫拉巴尔虽然有一个"超标准"的房间，可是院方供给他的那台黑白电视机却已旧得没法再看了，不过他仍然继续在看故事片，还对他的朋友们说，听听也是高兴的。他对一些演员和剧中场面的记忆真是令人赞叹。

将赫拉巴尔与世界联系在一起的主要是报纸，常常就摆在他的床头柜上，当然书也是少不了的。最早是塞利纳②的《从一个城堡到另一个城堡》，它一出版，就在赫拉巴尔刚住进医院时，我便将它送了去。"这不是小说，这是一种大声呐喊，绝望的、贫病交加的呐喊。你可以随便从哪儿开始读它几段，但每次都只能读一点点。"说

---

① 捷克共和国前总统哈维尔的全称为瓦茨拉夫·哈维尔，瓦谢克为瓦茨拉夫的爱称。

② 塞利纳（L.F.Céline 1894—1961），法国作家。1933 年发表处女作《长夜行》一举成名。《从一个城堡到另一个城堡》是他描述战时经历的三部曲之一，用了他特有的抒情、猥亵和梦呓般的笔触。

着,他拍了几下书本。塞利纳是赫拉巴尔喜爱的一位作家。在小酒家,我们常常谈论他的一部名叫《缓期死亡》①的著名作品。赫拉巴尔在第一次读过它的十年之后,还能将它一大段一大段背诵出来。此外,在赫拉巴尔的床头柜上还有一本邓肯②的传记,他对有关叶赛宁③的那一部分很感兴趣。他还特别高兴读到曾侨居西班牙的捷克女翻译家莫尼卡·兹古斯托娃用卡塔兰尼亚语④写的一本关于赫拉巴尔的传记。尽管赫拉巴尔连一个卡塔兰尼亚字也不会,但他却常常翻阅这本书,不仅乐意浏览他一生各个时期的照片,还一个字一个字地琢磨书中的大概意思,主要是根据书中的人名地名来猜测那里面大概谈的什么问题。"我当然要对你们说,这是一本可爱和漂亮的小书,这么干干净净而又小巧玲珑。这个莫尼卡也真能……不过这小可怜的也有她迷糊的地方,被那些细面条空心粉搅乱了脑子,比方说你看这一页,比方说这几页,我们从上往下看,你读一读这一大堆名字:塞内加⑤,赫拉巴尔,希尔夏⑥,科拉什⑦,海

---

① 《缓期死亡》出版于 1936 年,它描绘了一个凄凉可怕的、没有价值、没有美、没有道德的世界。

② 邓肯(Isadora Duncan 1878—1927),美国舞蹈家。

③ 叶赛宁(Sergej Jesanin 1895—1925),前苏联著名诗人。

④ 卡塔兰尼亚为西班牙的一种地方语。

⑤ 塞内加(Seneca 约公元前 4—公元 65),古罗马雄辩家、悲剧作家、哲学家、政治家。

⑥ 希尔夏(J.Hiršal 1920—),捷克诗人。

⑦ 科拉什(Jiříkolář 1914—),捷克诗人,拼画艺术家。

明威①,乌尔班涅克②,福克纳③……瞧,这正常吗?我知道,动不动爱挑人刺是我的风格……可她这也实在是……"在他床边还有一本苏姗娜·罗托娃④从瑞士给他寄来的美国波普艺术家安迪·沃霍尔作品的复印件。他还常常迫不及待地问及瓦·卡德莱茨编辑的《赫拉巴尔文集》最后一卷即第十九卷的出版进展情况,这一卷本该在一九九七年三月他的八十三岁诞辰时出版。

圣诞节前后,赫拉巴尔住院的矫形外科部门粉刷墙壁,他只好搬到比这高两层楼的一间相似的病房里去,为此,他心里老大不痛快,感到好像被抛来扔去,有种"碍人事"的感觉,有些护士也许就是这么认为的。换房后的那一天,我帮他将东西从塑料袋里掏出来整理好,赫拉巴尔绝望地寻找伊万·科特给他送来的阿斯匹林,电视机也不知怎么调台。大概在一小时之后,巴维尔·东格尔教授来了,赫拉巴尔欣喜地欢迎了他,情绪才稳定一点儿。东格尔跟赫拉巴尔聊起他自己是何时和怎样来到布拉格的,说他也住在利本尼区,还谈到赫拉巴尔的作品……因为我随身带了一部相机,便给他

---

① 海明威(Ernest Hemingway 1899—1961),美国优秀小说家、新闻记者,1925 年出版第一部重要短篇小说集《在我们的时代里》。他的成名作《太阳照样升起》描写了"迷惘的一代"。《没有女人的男人》(1927 年)、《胜者无所得》(1933 年)确立了他短篇小说大师的地位。他的长篇小说《永别了,武器》(1929 年)更为成功。中篇小说《老人与海》(1952 年)出版后获普利策奖。1954 年获诺贝尔文学奖。

② 乌尔班涅克(Zdenik Urbanek 1917—   ),捷克小说家、散文家、翻译家,曾将乔伊斯、惠特曼、莎士比亚的名著译成捷文。

③ 福克纳(William Faulkner 1897—1962),美国小说家,他的《小说选》获全国图书奖。1949 年获诺贝尔文学奖。

④ 苏姗娜·罗托娃(Zuzama Rotová),捷克裔瑞士公民,终生译介赫拉巴尔作品,并曾担任赫拉巴尔在国外的版权代理人。

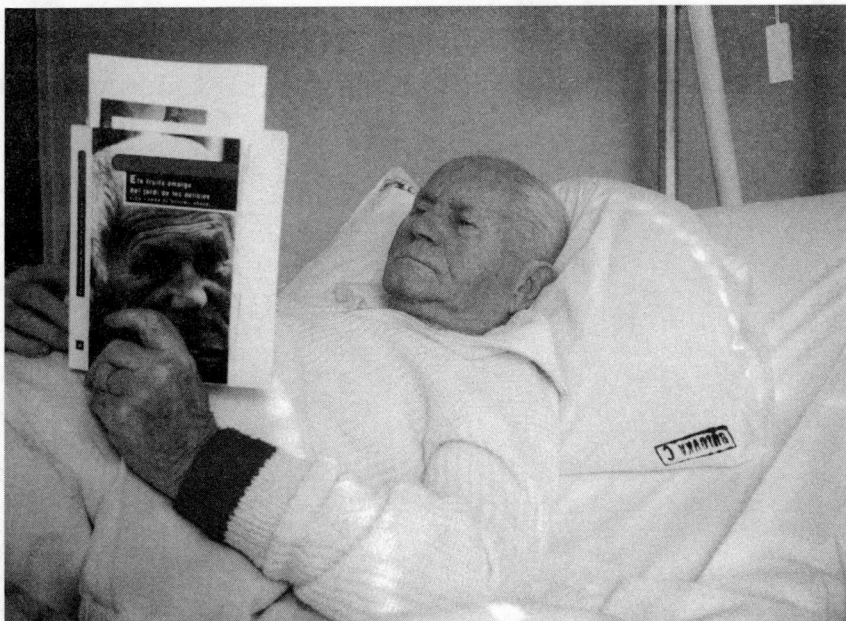

在布洛夫卡医院浏览莫尼卡·兹古斯托娃为赫拉巴尔写的传记。摄于 1997 年。

拍了几张,可我怎么也没想到,这竟是他生前的最后一组照片……

几天之后,赫拉巴尔重又搬回六楼"他的"那个房间。他的健康状况看去还比较稳定。有规律的饮食,最低量的饮酒,再没跌跤,能保障休息以及无任何内脏方面的病灶,这些都使东格尔教授产生了一定程度的乐观情绪。他在一次小会上,对我和沃吉契卡说:"赫拉巴尔先生的活动虽然受到限制,但他一切正常。不过疼痛还是会有的,等他一熬过这种气候,情况就会改善。我可以试着让他在这里度过冬天的几个礼拜,然后也许就让他出院。先让他在我们这里好好休息一下。"我们都反对他们让赫拉巴尔做些更激烈的恢复功能的锻炼,只想让他扶着床铺走一走。那次东格尔回答的一句话让我吓了一大跳,"听我说,在他这种年龄这样只会让他更困难,其结果肯定不是现在这个样子。谁知道这会不会是他最后的一个冬天呢?"经我们再三恳求,他们让赫拉巴尔借助一定的器械开始挪挪步。赫拉巴尔对运动助步器很快就讨厌透顶,一动不动地躺着倒使

15 ·

他感到舒服些。

这里可能还存在另一个误点，本来根据赫拉巴尔的状况至少可以给他做一次起码的会诊，在会诊中除内科医生和矫形外科大夫外，考虑到赫拉巴尔有忧郁症状，也可以让心理医生发表意见，可医院对他的医疗大多只是靠镇定药片来维持。时间在流逝……沃拉吉米尔·沃吉契卡后来用一句话总结了这一切，"我认为，有必要将赫拉巴尔的病、治疗状况和他悲剧性的死亡定为典型的捷克丑事之一。这种丢人的事随着时间的流逝会更加强烈地显示出它的悲剧性。"

赫拉巴尔完全停止了恢复功能的锻炼，尽管他可以在离他的床铺仅两步远的桌子上吃早餐、午餐、晚餐，可到后来，甚至要将食物送到他的床上。当我们一发现这个情况，就帮他将桌椅摆到房间另一端的窗子底下，并请求护士们将他的餐碟摆到那里。赫拉巴尔于是至少开始一瘸一拐地走到那里，要不然，他除了上厕所之外恐怕就总也不下床。可赫拉巴尔还是劝说护士们别麻烦了。多年来，在布拉格为赫拉巴尔料理家务和打点穿戴的奥琳卡·米西科娃本身就是一位帮助恢复功能协助锻炼的护士，她帮助赫拉巴尔锻炼越来越弱的腿，白费劲儿，赫拉巴尔不乐意。长期坐在轮椅上的奥琳卡的丈夫巴维尔①有一次来医院探望赫拉巴尔时说："赫拉巴尔先生，您得下点儿工夫走动啊！要不然您的腿会越来越退化，到将来您会连站都站不起来的啊，可他们根本就端不动您啊。"赫拉巴尔立即回答他说："你瞧，巴沃利克②，你说得倒轻松，你自己还能坐

_____

① 巴维尔·米西克(Pavel Misik)从 1963 年起成为赫拉巴尔在克斯科的邻居和朋友。曾是一位骑摩托车的好手，受伤后坐上了轮椅，他的妻子是赫翁夫人碧朴莎的好友。碧朴莎去世后，他便成了赫拉巴尔的家务料理人。

② 巴维尔的爱称。

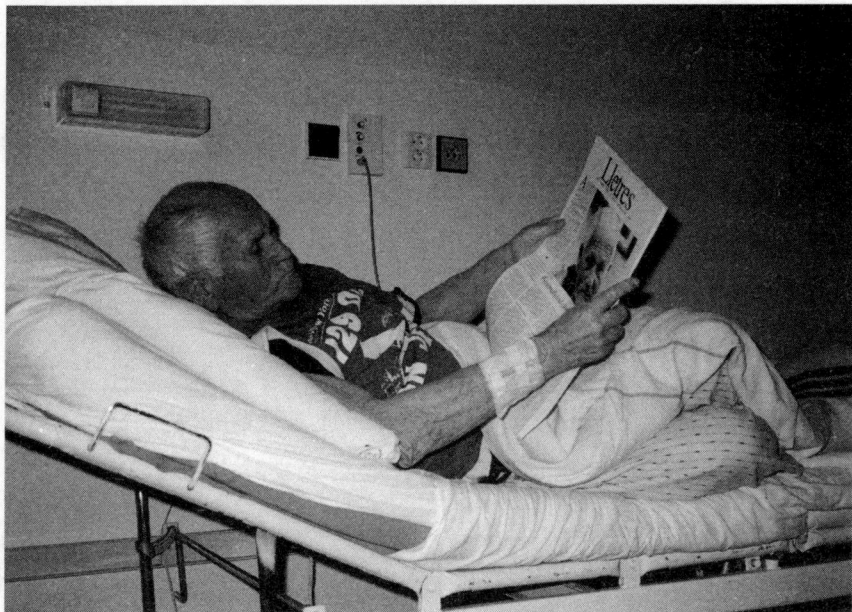

在医院病床上阅读有关赫拉巴尔书评的法国报纸。摄于 1994 年。

轮椅,而我,我根本就挪不动身子了!"

院方有一位遇上了车祸的急诊病人被安排到赫拉巴尔的病房,这使赫拉巴尔摆脱了住院的孤独感。众所周知,每逢寒冬一月,公路结冰,医院的矫形科就挤得满满的。这位可怜的受伤病号不分白天黑夜痛得嗷嗷直叫,赫拉巴尔好几次在夜里为他叫来护士。那伤员的老婆和女儿定期来探望他。因为他的脑袋受伤记忆损坏,大伙都得费老大劲来与他沟通,还得一字一句地教他发音。赫拉巴尔对我说:"喏,这活儿我干得了,我也开始说话颠三倒四的了。我一天好几次领着他练习说'艾玛买马,啊,咱慢慢买吧,艾玛'!"这个重伤员没过几天便有幸搬到另一间病房去。赫拉巴尔重又坠入沉寂的孤独之中。

一九九七年一月中旬,有一件事使赫拉巴尔和东格尔都有些不知所措了。因为赫拉巴尔的状况难以当急诊病案来处理,实际上也就排除了他继续住院的可能。到后来,他的住院合同要靠总是提前半个月给医院付账这一条件来维持，赫拉巴尔同意这么做，东格尔才松了一口气。但是，赫拉巴尔的住院期限开始逐渐趋于尾声，慢慢地进入到一种他实不情愿却又不得不努力去争取的状况。在一月的最后一周里，赫拉巴尔开始断定他们很快就会撵他出院，等着他的肯定是克拉德鲁比的康复研究所，谁知道还会有别的什么呢。"这对我来说已经没有必要了。我已经干了所要干的一切，写也写了，书也出了，我现在只想死。"赫拉巴尔在我每一次探望他时(在其他朋友探望他时也如此)都跟我告别，对我为他所做的一切表示感谢。"所要结束的一切，都有它的时辰，现在已是奥菲欧①的电影结尾，再一次感谢你。"本来他在与人道别时从来不怎么说"感谢"二字或与你握手。"好啦，保重！"他的声音温柔、亲切……也许是最后一次？在他的道别中隐藏着陷入绝境的恐惧、疑惑与不安。

我们看到，作为作家、艺术家，在一九九五年三月写出了他最后一部作品《不清晰的录像》之后，便彻底地"放弃"了。一九九五年二月一日，赫拉巴尔在克斯科与艾戈·博迪交谈时说："我过了一个这么糟糕的、神志不清的夜晚。我跟您说，这意味着什么？能熬过去？还是死掉？喏，我算熬过来了，是你们来这里让我苏醒了过来。我跌跌撞撞去打来了啤酒，因为我已经没有什么别的东西了……等待戈多②，我在等待死亡，等待……我想做的都做了，已经别无他求。喏，除等待戈多之外我已经别无他求，这是很简单的事……我不害怕这个，也不可能被吓着。你必须迎着自己的命运走去，因为我要干的事都干了……我在一年前便结束了一切，我的这种生活

---

① 奥菲欧(Orfeo)是带有序幕的五幕歌剧。

② 德国剧作家贝克特(S.Backte 1906—1959)一部名曰《等待戈多》(1952年)的荒诞剧中未出场的人物，"戈多"意为"荒唐"，因为戈多并不存在，也根本等不来。

方式，相当放荡不羁……好啦，我想要写的也都写了……也就是说猫儿卡西乌斯死了……喏，我确定，现在轮到了我，因为卡西乌斯和我在这儿躺着，这只不会说话的黑猫就只会发出点儿声音，像个聋哑人似的，可我们还经常互相交流经验。这些猫就是我的命根子，从我小时候起就这样。这些猫啊，我躺着的时候，它们看着我的那副眼神，就像在看躺在棺材里的人，当然在一定意义上会让人吓一跳。有朝一日我将会躺着，或者说像躺在棺材里一样，或者说就是猫躺在棺材里，然后你尽管这样把我从棺材里倒出来，喏……不用害怕，死亡是位美貌的女性，是我的伴侣，我常与她交谈，同意她的意见，因为这样做是对的，我别无他求……我想悄悄地离去，去到比如说我妻子所在的某个地方……"

我们也知道，医院很无奈，因为赫拉巴尔的自我摧残是一种失去希望的绝望表现……可以预料到，这是丧钟即将敲响的生命，是走在刀刃上的脚步，肯定有什么事没法再隐瞒住，因为到头来，连医院也完全拒绝为他恢复功能。对离开医院之后将会发生什么事情，赫拉巴尔自己也感到惶恐。我们知道，使他感到害怕的克拉德鲁比的医疗康复研究所对他已经不合适了。我们于是开始为他打听家庭护理员，当然目的是想让他越来越逼近的出院变得自然一些，逐渐过渡到事先编织好的"网"中。这是大家心照不宣、没有拿来公开谈论的一个话题。我们知道，这对所有人都将是很复杂的一件事，可赫拉巴尔只是一个劲儿地跟人家告别，别的什么也不想再听了。"电影结束了。"赫拉巴尔在我们每次探望他时，都对我们这样说，像是放完前苏联电影后银幕上出现的"电影结束"的字样。后来，沃拉吉米尔·沃吉契卡在谈到这一点时说："这是他在医院行动极为困难时，常爱说的话，比如'宁可结束算了'或者'最好是从窗口跳下去'——可是，我更多地把这看做这种情况下的一般说法，而没想到这是他经过认真思考而说出的。"

在我的《有关赫拉巴尔的笔记》里，有一个我和赫拉巴尔一九九五年九月二十八日在克斯科的交谈纪录片段。那一回，赫拉巴尔好几天都情绪"怪怪的"，对我谈起前几天的事情，"我在房间里来回走动，准备从窗子跳出去，可到了末了我仍在房间里，在电视那儿一只脚跨过了窗栏板，可一打滑又跌回来，鞋尖碰着了《肉桂铺》①。我烦得很，我只想别再活了，尽快结束一切……可是，当我从窗口往外一看，只见在我下方是进楼的主要过道，人们常从那儿走出去购物、散步，还常牵着狗，有的则是下班回家走过那儿……这时我想到，我要是摔下去就会摔到某一个人身上。我一想到这会带来什么后果，还会伤害别人，我就没有跳，可我的脚已经跨到那边去了。您知道，当您一个人好长时间躺在克斯科，跟那些也在睡觉的猫儿在一起时，过去所经历的一切，那些童年时期的郊游、醉酒等等，一张张图景又会一一浮现出来……我本该将几个这样的题材，这一主线写出来，可是我已经不再写了，因为这一切使我感到心里不好受。也许这还不是原因，总而言之，我就是不想写了，没有任何东西能吸引我来写，没有任何理由。您怎么认为呢？我曾经总是匆忙赶着干一切的，眼下还该这样？但已经没有理由再写什么了！我的兴趣已渐渐远去，我已经八十一岁了，写作对我来说已经不是什么轻松好玩、愉快和有味儿的事情，对我来说，它已经什么意思也没有了……"

几天之后，奥琳卡·米西科娃曾问过我：我们的窗子下面干吗乱七八糟堆着那一堆书……

一九九七年一月最后一个星期中，我给赫拉巴尔送去一些我从他在布拉格索科尼基公寓的信箱里挑选出来的信件，通常他是不感兴趣地将它们放进桌子抽屉里的，包括那些需要通过邮局付款或汇款的三联单、甚至有关在克斯科所欠电费的可怕的催账单。他只对报纸和昨天电视里播放的电影感兴趣。圣诞节期间，我从索

---

① 舒尔茨的作品。

尼公司为赫拉巴尔借了一台带遥控器的大彩电，直接送到他医院的病房里。平安夜过后，又得将电视还回去，病房里又只留下那台轻便的黑白小电视。我们在一起聊孩子聊天气，什么都聊，到最后，他说的还是那一套，说他什么都做了，然后握手道别。后来我得了流感，只能待在家里，作为一名带菌者没敢去看望赫拉巴尔。

星期六，二月一号，伊万·科特在赫拉巴尔那儿。就像他所说的，赫拉巴尔到二月二日即星期天也都心情不错地接待了他。"下午天气不错，"科特接着说，"我还给他调好电视里埃尔维斯①主演的一个电视节目，与他告别时，还对他说下星期二我再来。"

导演伊沃·克罗博特本来与赫拉巴尔商定在二月六日星期四约会。赫拉巴尔经他磨了差不多一个月后，才答应将自己在王宫堡里上演《哈乐根的数百万》②改编剧的开场白灌成录音带。

一九九七年二月三日下午两点十分，赫拉巴尔被发现在病房下方的地面上坠楼身亡。矫形外科主任巴维尔·东格尔教授向公众发布了关于赫拉巴尔"因喂鸽子不慎坠楼"的不幸消息。考虑到住院病人在那里"成功地"治疗了两个多月的部门主任的声誉，这样做是合乎逻辑的。验尸没有证明死亡是由任何外来的过失而导致。病人既没喝酒也没吃麻醉药。警察宣布该案为"偶然发生的不幸"。

我却要来读一段沃拉吉米尔·沃吉契卡的话，"赫拉巴尔的精神状态是绝对正常的。我认为他在跳楼之前没有经过冷静的考虑，没有经过恬静淡泊的权衡思索，而是有着某种强烈的冲动，乃至使他战胜了他体力上的虚弱无力……于是便跳楼了。"

---

① 埃尔维斯(Elvis 1935—1977)，美国著名摇滚歌唱家、演员，绰号"猫王"。

② 赫拉巴尔创作的一部长篇小说，1951年由"诗歌俱乐部"出版，1952年获捷克斯洛伐克作家出版社奖，1957年由捷克斯洛伐克作家出版社将其与《一缕秀发》、《甜甜的忧伤》合编为《河畔小城》一书出版。

赫拉巴尔在几年前写的《甜甜的忧伤》中也写过，"只有这样，我的畏惧程度才会减轻一点儿，这就好比春天，河水上涨，结冰的河面开始碎裂，冰块儿挤挤撞撞浮在河面上，彼此碰得咔吱咔吱响时，我便站在岸上久久地望着这彼此碰撞着的大冰块儿，总要等到鼓足了勇气我才开跑。我精力高度集中，心怦怦直跳，从一块冰跳到另一块冰上。只要啪的一声，哪怕轻轻的一声，我就会和冰块儿一起淹没在游动着的冰流中，就像摔进被马蜂叮得不听使唤、一顿乱跑的牛群中一样。每年我都这样从一块冰跳向另一块冰。我必须保持快速，直到从最后一块冰跳到岸上为止。我注意了一下围观者们的眼睛，他们谁也不敢冒这个险。我两手叉腰，歇一会儿，重新积蓄力量，又从一块游动的冰跳到另一块冰上，一直这么跳着，回到我起跳的地方。"

拉德科·彼特利克[①]有过关于赫拉巴尔向他描述"在冰上飞跑"的类似回忆。据说除上述内容之外，赫拉巴尔还说过，"我因为对这些碎冰块怀有恐惧之心，于是就对自己说，鼓起勇气，冲过去！于是，便跳向了对岸。"

所有这一切都表明，赫拉巴尔的行为有些过激，但这绝对是他早已译成了电码的一种合乎情理的目标，即"自我了结"。赫拉巴尔以这种完成自己早就可以做而害怕做的事，平静而审慎地努力自我结束的行动，为自己创造了一个转折的形势，终于，他突然克服了恐惧，高喊着"鼓起勇气，冲过去"，跨越了自己这一关，抵达了镜子的另一面。

我们再回到一九九七年二月三日下午两点十分。赫拉巴尔从床上起来，只穿了一条睡裤和针织汗衫，戴了一双腕套，跌跌撞撞

---

① 彼特利克（R.Pytlik 1925—　），捷克文学评论家、研究哈谢克的专家，哈谢克协会的创办者，布拉格文物史馆哈谢克研究室主任。对赫拉巴尔也很有研究，写有关于赫拉巴尔的专论书籍。

但直接地走过房间,打开关着的窗子,跪上椅子再爬到窗台上,只需一松手,稍微向前一弯身和闭上眼睛。

稍微向前一弯身和闭上眼睛。

死亡只是一瞬间的事。他摔了个背朝地,脑袋离陶瓷垃圾桶只有几厘米,没有血泊,体肤完整,就像他一直所希望的那样。

电影结束了。

赫拉巴尔在《爱好被毁》一文中写道:"李维乌斯①在他的史诗中曾说道,在他的古罗马道路上,还没遇到一个在其一生中连一次自杀都没想到过的人……而我每一天都想到它。早上想的是自杀,下午一杯啤酒下肚,接着又一杯接一杯,于是到晚上就像过圣诞节了……到早上又想自杀……我快八十岁了,可每天早上想的是自杀……晚上过圣诞节。"整个这篇文章里,情绪与状态在轮替地变换着,往往以与命运相妥协而告终。到最后,有什么办法呢?"眼下我的光环已不存在,我将文学的烫烟蒂塞进了耳朵,主要是我母亲传给我的大脑软化部分,已在我脑子里冒烟。但是有什么办法呢?就连我每天的镇静剂量和晚上的啤酒量,这也只是让我缓期进入黑夜而已。夜里,我虽然会入睡,但是一到早上又会醒来,那尽管我很害怕但同时又很盼望的昏迷图像仍会出现。又到了星期六,我将自杀推延到明天。"一九九三年,赫拉巴尔于圣史杰邦②那天在克斯科对我说:"我已经有些碍人事了,真想一死了之,电影结束了嘛。'谁想活在中欧,就不能清醒度日。'据说是国父查理四世说过的一句话。"赫拉巴尔在金虎酒家也说过"我想一死了之",为此还朗诵

---

① 李维乌斯(livius Andronicus Lucins 约公元前 254—约前 204),罗马史诗和戏剧的创始人。

② 以捷克圣人史杰邦名字命名的圣诞节过后第一个宗教节日。

了艾略特在《荒原》① 一书中的前言,"我曾亲眼见到过西比拉,她浮在瓶子的上端,当男孩们对她喊道,'西比拉,你想要干什么?'她回答说,'我想死。'……"

根据外国媒体反映,国外对赫拉巴尔的死与我们国内相比,视为更重大的事件。

苏姗娜·罗托娃于一九九七年三月在苏黎世撰文说:"一个自由灵魂的勇敢行为……博胡米尔·赫拉巴尔并非死得可悲。我觉得,可悲的是他的作品在他的祖国长年被查禁,在最近一段时期实际上总是批判他,并在出版上冷遇他,连他的传记也禁止出版。赫拉巴尔以自己的死表达了某种什么。可是理所当然,谁也不愿听到。"

一九九七年二月十二日,赫拉巴尔的遗体停放在布拉格的斯特拉什尼采火葬场殡仪大厅,他的广大读者将大厅挤得水泄不通,政府方面只有一个文化部长出席。"博胡米尔·赫拉巴尔没有死,只是停止了写作。"弗朗吉舍克·德沃夏克② 在悼词中说。最后,卡尔林区的吉卜赛科尔曼一家人为赫拉巴尔演奏了他最喜欢的音乐,罗曼诺·罗维宾将一切变成了泪谷——茨冈(吉卜赛)式的哭泣。

"一位类似博·赫拉巴尔与祖国如此同呼吸共命运的作家,假如死在法国或世界上的任何地方,其政府都会要宣布这一天为国丧日……亲爱的朋友、亲爱的总统先生,我知道,您在生病,可难道您的夫人或任何一位您办公室的人就不能代表您来与赫拉巴

---

① 《荒原》(1922 年)是艾略特的代表作,也可称做现代诗歌的里程碑,诗中运用寻找圣杯的传说,广征博引(五种语言、五十六种前人著作),描写现代西方社会人们的极度精神空虚。诗一开头就点出了现代人活着等于死去而又不愿死去的主题。

② 弗朗吉舍克·德沃夏克(František Dvorák 1912—　),捷克文学艺术评论家,赫拉巴尔的好友。

尔告个别吗？这对我来说是很大的一击，就像葬礼上没有牧师一样。"专程乘飞机从巴黎赶来送葬的诗人与造型艺术家科拉什这么写道。

"有一天俄国的侵略将会被忘记掉，人们在谈这些年月时将会说这是捷克文化的伟大时期，这时期曾经有过、生活过写了《我曾侍候过英国国王》和《过于喧嚣的孤独》的赫拉巴尔。"米兰·昆德拉[①]就赫拉巴尔的去世对捷新社驻巴黎记者说，"他是任何人不可与之相比的，在世界上独一无二的。"

杨·史克沃列茨基[②]则表达得更为简洁，"我认为，他是捷克最伟大的作家。"

一九九七年三月二十八日星期六，在赫拉巴尔未能活到的八十三岁诞辰日，赫拉巴尔的骨灰盒安葬在离克斯科不远的赫拉吉什杰克一个小小的乡间墓地，他的家庭墓穴里。这块坟地是赫拉巴尔曾经作为生日贺礼送给他妻子的，后来他继父、母亲和贝宾大伯的骨灰盒也从宁布尔克小城迁到这里，他弟弟斯拉维克也葬在这里，赫翁的妻子碧朴莎理所当然也埋在这里。三月二十八日，整夜直到第二天清晨刮起了大风，大风在克斯科刮断和连根拔起了一些高大松树。"狂风和暴雨是上帝醉酒的充足证据，翻倒的树木证实了他昏醉的脚步。大自然用季度的醉酒来清洗自己，并为下一次的狂欢纵饮积蓄力量。"[③]可能赫拉巴尔和上帝都很器重在清洗大地前的醉步，转眼间天气奇迹般地平静了，这时赫拉巴尔的几位最

---

① 昆德拉(M.Kundera)，捷克作家，现侨居法国。

② 史克沃列茨基(Škyorecký)，捷克作家，1968年捷克在前苏联及华沙条约国军队入侵后，他逃亡到加拿大办起了"68出版社"，专门出版在捷克国内遭禁作家的作品。

③ 引自赫拉巴尔的《世界从不跛行》。该文收于赫氏文集第19卷第51页。

亲近的朋友和亲戚从乌·聂姆楚小酒家出来朝坟地走去。

装着作家的塑料骨灰盒连同一个猫咪的小木雕，由作家的弟媳塔莎默默无言地安放到墓穴里。有人将尚未喝完的一只宁布尔克小城啤酒瓶也放了进去。

赫拉巴尔晚年的几则故事

一、把药片当糖果吃

年老多病的赫拉巴尔,对医生开给他的,或酒馆里的朋友、出租车司机等推荐给他的各种药品,他的态度是很独特的。他不是那种一丝不苟按规定时间服药的病人。他只是想起的时候,无意间在裤兜里、背囊里摸出药来的时候,自己感到需要的时候才吃药,以解燃眉之急。一般的止痛药通常在喝第一杯啤酒时吞下去,但要到喝了第二杯第三杯啤酒后,他才觉得药性开始生效。他常用的药物,总由科特帮他细心储存着,主要有阿司匹林,还用一种功力很强的嗅鼻烟来驱赶那"流不完的鼻涕"和放松鼻腔。生活在美国的雅罗斯拉夫·金采米医生,给赫拉巴尔带来了好多种混合维他命以及在美国得到验证很有功效的药品,赫拉巴尔管这些叫"糖果",也的确把它们当糖果吃,顺手抓一把五颜六色的药片往嘴里送。我记得有一次,赫拉巴尔从克斯科回到布拉格的酒家,一进门就高兴地宣称他在一家店里找到了这些"糖果"药片,于是从兜里掏出一只装满黄色小药片的深褐色小玻璃瓶,"诸位,嚼嚼看,拿来就着啤酒吃,棒极了!"自己还带头吃了起来,"你们知道,我这个人很节省。"他补充了一句。又一次,当他在布拉格等待去克斯科的公交车时,发现车站另一头一个小卖部门口长椅上有块咬过一口的土豆饼,香气扑鼻,大概是有人赶车落在这儿的。于是,他就慢悠悠地坐到那条长椅上,要是别人也坐了上去就没戏啦……"诸位,我给你们拿来一小块美食! "他打开那块包在一张油乎乎纸里的土豆饼残

布拉格老城广场。摄于 1985 年。

块，放到一只装有几块巴伐尔饼的碟子里。那天晚上，赫拉巴尔与

此同时还嚼了几把五彩糖果药粒，到后来好久以后，我才弄清楚那

些药是月经止痛片。至于晚上的安眠药,赫拉巴尔通常在酒馆里喝得烂醉后服上一至两片,当然到第二天早上一醒来,头疼便加重了,且神志昏迷……不过,在医院里他倒是个听话的病人,从不把药片乱七八糟地混放在一起,总是遵照医生的指令服药。

二、唐突来访令他万般无奈

赫拉巴尔在我作为私人出版物《1993 年 1 月—1994 年 1 月手稿》中的《燃烧的烟蒂》里,曾这样道出了他对唐突来访的无奈,"我从克斯科喂完猫,坐着长途公交车累得贼死来到金虎酒家,倒在上方墙壁挂着大鹿角的椅子上,总算抵达了自己的'空零'状况……可是,却跑来一些年轻后生采访我,让我发表谈话,或者给我带来他们的作品,说是只有几百页,让我一个月之后交给他们一篇书评。我先是求他们别打搅我,然后便忍不住骂起娘来,让他们去麦加①。可他们却说我有责任这么做,因为我是作家……有时我很不客气地拒绝他们,他们只好走,一肚子的火,有时还会因受冒犯而流泪。而现在我本该安宁了,便往自己的耳朵里,或让人帮我将烟蒂塞进耳朵里。我不得不背负着我的读者针对我而说的或写的这些沉重的负荷,拖着我的这一脚镣——我生命的桎梏继续前行……"的确,实际情况就是这样。这些活动数不胜数:面谈、采访、书评,参加新的饭馆酒家开张吉日,还要接受某个学捷文的学生、意大利新闻记者、匈牙利文化杂志编辑或来自西班牙电视台的采访,出席展览会讲话……这些要求,这些几乎是可怕的愿望实在是太多太多了。他常常以这样一句话来结束,"我什么字都可给你签,我什么意见都可采纳,你只要给我安宁,快些走开就行!"赫拉巴尔只为图个

---

① 麦加(MECCAH),沙特阿拉伯西部城市,伊斯兰教最早的圣城,创始人穆罕默德诞生地。此处指走得远远的。

安宁,于是便在酒馆里跟一个不相识的来访者签合同,同意在俄国将他的短篇小说拍成电影,在意大利出版他的作品。一九九五年十二月,也就这样地在《我曾侍候过英国国王》拍成电影的合同书上签了字。显然,这样做的结果必然或早或晚要产生出许多差错和纠纷,可赫拉巴尔对这些毫不在意。"我对付不了这些事儿。"他挥一下手,什么也不想听。一直代理赫拉巴尔版权的迪利亚版权公司,后来逐渐开始恢复活力再度运转,直到伊希·布尔布卡当了文学部部长,赫拉巴尔与这个版权代理公司才有了比较亲密的关系,可这实际上已经有些晚了。赫拉巴尔实际上从来没有过"自己的"文学代理人,以前一直只由"迪利亚"决定他的一切。一九八九年后,在一片混乱的时期,他们对赫拉巴尔便根本顾不上。赫翁对"迪利亚"也无可期待。例外的是,赫拉巴尔让一位侨居国外的朋友和译者苏珊娜·罗托娃博士替代迪利亚公司担任他在国外的总代理,自一九九〇年十二月十七日起,托她代理在国外出版七本书籍。

三、找到了一种新娱乐——剪贴

打字机停止打字,的确意味着赫拉巴尔的写作兴趣已经减退乃至消失。我们有时问他是否还打算试着写点什么,他总是挥一下手说:"我在不写作的时候,恰恰写得最多。再说,我的手已经僵硬得不好使唤了。我有关节肿大的手指头……反正我早已什么都写过了。"如今,打字机一动不动地摊在椅子上,只有克斯科的猫咪们偶尔去碰碰它。赫拉巴尔的工作台上却摆着普利特牌红头管的胶水和一把锋利的剪刀,那是他过去用来剪贴他的稿子和各种各样照片以及他作品的国外书评的,其中最重要的是各种专题论文,如安迪·沃霍尔的专论。"实际上我对文学本身倒不是那么感兴趣,对造型艺术、绘画却更感兴趣。"赫拉巴尔在这段时期曾经如此回答过一位年轻女读者的问题。文学和造型艺术到头来是一部连通器。

于是,赫拉巴尔找到了一种新的娱乐,通过粘贴他的生活照和选剪评论,产生了他独具风格的照片册。这种做法实际上始于二十世纪六十年代中叶,赫拉巴尔从他的妻子艾丽什卡·碧朴莎那里得到作为废品收来的一大批国外大开本彩色图片书籍——真所谓什锦饮料大杂烩。因为赫拉巴尔不喜欢弄得皱皱巴巴摊在抽屉里的那些照片,就不管三七二十一开始往这些大杂烩本子上粘贴。赫拉巴尔从三十年代末就为了好玩做起了这种剪贴画,有些一直保存到今天。但他这种剪贴并非毫无目的或偶然的。赫拉巴尔为那些剪文与照片插图搭配得非常匹配谐调,从而构造出另一种尺寸大小的一本书而感到十分开心。如果说他在六十年代的第一批剪贴本还只是类似家庭档案的话,后来的拼贴书便包括了几乎按照年代顺序、事件进程的编排,如在克斯科与朋友的相互拜访、出行旅游等等幸福时刻,有些几乎是主题单一的。从一九五五年起,赫拉巴尔将沃霍尔运用在自己的剪贴书上。"出乎所料的是,我对沃霍尔就是有好感,他的东西我直到今天也爱看。"他曾这样说。于是就有了"弗朗茨牌的好啤酒来就著名的美国大众汤",以及"无效的十克朗钞票与赫拉巴尔提着上面印有沃霍尔的母牛的提包,在纽约所照的照片合贴在一起的画面"。在关于澳大利亚酒店的另一本书中,我们可以找到与赫拉巴尔常去的布拉格酒家的交错,让你马上就有一种触摸得到的区别感觉:这究竟是什么呢?所有这些剪贴拼图,赫拉巴尔都用的是与他写作相类似的手法,总是非常快速、自然流畅、一气呵成。糨糊与剪刀顺手摆在眼前,亲手写上几句说明,插上一个导言就齐了。然后往他的背囊里一塞,带到布拉格的金虎酒家,与同桌的酒友们举办一个小小的"首发式"。"让那些王八蛋们尽管从各个方面去玷污它好了,哪儿有赫拉巴尔,哪儿就有艺术。"赫拉巴尔难得地露出了微笑,而他那本巡游于小酒家的剪贴书,好几个星期他都随身带在背包里。他多次说:"在有着更大程度的自由和更大量的历史'精神'信息的同时,所有不适当的龙头都将悄

赫拉巴尔于 1952 年创作的拼贴画。

在克斯科林中小屋的书桌前。摄于 1995 年。

悄关掉。连同我们也没注意到的、穿过我们脑袋宁静地淌着适度的温吞水,这就是这个时代的特点。可我在夜里却处于绝妙的昏迷状态,这样的想象力让我无法入睡。这可以用来写书,提笔便可一挥而就。可我那双手,那双脚,我的哥特式的深底……到头来没有理由再写……于是,我就用这剪贴来消遣。"这种照片册成了赫拉巴尔生命最后一年记载其矛盾冲突及事件的最轻松的一种方式。这种剪贴书册有着意义与质量、明朗与隐蔽的好几个面,是赫拉巴尔本人及其娱乐的纪实文献,也是在今天难能可贵的档案,正如诗人诺瓦利斯①说:"回忆就是第二个现今。"

四、生活越来越艰难

赫拉巴尔在一九九四年状况的确很惨。在酒馆,他常常定期将

---

① 诺瓦利斯(Novalis 1772—1801),德国早期浪漫派诗人。他的作品和理论影响了后来的德国、法国、英国的浪漫派。

Bohumil Hrabal nie żyje

V PIĘTRO

Kamniąc gołębie wychylił się zanadto z okna na piątym piętrze praskiego szpitala

W listopadzie 1996 r. Pod Złotym Tygrysem

1997 年 2 月 4 日，波兰发表赫翁逝世新闻。

他身上的淤血、青块、水肿指给我们看。他长期只戴着一副单片眼镜，据说是夜里摔倒在抽水马桶的冲水器旁，只差几厘米就要撞瞎眼睛。有时只得用过量的考兰伏特加酒来驱走他的头晕，但他自己也承认喝啤酒花的钱还是一样多。我还记得我和科特有一次从金虎酒家送他回家，当出租车开到门口，赫拉巴尔总是先付了钱，可一到离门口不远的楼房拐弯处，他就急着要撒尿。赫拉巴尔住过的那房子，分给了仇恨他的以及承认他同情他的两部分人。这天，有位年纪较大的妇女冲着窗口在骂娘，赫拉巴尔没理睬。随后，我们从两边扶着他往屋里走。有两名正当年的人高马大的妇女跟在我们后面，叽叽咕咕议论酗酒喝醉之类的事儿，声音相当大，好让赫拉巴尔听见。赫拉巴尔却停下来，让她们过去，"请先走吧，夫人们，

37 · 第一部分

我走路很艰难,我痛风病患得很厉害!"女士们窃窃私语消失之后,赫拉巴尔如此抱歉地自言自语。等她们完全消失之后,赫拉巴尔还冲着她们说了一句,"除此之外,我也是个蛮体面的人呢!"

五、最后的录像:赫拉巴尔的一天

"卡西乌斯已经一个星期目不转睛地看着我。它的眼神全是黑的,连白眼球也是黑色的,它的眼神是两道讣告。它躺在我的枕头上,躺在我的胸口上,用它那失神的眼睛望着我即将熄灭的眼睛……这是个不祥之兆,因为猫的灵魂是通晓一切和预卜未来的。我走路的时候,总觉着就要倒在前面我自己的影子里……我若在家里待着,就只想躺着。我总想躺着,不想起来。我喜欢乘车到克斯科去看望猫咪们,这样我就非起来不可。不得不试试我那很不灵活、痛楚的行动,因此,我乐意托词说我有风湿病。我从高层楼房一瘸一拐走出来到索科尔尼卡,甚至大步走着……但只走到公交站。到那里我就得坐下,一直等到公交车开来,于是我又瘸着、拐着、小跑着上了公交车,我得牢牢抓住扶手,免得摔倒……我有头晕头疼的毛病,下车的时候也一样瘸着拐着。我给猫咪去买牛奶、香肠,有时还买肉时,我连站在七个人排的队伍中都坚持不住。回到布拉格后,我又瘸着拐着往堤坝巷走。那儿有根电灯柱子,从柱子那儿走进小街,穿过小街就到了我的家堤坝巷 24 号,我坐下来歇一歇,再买份报纸,然后进了院门,沿着台阶一步一步往上走到六号台阶上。每时每刻都有可能绊着台阶,我一级一级数着这台阶……然后坐下来,说得更准确点是瘫在椅子上。我在椅子上望着院外过路的行人,再斜着瞅一眼手表,还不到十点……然后,公交车便开来了……"赫拉巴尔所描述的他那马拉松痛楚活动的全过程,有幸被我用录像带全都拍摄了下来。有关他于一九九四年九月二十四、二十五日在利本尼、在克斯科、在金虎酒家、在索科尔

赫拉巴尔与捷克小说家、剧作家阿·卢斯蒂戈相聚在乌·辛古酒家。卢斯蒂戈看着他脸上的青紫伤痕说："博冈，你这笨牛，又撞在哪儿啦？"摄于1994年。

尼卡艰辛行动的录像带，取名为《博胡米尔·赫拉巴尔的一天》，这是我与他共同度过并拍摄下来的普通一天的记录。我想这恐怕是赫拉巴尔孤寂老年的悲戚画面，是一则最真实可靠的报道。在这段时间里，赫拉巴尔虽然走路已很不方便，但他总算还自理得不错，正如我们的朋友司机巴威尔·米西克所说，"他还在运转"。

六、晚年只有少数几个朋友

在赫拉巴尔去世后，我多次听到一些观点、一些刺人的说法和责备，说什么赫拉巴尔在他生命的最后几年，被一个难以冲破的"朋友"圈子包围着，由他们将一些经过过滤的与世界相关联的信息介绍给他，并常让他为他们埋单。我随便引用发表在报纸上的一段文字好啦，"他们的功劳，首先在出版方面，这是不可争辩的，但他们同时也垄断了赫拉巴尔，将他关闭在用他们的身体组成的城堡里，其间并以类似犹太人特定居住区和环境来加强这一城堡的隔墙。"

这是一种对较为广泛的相互关系视而不见，特别是对赫拉巴尔和他的生活习惯毫无了解的，一种出自极其糟糕的角度的看法。赫拉巴尔在他一生中，在他工作的各个岗位以及酒馆的各个时期，都吸引了许多人，甚至直接围在他身边。可这些人不断来到，也逐渐消失，各走各的路了。他们中间许多人后来理所当然会坚持说，只有他们才认识、了解赫拉巴尔并和他成为朋友。他们从二十世纪五十年代就与赫拉巴尔相识，一起祈求过艺术的缪斯，一起在堤坝巷 24 号举办过出了名的"家宴"，可就连他们，赫拉巴尔也没让其影响过自己，而是恰恰相反。伊希·叶莫朗茨曾按自己的体会这样描述过，"同赫拉巴尔一道上酒馆，这就好比上高山进森林，我们得小心翼翼，不让他受到惊吓。"然而，一生备尝艰辛，因年迈而疲惫，已是鳏夫的赫拉巴尔，留下自己孤苦一人，在他八十高龄时，渴望到头来有个宁静安逸，尽管这只是相对而言的。周围只有他已习惯的少数几个朋友，他可以信赖他们，他清楚地知道，他可以期盼他们些什么。"小伙们在哪儿？"我们只要有谁不在，他就会问。并不是谈些出版方面的事，有关这方面的事儿在二十世纪八十年代主要由瓦茨拉夫·卡德莱茨来操心。可是，随着赫拉巴尔年岁的增加与慢性病的日趋严重，他每时每刻有无数的各式各样的杂事需要处理，类似填写通过邮局付款或汇款联单，分类和处理那些赫拉巴尔连封也不开就丢进垃圾筐里的邮件，协助他与迪利亚代理公司以及出版商进行联系，照料他服药等等。理所当然，的的确确还要保护他不受突如其来的干扰折磨，如各种"纠缠个没完"的新闻记者、带着一个又一个合同的电影工作者，还有小饭馆小酒家的醉汉要求与大师再干两杯啤酒，要求他评论带来的一篇什么诗歌新作，马上就要拉他前去参加一个什么开幕式或座谈会、巡回讲学，与他作一次"透彻的、广泛的、长达几小时的谈话"。侨居西班牙的翻译

赫拉巴尔与酒友们交谈。摄于 1995 年。

家莫尼卡·兹古斯托娃就遇到过这种情况。她后来在一次电视台举办的研讨会上对我们说过,这是一个无知者的群体,对这些人她是一个也不让靠近赫拉巴尔的。

这并不是说要让赫拉巴尔被隔离。一切都是根据他的决定和意愿行事的,对我们的推荐他只是作为参考而已。千真万确,随着年岁和疾病的增长,他在身体方面越来越信赖依靠我们了,在这一方面,我们的确有所"垄断"。也多亏伊万·科特、沃拉吉米尔·沃吉契卡或克拉乌迪奥·波尔达的好心关照,我们在每个星期二开车将赫拉巴尔从克斯科拉出来送到布拉格。到后来,几乎每天都将他从金虎酒家不只是送到他家门口,而几乎是扶他到床上。年迈的际遇是非常苦涩的。赫拉巴尔对此心知肚明,深感自己的无可奈何,如此度日真是艰辛。"你们是我的保护天使啊!"他多次在晚上这么说,"要是没有你们,我恐怕早就在医院里一命呜呼了。"可能我们在他对一切的兴趣几乎消失殆尽时,至少让他的生命延长了一点

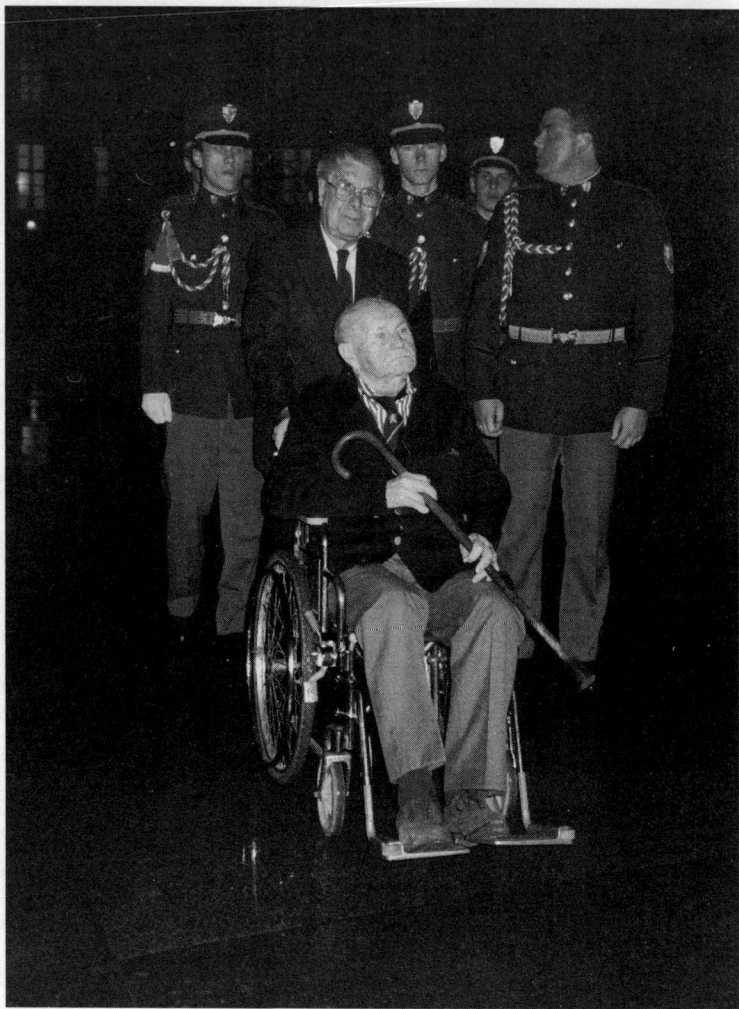

1996 年 10 月 28 日，在文学评论家沃吉契卡的陪同与总统府卫兵的护送下，前往布拉格宫参加国庆典礼。

点。当我们说服他到国外作一次祝捷之旅，并伴同他一道去时，谁会去想那么多，哪有这么“奇怪的垄断”，是吧？他在最后几个月的行走，更像是在使劲保住不致跌倒的样子。正如许多人从媒体报道上注意到的，一九九六年十月二十五日，赫拉巴尔是被我们推着轮椅送到布拉格宫去参加颁奖仪式的……伊希·贝尼亚斯说了实话，周围的人对此却表现得漠不关心。

七、最后一部手稿

一九九五年,赫拉巴尔写下了他最后的一篇手稿。我还清楚地记得,当年三月的一天,我到克斯科去看望赫拉巴尔。他在与我聊了几句之后,从桌上一堆稿纸中拽出几张写满了字的纸,当时还没写上标题。"您看一看这篇东西,我试着写作,可是……"我读完之后说:"我愿意拿去,赫拉巴尔先生。""您看还行吗?"赫拉巴尔回了一句。随后,我们为这篇短文加了一个《呓语录像带》的标题,我便立即将它放进了提包,因为稍稍耽搁,稿子就有被扔进废纸筐的危险。

"发生在别人身上的事,就仿佛发生在我身上。"赫拉巴尔这篇稿子这样开头,"我从帕莫夫卡车站乘公交车到克斯科去喂猫,一瘸一拐地走到 10 号月台上。我喜爱马勒[①]最后的第十交响乐《阿达吉欧》,我在一级一级数着台阶,十、九、八……倒在月台的椅子上……上周星期六,艾戈·博迪带着一帮法国电影工作者来到克斯科,然后,当摄影师和音响师为法国电视拍着我的片子时,艾戈·博迪却在对我讲述分析着老子的'出生入死'[②]一语……'我是丈夫,我的妻子已经"入死"了,正在那里等我,现在正等着我们……您,要勇敢些,求求您,要勇敢!'我说,'博迪啊,我很勇敢。我知道,您为什么来,已经轮到我们了。您现在去找您的太太,您是到这里

---

① 马勒(Gustav Mahler 1860—1911),奥地利著名的犹太作曲家及指挥家,被认为是 20 世纪作曲技法的一位重要先驱。父亲为奥地利犹太小酒店主。马勒自幼生活在一个种族歧视的痛苦环境中,使他在音乐中表现出神经质的紧张和讥讽的怀疑情绪。

② 见老子《道德经》下篇第五十章"养生"的第一句。

来跟我告别的……让死亡使您感到快慰。因为您是哲学家而我不是……但请您伸出手来,我答应您,我将在您的棺木前献上一篇哲学家的庄严悼词。我向您许诺……'博迪吻了我一下,他泪流满面,因为是来跟我告别的……于是,我又重复了一遍,'我很高兴,您来时我说了一些不只是常人而且还有您自己的临终之事。我答应您,我在您棺木前发表的悼词将是庄严的。您不想躺一会儿吗?您不想回忆一下您那确切的、但又不知是何时的死亡吗?我害怕说这些……不过您的生命已经只是一张到期月票,当然不知道是何时……您是马勒,当他写了第十交响乐《阿达吉欧》之后就死去了。让两位美国大学生替他将这第十交响乐写完……您有什么遗嘱吗?'

"我常说,没有比忠诚、亲昵的朋友更重要的了。

"今天早上,跟往常一样,在经过一个昏昏沉沉的长夜之后,我刮了刮脸。今天已经是坐着刮了,因为我已经站不住了。我在想,利普卡教授说对了,其实就像通过 X 光发现我的脊椎骨上有积水,迟早得坐轮椅……马勒的第十交响乐的结尾一段在我耳边,有如踮着脚尖般轻声响着《阿达吉欧》细弱的弦乐声。95 年 3 月 6 日写于克斯科。"

巴比代尔

当意大利人将在威尼斯举办的赫拉巴尔电影节命名为"没个完的巴比代尔"时,很少有人弄得清"巴比代尔"这个词中蕴藏着什么意义。他们概念混乱,更多的指向是半公升鲜啤酒,简陋的酒馆小桌,桌旁坐着一个人,口若悬河地讲着一个个故事和独具特色的哲理名言。巴比代尔是赫拉巴尔在广大公众面前,甚至在整个捷克使用的一个词。但这个特殊的词究竟是怎么来的?谁是巴比代尔呢?

著名的捷克诗人雅罗斯拉夫·沃尔赫利茨基晚年烟抽得很厉害,由于重病,口齿不清。每当他忍不住要到花园里去点根烟抽抽时,就总是因一个字母之差,把"我去点根烟"说成"我去巴比代尔一番"[①]。画家卡米尔·霍达克和诗人弗朗吉舍克·赫鲁宾发现了沃尔赫利茨基因发音混乱独创的这个词,并在二十世纪五十年代初的一份旧杂志上借了过来。最初只是他们两个人之间用用而已,可很快就扩展到他们的好朋友、经常在布拉格斯拉维亚咖啡厅聚会的诗人和造型艺术家们。由动词"巴比代尔一番"派生出名词"巴比代尔"和形容词"巴比代尔式的"等等,就连这群艺术家对它的意义也没有一个确切的定义。而"巴比代尔"这个词的内在含义对他们来说却理所当然是可以理解的。

巴比代尔是这样一种人,他既自信高傲又平凡低贱,同时有着他自己的想象和未完成的理想。在他身上有一种创造精神和以一种不可摧毁的力量为特征的高度热情。它的反面却是生活在机械

---

① 把捷文的"Palit"说成"Pabit"。"l"发成"b",意思就变了。

露天淋浴。摄于 1957 年。

主义旧模型中的谨小慎微者。这些人毫无自己的幻想，不偏不倚地走着"绝对保险的中庸之道"。以这种眼光来看，堂·吉诃德就可算是一位地道的巴比代尔。

二十世纪六十年代初，博胡米尔·赫拉巴尔从诗人伊希·科拉什那儿抓住了"巴比代尔"这个词，那正是他在为自己作品中的主人公们寻找恰当表达的时候。赫拉巴尔在他的《巴比代尔》一书中说:"几年前,我问科拉什,'你在忙些什么? '他回答说,'当巴比代尔呗! '于是,我第一次听到了'巴比代尔'这个词。那时我马上感觉到,'当巴比代尔'大概是指正在作诗的活动,这种活动与以往的习惯有所不同,兴许是更加致力于某种被禁的、捉摸不定的、不按正常规则进行的写诗法, 它的意义要在以后才显示出来。从这时期起,我就开始使用这个词。根据情况和印象,我开始将某种人称为巴比代尔,将他们的行为称做'撒巴比代尔疯'。他们是一群可以说发了疯的人。这样的人,过去有过,至今仍然有。他们干什么都特别投入,乃至有些可笑。他们是没什么心计的,他们什么也不顾,从外表看,的的确确像疯子、傻子。巴比代尔是你无法抓住的,他们的形状在现今是捉摸不定的、矛盾的, 有时甚至似乎是不合时宜的。然而事过之后,就能让你逐渐感受到他们正确、真实的一面。每一个劳动场所,每一个机关,每一个人们工作或娱乐的地方,每一个这样的环境都有其自己的巴比代尔, 如下情况足以证明他存在的需要,这样的巴比代尔只要一生病,或者休假去了,你就会想念他。"

由于赫拉巴尔的功劳,使"巴比代尔"开始具有更加清晰和广泛的含义。一九六四年,当《巴比代尔》一交出版,赫拉巴尔便就巴比代尔概念在书中夹页上写了一段话,"这是一些走在海底峡谷的人,他们总是靠拍打着的激浪来使自己的头脑感到神清气爽,他们是一些总在追逐那天际间的惊险新奇之事的人。"

这便是巴比代尔。巴比代尔就有他的那一套行事方式……他自言自语,滔滔不绝,犹如思想深处的潜流小溪。巴比代尔对他所看到的世界充满惊羡,这一美景汪洋让他难以入眠……巴比代尔善于利用剪刀加工使他所得到的信息更具特色,也善于在特定的瞬间将人们的说话加以提炼,与那出人意外的毫不相干的事件联系在一起。他也善于将作品的温度与情调,维持在自己扮演英雄的

在布拉格的米斯利克公共食堂。摄于 1978 年。

紧张气氛之中。

巴比代尔证明，"这生活值得你活下去。"这最后的一句话，道出赫拉巴尔的创作方法和他与巴比代尔的共鸣。用不着到远处去寻找他们，贝宾大伯，即赫拉巴尔灵感的缪斯，就属于巴比代尔的典型例子。赫拉巴尔在另一篇文章中说："我不得不补充一句，我无意中创造了好几个神话，创造了贝宾大伯这个神话人物，借助于贝宾大伯，我又创造了巴比代尔神话，这些人凭借他们自己的法规走着一条超越自己的别出心裁的道路，以自己的可笑达到其高贵，因为他们感到自己常常出现在谁也没在等待和盼望他们的地方。"

同时，赫拉巴尔也为巴比代尔在文章中，甚至在世界文学中找到了位置。巴比代尔对于文学来说尤其具有价值，因为他是一类特殊的形象，而且以其自然的协调而完全不同于那些有文化的知识分子,巴比代尔是一些谁也不关注的人,他们几乎处于社会阶梯的末端……然而,巴比代尔的这种生活却是令人羡慕的,我们有时也想要过他们那种生活。"兄弟,"赫拉巴尔说,"正当智者与谨小慎微者们翅膀沉重得难以起飞之时,巴比代尔们就已经带着羽毛被扯光、伤痕累累的双翼从远征中归来。于是,充当巴比代尔就是对拘于礼节和守旧的一种叛逆。"后来,赫拉巴尔也将巴比代尔行为作为自己的生活信条,将自己间接地比做巴比代尔。赫拉巴尔在一九八六年曾经说:"充当巴比代尔也是'身处底层而眼望高处'的达摩流浪……我的老师哈谢克的生活,到头来乃至我的生活,也都是令人难受的巴比代尔式的。"①

---

① 摘自赫拉巴尔于 1986 年与杨·科维斯丁的谈话。

传奇的文学生涯

　　七十七岁的博胡米尔·赫拉巴尔曾在他的一篇名曰《快乐的圣诞节》(1992 年)的文章中说:"我晚年的所有作品就像一幅点溅浪图画。我在写作时有着一种类似从悬崖上快速坠落,即将淹死的感觉,当然这种淹死是以被拯救而告终的……"此前的一次答记者问中还说,"写作不仅是为了对付烦闷无聊,而且也是靠它医治忧郁症。"

　　在他的《我为何写作》(1986 年)一文中就坦率地表白过,"到二十岁时我对何谓写作,何谓文学还一无所知。"赫拉巴尔遵父母之命,尤其是顺应他母亲的意愿,进了布拉格查理大学法律学院,从此就像完全变了一个人。正如他自己所说,"我在中学时期差点儿哪门功课都难以及格,如今在大学,我却掉进了扑面而来的信息之中。这个时期我的生活除了学习还是学习。我不仅学文学,还学美术、哲学,同时,我的精力还足够顾及与美丽的格尔琴娜谈恋爱,顾及游泳、打扑克、喝啤酒,除此之外,我还有精力一个劲儿地和人家讨论我从莫特①的艺术史中读到的内容。"

　　就在这个时期,赫拉巴尔开始写了他的诗歌处女作,类似翁加雷蒂②的《被埋葬的港口》的变奏曲。这部《被埋葬的港口》成了点燃赫拉巴尔创作火花的最初动力, 正如赫拉巴尔在他的处女作诗集

---

① 莫特(Richard Muther 1849—1906),德国艺术史家。

② 翁加雷蒂(Giuseppe Ungaretti 1888—1970),意大利诗人,神秘主义的创始人。《被埋葬的港口》(1916 年)是他在战场上创作的第一卷诗集。诗不押韵,没有标点,但却表现出摆脱传统形式、不受拘束的自由清新格调和深刻的感情。

《偏僻的街道》前言中所说，"在我二十岁的时候，我是一名对周围所看到和听到的一切充满惊羡的观众与聆听者，这一切都塞在我快要爆裂的脑子里，而我从安东尼·弗里德画家那里得到第一本正经的好书，这翁加雷蒂的《被埋葬的港口》，正好给了我一个如何通过写作来展示自己那些多得不得了的画面的指南，于是我就踏上了写作这块薄冰。我当时写作的快乐来自我敲在打字机上的那些句子。我为那些初次打下的句子的连接而感到震惊，于是我就这样在打字机上写着我的秘密日记，我的情书，我的那些与内心独白相吻合的、针对某个具体人的谈话……"在这篇前言里，他还描述了他父亲当时担任总管的啤酒厂，亦即赫氏全家居住的地方——宁布尔克小城（以下简称"宁城"）所发生的事情。他的第一首诗就是在啤酒厂的办公室里诞生的。"每当星期六和星期日，我便怀着极大的恐惧坐到啤酒厂那空无一人的办公室里，将没用过的账单纸装到打字机上，两眼呆望着这白花花账单纸的背面。可我不会打字啊，于是我就挨个挨个地寻找键盘上的字母。外面正落着雨，我便打下了'雨茫茫'这个词，然后抬起双手等待着，琢磨着在这第一个词后面应该接上个什么字。眼见面前的玻璃窗上淌着的雨滴酷似泪水，我就立即打上了'泪水'两个字，很快就出现了'泪水淌满窗'的句子。再往下又没主意了。该打上个什么字好呢？在经过一阵紧张的沉寂之后，我仍旧依照眼前所见打上'烟雾笼罩了小城'。什么样的烟雾呢？当然是羞怯的青色啰。最后，便成了'羞怯的青雾笼罩了小城的一栋栋旧房'。还挺押韵的。我将打下的句子读了一遍又一遍，并一边等着新句子的出现，一边左顾右盼，看看是否有人打这里经过，或躲在窗子下面以及连接办公室与我家住房的走廊上偷听。没人！我又等待了好几分钟，等得都有些发困了，却又被脑子里可能冒出个什么句子来的美好期盼而激动得精神抖擞。对，有了转机！瞧！几分钟之后，便又接上了，'有辆马车在被切成两半的街道中静静流动'，这幅画面本身就让我轻而易举地想出了第一个比

宁布尔克城啤酒厂酿造间。摄于 1978 年。

喻。立即打上！虽然打字有错，但还是打上了，'仿佛航行在河道上的小船'。因为啤酒厂的马匹都是褐色的，我便鼓足勇气添上一句，'两匹骏马，两个褐色小点儿，在脖子一上一下摆动的节奏中划桨'。我的打字错误多得让我不得不将打好字的纸拽出来重打一遍，接着又像准备弹钢琴那样抬起双手，直到我想出下一句，'雨滴抽泣的复调音乐，敲打出烦闷无聊的声响'。

"随后，我等了一小时，又等了半小时，还是没想出一个句子一个字来。我脑子里的思绪龙头已经关闭……就这样，写出了我有生以来的第一首诗。我读了一遍又一遍，为我像挤牙膏一样硬挤出来的这一所谓的作品惊讶不已……于是，每个星期六和星期天，我都去啤酒厂办公室打字写作，从我的脑袋里抽血……那个时期，有人向我妈问起我的法律学得怎么样时，我妈总是挥一下手说，'他总是魂不附体，心在别处。'因为我每逢周末从布拉格回到宁城，总不着家，一头钻到空无一人、非常安静的啤酒厂办公室，将我在布拉格想出来的第一个句子打上。有时等上好久也等不来第二个句子，而有时我的思路又如激流一样通畅得连打字机都来不及招架。我从打字中得到快感、欢乐，就这样记下了我当时的疯癫生活。实际上我是在学习写作，那些作品其实就是类似阿波里奈尔和波德莱尔诗歌变体的一种练习。

"等到我已写了大约十来首这种自由体诗的时候，我突然想要将它们重抄一遍，一份原稿，三份拷贝，还用订书机把它们装订成册。我暗自觉得自己是个诗人，在相当一段时间里，也是第一位读者，因为我没有一个人可以让我向他吹嘘一下我写了些什么，如何用字词来标记我的世界、我的城市。而且，我这些诗篇又都是用从翁加雷蒂的作品中学来的字词组成的。"终于，一九三七年十月十六日，在宁城的《公民报》上刊登了赫拉巴尔的《雨中城》这首处女作。对他的写作起到影响的不仅有波德莱尔[①]、兰波[②]、阿波里奈尔[③]、涅兹瓦尔[④]，而且他首先被造型艺术和法国印象派画家特别是马奈[⑤]所迷住。赫拉巴尔从一九三七年起创作一些反射性的抒情诗，一种类似印象主义的诗歌。如他所说，"像马奈那样。其实所有印象主义者都一样，善于抓住生活中相当普通的瞬间。"造型艺术和文学对赫拉巴尔来说，总是联系在一起的。

赫拉巴尔这位刚刚起步的二十三岁的诗人，当时创作的内容是什么呢？理所当然是火热的初恋、情感纠葛，痛苦的折磨人的不安全感与分手，恋人们所有的这些伤痛，都是敏感诗人用韵律和比喻来表达的，赫拉巴尔也绝不例外。

---

① 波德莱尔（Baudelaire 1821—1867），法国现代诗人，《恶之花》的作者。

② 兰波（Rimbaud 1854—1891），法国诗人，象征主义运动的典范。

③ 阿波里奈尔（Apollinaire 1880—1918），法国诗人，超现实主义先驱。

④ 涅兹瓦尔（V. Nezval 1900—1958），捷克著名诗人。

⑤ 马奈（E.Manet 1832—1883），法国重要画家。他完成了从库尔贝的现实主义到印象主义的过渡。

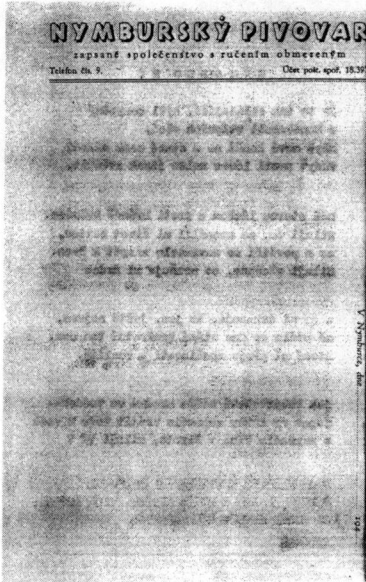

赫拉巴尔于 1951 年用宁布尔克城啤酒厂信笺打字的诗歌。

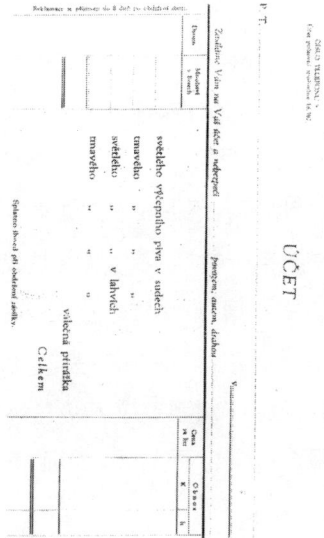

1951 年,赫拉巴尔在啤酒厂账单纸背面创作小诗集《没有标价的样品》的打字稿。

他自己也承认，"文学创作的开头无疑是情书，只有当你用爱恋的目光去观察你周围人生活的各个层面时，你才开始成为诗人。我们都有过这样一个开头，因为当我们处在爱恋之中时，都是天才的。"赫拉巴尔在那个时期的诗歌，也确实反映了他羞怯的、柏拉图式的爱情，以及他在拉贝河畔大自然中那无尽的散步和他在夜间醉意浓浓、充满冒险的梦想。

一九三九年，纳粹分子关闭了捷克的大学，赫拉巴尔回到宁城。这一时期对他来说是非常关键的。当时他在积极学习哲学、造型艺术与文学的基础上，逐步形成了作为他真正文学创作支柱的世界观。

我们可以非常概括地谈一下形成赫拉巴尔的个性，并不断渗入到他的创作的四大源泉。

其一是哲学家叔本华①。赫拉巴尔最早在查理大学法律学院接触到叔本华的作品。他自己也不明白是什么缘故，肯定是一种缘分吧，他恰恰选修了约瑟夫·费舍尔副教授关于叔本华的课程。于是他一半出于需要、一半出于自觉地到学院对面的旧书店去买了两卷叔本华的书，而这又碰巧是捷克哲学家拉吉斯拉夫·克里曼用过后卖到这个旧书店里来的。克里曼在上面写了一些注释，还画出了重点。赫拉巴尔在阅读这些书时，借助字典还提高了德文水平。"我并不喜欢那个什么'进步'，而喜欢这样一种'停滞'，这都是我从叔本华的《同情动物》一书中读到的。""同情"是赫拉巴尔接近其他人和所有活物的基础。叔本华正是赫拉巴尔认识一切的基本的钥匙。赫拉巴尔在他晚年一篇文章中回忆说："叔本华的哲学完全将我吸引住了，乃至让我不知不觉而又坚定地树立了我的世界观，并由此

---

① 叔本华（Arthur Schopenhauer 1788—1860），被称为悲观主义哲学家。他是黑格尔绝对唯心主义的反对者，新的"生命哲学"的先驱者。对人间的苦难甚为敏感，因此他的人生观有着强烈的宿命倾向。

产生了我的小城市民的孤独风格。”

其二是捷克哲学家拉吉斯拉夫·克里曼(1878—1928)。这是一位其作品在二十世纪三十年代很受读者欢迎的真正的思想家和诗人。赫拉巴尔从拉·克里曼那里得到的是"可怕的荒诞作品"和诸如"高源于低"、"一切都源于它的反面"、"白昼生于黑夜"、"弱生强"、"丑生于美"、"幸福源于不幸"……而最主要的是"胜利只能从斗争中诞生"的哲学思想。赫拉巴尔在他的《中级舞蹈班》一书中直接引用了拉·克里曼的这句话,同时,拉·克里曼的"基底飞到了高处,顶峰坠到了深谷"一语,成了赫拉巴尔在一九八二至一九八五年所写的三部曲①中的警句格言。

其三是老子的《道德经》。赫拉巴尔到五十年代初才得到由翻译家德沃夏克于一九二〇年译成捷文的这本书,但它却成了赫拉巴尔极重要和每日必读的课本,直到生命的最后时日。"光而不耀"②。如果说在叔本华的哲学中就已经带有某些东方寓意、印度哲学"为无为"的思想的话,那么赫拉巴尔正是在老子身上找到了总结他的认识以及"生活智慧"最终的确切形式。

其四是超现实主义。赫拉巴尔虽在二十世纪三十年代末开始了解超现实主义,可是从一九四〇年以后,在卡雷尔·马利斯科③的带动下,对它的兴趣才浓厚起来。但赫拉巴尔从来没能成为一个正统的超现实主义者,没有被它的理论与思想所束缚。约瑟夫·楚姆尔④在他的《赫拉巴尔的思想灵感》一文中说:"在艺术领域中,赫拉

---

① 指赫拉巴尔的《婚宴》、《新生活》、《林中小屋》自传体三部曲。

② 见老子《道德经》下篇第五十八章"治国"。

③ 卡·马利斯科(K.Marysko),捷克诗人,布拉格民族剧院的大提琴演奏家,赫翁终生挚友。

④ 楚姆尔(Josef Zumr 1928—),捷克当代哲学家、翻译家,赫拉巴尔的朋友。

一手拿着花，一手拎着酒瓶子。摄于 1935 年。

巴尔从来就是一个天马行空的人，在组织上他从来不属于任何团体与流派。"超现实主义是在二十世纪三十年代初，以其柔弱的形式进入他抒情诗中的，但它只是作为赫拉巴尔的一种灵感源，只是辅助性的，到后来只是一种隐蔽的技巧而已。实际上，赫拉巴尔只是通过超现实主义的视角来进行写作，而从来没有让它进入到他的文稿及讲话中来。

与此同时，我们绝不能忘记他对造型艺术极其浓厚的兴趣。赫拉巴尔不仅学会了如何看到"画面上"的东西，而且善于从"画面背后"去观察，善于以一位作家的眼睛去领悟它的本质。他说："造型艺术对我来讲比文学还更重要，或者说它与文学的关系非常亲密。"

无疑，世界文学名著对他所起的作用也很大。他酷爱拉伯雷①的《巨人传》，其中许多章节他都能背诵下来。他读过塞利纳、乔伊斯②，通过阅读学会了德文、法文。

最初引导他接近超现实主义的是马利斯科。他们是在一九四〇年某个时候相遇的。这次相遇立即成了他们终生友谊的牢固纽带。重要的是在保护国③时期和战后初期，这一友谊拓宽了赫拉巴尔的艺术与文学视野。马利斯科成了赫拉巴尔的一位师长，同时也是他的第一位读者和评论者。在他们相遇的时期，马利斯科正在马拉达·博列斯拉夫服兵役，此后于一九四一至一九四五年间，在恰斯拉夫当音乐教员，大战后才在布拉格民族剧院的交响乐团当大

---

① 拉伯雷(F.Rabelais 约 1494—1553)，法国作家，原为僧侣，后为医生。是文艺复兴的激进派代表。他崇尚生活、大自然和自由，代表作为《巨人传》。

② 乔伊斯(James Joyce，1882—1941)，爱尔兰小说家。其作品《死者》堪称世界短篇小说杰作之一。《尤利西斯》描写 1904 年 6 月 16 日这一天在都灵发生的事，其意识流创作手法令人注目，该作品的主要魅力在于人物描写的深度和广泛的幽默。《一个青年艺术家的画像》则采用了象征主义与现实主义相结合的写作手法。《为芬尼根守灵》是他花了十几年心血的力作。

③ 保护国指 1939—1945 年德国纳粹统治下的捷克和摩拉维亚保护国。

与终生挚友卡雷尔·马利斯科在布拉格街头。摄于 1953 年。

提琴演奏者。

赫拉巴尔于一九九三年在捷克广播电台播出的一次谈话中提到,"我认为,我与马利斯科先生的相遇是相当奇特的。我记得,我正从宁城桥上的一个售报亭那儿往下走,有个人跟在我后面跑了下来……总而言之,是那么一个奇怪的人,那人正是马利斯科。喏,他就在那里给了我一篇什么,让我将一篇可能是他的,也可能是别人的小诗读一遍,说,然后咱俩再谈一谈,商量商量,还说他有个叫扎科乌希尔的朋友已经出版过一两本书了,说他们想一起到啤酒厂来找我。他们还真来啤酒厂看过我。从此,我跟马利斯科就总有说不完的话,后来我们便常在布拉格的格朗德街或者在剧院里相聚。"

在保护国时期,宁城是一座颇具文化气息的城市,离布拉格近也是原因之一。这里有一个年轻人的小社团,他们聚在一起讨论近期的文学与美术流派,一起乘车到布拉格上剧院、看展览和上演几出自己的小戏。赫拉巴尔和马利斯科也一道参加过这类小型联欢

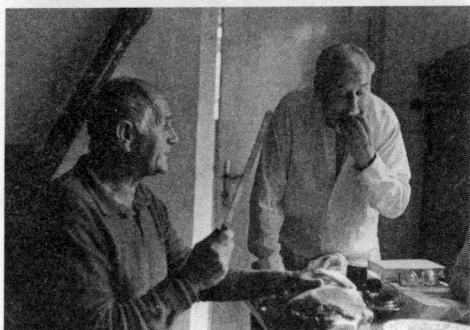

与挚友卡雷尔·马利斯科在克斯科。摄于 1981 年。

第一部分

活动。赫拉巴尔说:"更确切地讲,我是盲目追随涅兹瓦尔、阿波里奈尔的……可是马利斯科比我强,他总是将一些有意思的东西从布拉格带回来,多亏他让我认识了从勃勒东①开始的所有超现实主义者,了解了他们的宣言……马利斯科可说是我在文学方面的心理奶妈,我在一定意义上是他的学生。要是没有他,我恐怕对一大批著作会一无所知。是他将世界上发生的什么信息传给了我。我仿佛觉得我就是他的一项产品……后来,我们就总是一块儿上小酒馆……我们的扑克牌也玩得棒极了。"

至今保存下来的马利斯科从一九四三至一九四八年写给赫拉巴尔的书信,也反映了他们之间的友谊,特别是反映了他们当时如何力图得到资深文学工作者认可的心情,以及他们希望出版自己集子的那些悲欣交集的尝试。很明显,在这方面,马利斯科是主宰,而赫拉巴尔只是任他领着走而已。

我们从马利斯科在一九四三年七月写给赫拉巴尔的一封信中得知,马利斯科在旧书店买了勃勒东的《连通器》,并立即读了起来,同时给宁城的赫拉巴尔写信,述说他阅读该书的最初心得,以及他与勃勒东超现实主义的关系、他对超现实主义的看法。信中说:"我同一个跟卡米尔·贝德纳什②相当熟的朋友谈了话,当然提到我俩写诗的事儿。下礼拜我想同他一道去拜访贝德纳什,把我们的成果带给他看看。你快准备一下,这个礼拜六把自己的小诗带来……"但马利斯科同时也在这封信的结尾提醒赫拉巴尔,"当然,你也不要抱太大幻想,形势不容乐观。不过为了好玩,去走一趟总

---

① 勃勒东(Anorle Breton 1896—1966),法国诗人、评论家、编辑。1920 年与苏波在共同创办的文学杂志上联名发表的《磁场》成为超现实主义的第一个样品。1924 年发表《超现实主义的宣言》。小说有《娜佳》(1928年)。

② 卡·贝德纳什(K.Bednář),捷克著名编辑、诗人。

与马利斯科,中间是一位模特儿。摄于1982年。

还可以吧(主要是为了能学到点什么)。"

当时,马利斯科从贝德纳什身上感受到一种权威的依靠、理解或者希望的火花,觉得在他自己和赫拉巴尔写的那些小诗中,也许已经可以发现他们认为的新生代诗人的所谓"坦荡与赤裸"。赫拉巴尔到一九七〇年才谈到他们与贝德纳什的这次见面,"当我们将练习曲(后来的《花蕾》诗集)的基本部分带给贝德纳什时,他对我说这东西不可能出版,说是迟到的柔性超现实主义。"

据马利斯科说,"我们曾经想跟一个什么文学团体挂上钩,我们心里想的是超现实主义者们的组织,可我们得到的信息是这个组织已经不存在了。"不过,天马行空的赫拉巴尔并未止步于超现实主义,他的梦幻札记虽未彻底摆脱超现实主义,但他的文学尝试已然朝着进一步改变的方向前进。一九四七年,他自娱自乐将自己的诗歌编成了一本取名为《偏僻的小街》的诗集,他自己评价这本

63 ·

小诗集,"我之所以将它取名为《偏僻的小街》,是因为我知道我所编辑的这本诗集仅仅是自己抒情脾性的一种反射。我在这些诗中只是抓住了那些类似日记、情书之类的东西。"

一九四七年十二月,马利斯科写信给赫拉巴尔:"你想想我为什么劝你搬到布拉格来,我想拽着你去见切尔尼,去听音乐会等等,我是想'给'你一种能够解除你的疲劳、孤独的催化剂。切尔尼讲授存在主义,而你只了解超现实主义。我们曾经想努力突破它,你知道,想运用一种新的流派。今天在这里有萨特①的新哲学,而你对这也一无所知。我想让你在布拉格获得长久的激情感染。你以为如何?真的晚了吗?重要的是总要经常保持与时俱进的形式……我在与科拉什②谈话时意识到了这一点。别无他法,你必须从宁城走出来,试着在这里生活。宁城是吗啡,我盼着在这个星期六见到你,我们带着自己写的诗,比如说去见见科拉什。"

其实在一九四八年"二月革命"之后,宁城的赫拉德克印刷厂国有化,赫拉巴尔本来准备在这儿印出的诗集也落了空。马利斯科又写了一封信劝赫拉巴尔,"诗的时期已经结束了,写诗已经毫无意义,我压根儿就已停止写诗,你也停止吧!"可稍后,又写信告诉赫拉巴尔,"我已写完第三本诗集塞到抽屉里了。"赫拉巴尔的抽屉也被塞得满满的,但他从未停止过写作。当时,他本人供职的那家批发公司也已停办,他的推销商生涯随即结束。但此前一系列与他

---

① 萨特 (Jean Paul Sartre 1905—1980),法国哲学家、剧作家、小说家。当代文化生活中的国际知名人物,法国存在主义的倡导者。存在主义哲学强调自由与个人存在的重要性。

② 科拉什(Jiří kolář 1914—2002),捷克诗人、美术家。早年写诗,后来弃诗从画,通过打破诗画之间的界线而跻身于世界现代造型艺术权威人物之列。从 1976 年起定居柏林和巴黎,在全世界举办画展。也是赫拉巴尔进入捷克文坛的一位热心的领路人。

的法学博士头衔不相称的工作经历,让他积累了大量的写作素材。不过当时出书的可能性等于零。先前的倡议者、各种可能和信息的传播者马利斯科已退居幕后,他的积极主动性已大大降低,不过他的抽屉也没空着,他每年都往里面塞上一部新的打字本诗集。

一九四九年,赫拉巴尔终于抛弃了有女仆来生火的"装有瓷砖壁炉"的房间,来到布拉格,下决心像大多数"普通人"一样生活。他在布拉格不断地更换租住房,自谋生路,建立起他自己的人生观、风格和美学观。就在当年,赫拉巴尔写出了对他来说意义不一般的重要作品——短篇小说《该隐》。这是他"从多次阅读过的《少年维特的烦恼》中获得灵感而创作出来的"。他说:"当我深深坠入初恋情网之中时,我隔一天写一封情书,理所当然,我感到非常痛苦与不幸。"在《该隐》一书中,不仅表现出先前就有并带着自杀意味的两性题材,而且也流露出大战结束后生存者本身的抑郁状况。赫拉巴尔此时在寻求新的写作方式。他暗自问,下一步怎么办?他自己也感到茫然,没有答案。也正是在这种状况下写出了诸如《闪电洗礼的房子》、《艰难的死亡》……一系列充满了粗野的黑色幽默和嘲讽意味的作品。在这些短篇小说中,赫拉巴尔有意挑战"禁区",打破"常规俗套",书中拨响着有关生命的毫无价值以及生存的多余徒劳的琴弦。他自问:"痛吗?可现今世上的一切都在痛,连生存本身也不例外。"他这个时期的短篇小说,成为贴在那被时代断裂板块所刺破的伤口上的膏药,成为对当时的混乱与无望的一种回答。

一九四九年,赫拉巴尔还以贝宾大伯为原型创作了短篇小说《老年维持的烦恼》,一九六三年经过加工改名为《中级舞蹈班》。

赫拉巴尔在《老年维持的烦恼》中叙述他与贝宾大伯相处的日子,"贝宾大伯常来布拉格看我。他总要带上一瓶罗姆酒或者一瓶什么喝了能养胃的苦酒。我们常常一起喝酒,一起去看滑稽音乐歌舞节目,或到朋友家串门。大伯就睡在长沙发上。当我们两个都有

贝宾大伯在宁布尔克。摄于 1957 年。

空时，我就按照贝宾大伯的口述用一部借来的打字机写作。他在这段时间可喜欢表演哪。他管这些由他口授、由我一页一页打出来的稿子叫做'记录稿'。这种记录稿我们写了七次之多。到后来，我开始对他这种语流感到强烈的兴趣，至于故事内容，我已经在家里或外面什么地方多次听他讲过。我就像一个虔诚的犹太教徒，对其惊叹不已，但我强忍着不表示出来，免得打断他的讲述，我甚至不断去为大伯买啤酒和罗姆酒，让他一直往下讲，直到累了为止。我这才从稿子里发现，这些杂乱无章的故事竟然有着它自己的规律。在此之前，我曾担心贝宾大伯会不会把他扯断的线头忘掉，结果他在几分钟之后重又回到他原来所讲而断掉的地方，接着往下讲，有如灿烂的烟花继续闪烁出一幅幅画面。于是，我们就这样讲了七次，大约花了一个季度的时间。"其实，贝宾大伯就是赫拉巴尔的缪斯①，是他了不起的师长。连赫拉巴尔自己也承认这一点，"贝宾大伯有着女占卜师和巫婆身上才有的东西。他用大声喊叫来治病疗

---

① 希腊神话中掌管文艺、音乐的女神。

伤,抹去人们额上的阴霾和烦恼,有些人甚至从大伯的胡言乱语中挑出一些他们认为富有诗意的句子。贝宾大伯是天字第一号的巴比代尔,是我的缪斯,是不仅高于我,而且高于我听到过的所有说书艺人。对于贝宾大伯来说,一切都是美好的,连那些最可怕的战争图景对他来说,也像年轻姑娘的脸蛋一样精彩。处于各个年龄段、各个地位、阶级以及各种职业的女性是他衡量一切的准绳,是他生活的动力。正是这位四十出头的贝宾大伯,帮助人们找到了洒满笑声和巴比代尔中魔式的快乐的水井,因为在他身上有一种类似憨傻的犹太教信徒、神奇的拉比①、民间说书人的特点,一切从自身而来。"

一九四九年,赫拉巴尔刚在国企百货公司干了很短一段时间的工作,上级要求从该公司职工中选派一人去克拉德诺钢铁厂参加为期两年的义务劳动。本来选上的是一名刚结婚的年轻人,赫拉巴尔自告奋勇,愿意代他前往。当时他正好三十五岁,光棍一条,这位大学毕业且拥有博士学位的劳动者,看到了命运的转机,决心彻底摆脱战后他所干过的这些毫无乐趣的职业带给他的生活方式。他跟我们亲口谈到在他一生中的这次变化时说:"只有在自己导演之下的生活才有价值。"一九八九年访问美国,在斯坦福大学的讲演中,他也谈到这一思想:"当时我突然明白,我必须剪断我过去的生活方式,我必须改变自己的生活,我不仅从杰克·伦敦,而且从那些遭诅咒的诗人那里知道了这一点。我必须靠我自己去改变自己,改变我的地位……"

这就是赫拉巴尔所琢磨出来的如何惩罚自己,同时又净化自己,"沉到最底层"的所谓"人为命运"的理论。或者用他在《花蕾》后记中的话来说:"将我自己搁到我从来都不愿意待的地方。我这个胆小羞怯的人却偏偏要去向人推销日用品、出售杂货和去钢铁厂

---

① 犹太教牧师的尊称。

·　　第一部分

20世纪50年代初,与贝宾大伯合影。

与贝宾大伯在布拉格街头。摄于1952年。

劳动。可我一直在坚持写作。"

　　一九五〇年,赫拉巴尔在多次换租住房之后,终于在利本尼堤坝巷 24 号租到一个长久住处。这是大杂院里的一个小房间,终年不见阳光的旧铸铁作坊,实际上是一个根本不适合住人的地方,可赫拉巴尔却满足于这最低的生活条件,彻底地告别宁城、啤酒厂以及美丽的小河……他在《手帕结》访谈录中说:"我也搞不清是有意识还是无意识的,反正我知道,我的先辈们就是这么开始的。我爷爷和奶奶结婚时,奶奶只有一个叫他们早早起床的闹钟,我爷爷只有一只能装半公升啤酒的罐子。我也要这样开始。"赫拉巴尔在美国斯坦福大学讲演时还作了补充,"我在利本尼租了这么一个小房间,是我自己粉刷的。那里只有一个炉子和我的一张桌子,桌上铺

位于布拉格城区东北的利本尼堤坝巷 24 号院子。

69 ·

在堤坝巷 24 号家中生炉子。摄于 1953 年。

了块白布,上面放了一瓶鲜花。我就靠那上方挂着的一盏可以上下升降的吊灯看书,总而言之,感到无比幸福,感到这个小房间仅仅属于我,只有在这里才真正地开始过着我自己的日子。花自己挣的钱,一个人独处,犹如一名不出声的号手。堤坝巷的这间房子让我爱得发疯……"

为了与整个大院乃至这条街上的人们的联系通畅无阻,赫拉巴尔从来都不关房门,让人们能进进出出,搅和他的生活。有个醉汉还多次来到他的住处躺下睡觉,到第二天早上,赫拉巴尔发现他根本就不认识这个醉汉。还有一次,半夜闯进来一个酒鬼,请求赫拉巴尔给他倒酒喝,说是附近酒店都已关门。

在这里,赫拉巴尔不仅开始了新生活,而且也开始了别样的写作方式,用他自己的话来形容就是"抒情诗逐渐转变为彻底的现实主义"。这期间,他开始每天三点半起床搭长途公交车到克拉德诺钢铁厂去干活儿,虽然极其辛苦,但却心花怒放。他说:"在克拉德诺的这四年,就像是上帝的恩赐。现实的粗鲁与狂野之风直接冲我吹来。仿佛一场暴风雪,让我目眩眼花。这期间,我写作时所摆弄的

20世纪60年代摄于堤坝巷24号家中。

句子也不知不觉转变为别样的风格，抒情诗也不知不觉转化成了彻底的现实主义，我甚至都没有注意到。因为在钢炉旁劳动的粗犷的工人以及他们的谈话，让我感到奇特的美，我仿佛劳动与生活在博斯①的画面之中。就这样，我完全摆脱了我的过去……"当年住在

---

① 博斯(H.Bosch 1450—1516)，尼德兰中世纪晚期重要画家。被公认为"独特的画家"。其作品主要为复杂而风格独特的圣像画。学术界尊他为对人性具有深刻洞察力的天才画家和第一位在作品中表现抽象概念的画家。

堤坝巷 24 号赫拉巴尔家楼上的年轻小伙子杨·斯拉维切克对我讲述赫翁在那几年的情况说："他简直像个疯子，只穿一条运动短裤在利本尼满处逛荡。他从钢铁厂出来，一身乌黑，也不是太阳晒黑的。他大概喝了不少酒……老远就能听到他从诺伊曼剧院门前的电车站传来的声音。他总是在唱歌，但他并不擅长唱歌，总是扯着嗓子吼歌而已，或是吹口哨，吹得很响，声音很特别，当然也是五音不全的……我妈总是说，'你们听哪，博士来了！'他真够馋，总是边走边吼，进到屋里也是这样……有时我站在楼上的外廊抓住围栏朝下看他，他就冲着我大吼一声'你——好——啊，洪查'，然后门一砰，走啦，上利本尼那些酒馆去了。他从不总待在一个地方，而是从瓦尔达步行到麦古拉，距离相当远，全是步行。"

这期间，赫拉巴尔在每天坐公交车去钢铁厂上班的路上认识了沃拉吉米尔·博乌德尼克。这位画家将他在钢铁厂见到的景象提升为艺术，表现在他的版画里，就像赫拉巴尔用他的写作来表现这一切那样。对于博乌德尼克来说，这座钢铁厂就像一所工艺美术学校。自然，他和赫拉巴尔找到了共同的视角，不过两个人都太有个性，他们之间的友谊到后来就像那吵闹不休的恋人关系。

一九五〇年末（有些材料说是一九五一年），在赫拉巴尔的利本尼住所中，突然出现了一位二十来岁的诗人，此人就是艾戈·博迪，本名叫兹皮涅费舍尔。他是《半夜》丛书的创办人。该杂志在一九五〇至一九五一年曾以一份原稿和三份拷贝的形式出现。博迪是这个时期所谓"彻底现实主义"诗人，他在六十岁（1989 年）的一次采访谈话中提到自己与赫拉巴尔的关系说："我和赫拉巴尔是这样认识的，有人告诉我说，那位先生（指赫拉巴尔）会给我付啤酒钱，于是我就到利本尼去找他。赫拉巴尔果然给我付了啤酒钱。人们对我这样谈到他，说他是一个爱喝酒的有趣人物，说他甚至还懂得点儿文学，如此等等。我那时是个相当爱社交的人，于是就这样稀里糊涂找到了他。"博乌德尼克和博迪都不是什么"生活与艺术

沃拉吉米尔·博乌德尼克在
灰泥剥落的墙上作画。摄于
1956 年。

画家博乌德尼克。摄于 1967 年。

的旁观者"，而是二十世纪"温柔的粗汉"。赫拉巴尔在《温柔的粗汉》一书中为他们竖立了一块令人难忘的纪念碑。通过艺术夸张与破格，将他们一直放到传奇与神话的边缘。博迪写道："有好几年，我们每个礼拜都聚会两到三次，用罐子喝啤酒，整夜地讨论艺术，可从来没瞎聊胡扯过，只讨论艺术和哲学，以及早就让我们为之痛哭过而又曾被我们如此热爱过的超现实主义。"

就是这段在钢铁厂劳动的期间，赫拉巴尔"触摸"到了"无产者"的真实生活，于是用自己的方式，依据他自己的视角，像这些普通人所讲述的那样重新讲述这一切。从这个意义上来说，其转折关键就是一九五二年春他所创作的短篇小说《雅尔米卡》。

赫拉巴尔于一九九一年在《劳动报》上发表的《贝格奥牌打字机》一文中说："我们一直无法摆脱超现实主义，它老是不请自来地渗透着我们的文稿，直到进了克拉德诺钢铁厂，我整个由伪艺术派生出的世界才得以毁灭。我环顾四周，这才看到和听到真正根本的东西和语言。"就像赫拉巴尔自己所说的，他这才弄明白赤裸裸的现实，这才开始像一个报道者给报纸写文章那样写作。"于是，我写的第一篇正儿八经的短篇小说就想超越勃勒东的《娜佳》。我写了一个在钢铁厂送茶点的捷克女孩，她非常粗率，但同时她的举止又非常纯净，闪烁着真实的光芒。我想让她在散发充满人性芳香的同时触碰到真正的价值。"赫拉巴尔还说送茶点女孩的故事比勃勒东的《娜佳》更让他着迷。然而，赫拉巴尔的《雅尔米卡》是一篇报告文学，赫拉巴尔不知不觉地走出了超现实主义。

赫拉巴尔在《贝格奥牌打字机》一文中回忆博迪为他的第一篇现实主义小说《雅尔米卡》而感到激动，"博迪是我这篇用续篇形式写成的作品的第一位听众。他在聆听我这篇手稿时，总是高兴得大声喊叫，甚至将我推倒，威胁我说要宰了我，用指头在我眼前指指点点，装出一副马上要将我干掉的样子，不过，后来就又松口说要延到下个礼拜再说。当我把写好的这一节续篇读完之后，博迪又请求我保持原来的风格不变,继续往下写,说他一个礼拜之后会再来尝尝新续篇的味道……到后来,我就按照他的爱好来写续篇。我当时的写作主要因为过一个星期博迪又要来,我又得为他朗读……我甚至专门为他挑选钢铁厂的某些事件。我在写作的时候还成心尽量压缩,写得简单些,因为我事先就知道,我怎样可以用既无比喻也没联想的作品,由我亲眼所见的简单消息,用类似干巴文献和糟糕的新闻等等简单内容让博迪生气。

"我总共写了十五段续篇,而每次都是博迪赶着我去跳越现实主义的犁沟。我若是闪开犁沟,他就像农夫对待耕牛一样威胁我。后来博迪对我说,我代替他实现了诗歌的转折,我与他一道踏上了彻底现实主义的薄冰,就像他一九五一至一九五二年在诗歌中的那样。"

当赫拉巴尔将他这篇手稿读给朋友们听时,他们不仅为《雅尔米卡》所激动,而且为它而感到震撼,将它视为赫拉巴尔的顶峰之作。

是什么使他的这篇作品如此感人呢? 可以用赫拉巴尔自己在一九八七年的一次记者访谈录中的话来作答,"在这部作品里,我学会了韵律节奏、颜色对比、苏格兰式喷洒法的交替使用技巧,我还掌握了从伊萨克·巴别尔①那儿学到的东西,即在淋病旁边摆上一块钻石,想尽法子让我的作品发出雷鸣般的响声,让粗糙与细腻相结合,也就是创作出不带空话、在没有欢乐的现实中强调人的价值的真实画面。"

可他对自己的作品总是不够自信。谦虚的赫拉巴尔承认说:"我不知道自己写了什么,一切都由博迪来拍板。当博迪将我的作品读过第一遍后,说这一文不值,我就会面红耳赤,不想再接着写

---

① 巴别尔(T.E.Babel 1894—1941),苏联短篇小说家,以写战争小说和敖德萨的故事著称。

赫拉巴尔双手拿着博乌德尼克为他制作的"死后"面具。摄于 1953 年。

下去，因为我从开始写作起的支柱便首先是马利斯科，然后是博迪，再后是伊希·科拉什。他们说我写的东西不错。没有这些人的肯定，我恐怕会停止写作。我也不知道为什么我只是通过别人来评估自己。我从一开始在内心里就有这种胆怯，我没法给自己以写作的勇气……"这是赫拉巴尔直到生命终结时都保持着的性格特征之一。

自写出《雅尔米卡》以来，赫拉巴尔就再也没写过诗，只创作小说散文了。他自己说"在克拉德诺算是开始写作无产阶级文学了"。

他在《美丽的波尔迪》一文中回忆钢铁厂劳动的四年时光说："我在钢铁厂这所大学读了四年关于人的劳动的美学与伦理学。我在这里认识了劳动者的本质，全身心地认识到谁是第四阶层。我在这四年中不得不将我的'纯诗主义'改变为'彻底现实主义'，因为我所看到和我生活其中的现实是我新的诗歌……我不仅在思想上而且在外表上也起了变化。我现在回忆起当时的情景才注意到，我后来不再打领带了，不再熨裤子了，也不再将十克朗纸币熨得平平的了。我在宁城时每逢星期六都要将钞票熨平，好在酒馆埋单时展示一下。现在我若是有机会再选择一次我的职业，我决不会再到科斯托马拉迪车站去当火车调度员，而愿意回到钢铁厂去当辅助工。"不过这都是他在已经以一名旁观者身份看待自己的几十年后写下的。然而，顶着法学博士头衔却干着钢厂辅助工的赫拉巴尔在当时，二十世纪五十年代初期，却与他在利本尼的朋友一样处在为自己的生存而惶恐忧虑之中，感到前途渺茫……他将充满忧虑的生存状况反映在一九五二年的《恐惧啊恐惧》、《但愿没有战争》、《犹大的眼睛》、《普通的一天》等一批作品中。早年，他在钢铁厂受了重伤，尽管当时一度失去意识，头颅裂缝，他却拒绝住院，让人抬回利本尼家中。医生让他绝对静养，他却像个健康人一样去伏尔塔瓦河游泳，结果脑袋受凉，医生不得不让他作长期治疗，去疗养地疗养……厂委会建议发给他百分之八十的残疾人补助金，赫拉巴尔却拒绝了。到一九五三年四月，他重又回钢铁厂上班，以此来惩罚自己，并解决某种"内心危机"，然而钢铁厂的重体力劳动确实使他这个曾经受过重伤的人安全难保，这才于一九五四年四月八日当了布拉格焦街 10 号废纸回收站的一名打包工，开始了他生命的下一个时期。"青春年华"虽已结束，但利本尼的生活让他着迷，并且仍然加紧着写作。

赫拉巴尔深深爱上了利本尼这个布拉格的城郊区，将它形容为他生命中的一条"救生带"。二十世纪五十年代上半叶，利本尼还算不上布拉格的近郊，而是一个自我封闭的地区，有着它自己的氛围、自己的地区庇护神，甚至传说"有人见到过圣诞老人常来这里的幼儿园"。赫拉巴尔对这个地区的诗意也总是感受个没够。他白天黑夜地在这地区漫游。不管天晴下雨，这里总能引起他的惊喜与热情，因为他总能发现这个地区新的、让他意想不到的东西。渐渐地，访遍了利本尼所有的小酒馆小饭店。在这些最低档的小酒

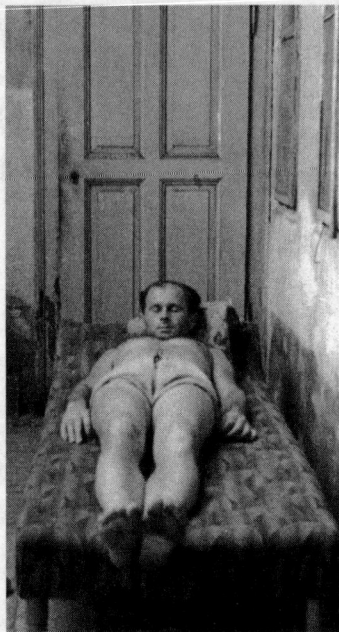

在克拉德诺钢铁厂受伤后,躺在堤
坝巷24号院子里。摄于1952年。

馆小饭店里,赫拉巴尔认识了无数的新朋友,日复一日地听到许多
普通人关于平常日子里的普通事件,与他们彼此交谈,从中吸取了
他创作短篇小说的题材。他将这些底层百姓交谈的内容或串联起
来、或搓揉混合、或挪动位置,然后再将其分开……以他自己的方
式将这些掌握得透彻的素材像万花筒一样转动,并掺进他的乐趣、
幻想甚至教训,使之更加丰富,他甚至将黑色幽默、布拉格式的嘲
讽、性题材也都填充进去。他的短篇小说,准确地说是一篇篇"小
故事"。

连赫拉巴尔在堤坝巷24号院子里那曾是锻造车间的小屋子
也像他的灵魂,虽然小巧却很洁净。除了前面已经提到的马利斯
科、博乌德尼克以及博迪之外,还有许多利本尼的新朋友也几乎都
定期来这里相聚。赫家"家宴"不断,他们啤酒喝得越多嗓门就越
高。在这里渐渐聚集了一大群形形色色的未来诗人、作家和造型艺

术家,无形中,赫拉巴尔作为年龄稍长一些的艺术家就成了他们的权威的支柱。他尽管是一位学有所成的法学人士,却具有艺术领域方面的渊博知识以及来自个人职业的丰富经验,其生活真所谓独具特色,自在无羁。当时这些常来赫舍的文学艺术家也曾组织过诸如"苦恼诗歌"、"放弃宣言"等等各类文学流派组织,赫拉巴尔虽然与他们走得很近,但他这位人称"艺术领域中的天马行空者",却从未成为任何艺术流派组织的成员。

这些文学艺术家们在当时的二十世纪五十年代所写净是些"抽屉文学",他们只是相互读读而已,毫无出版希望。博迪的"彻底的现实主义"诗歌不仅在二十世纪五十年代,甚至在二十世纪六十年代、七十年代、八十年代都被拒绝出版,因为他走上了"非官方文学"之路。这一批人之间的交往关系网,在一九五一至一九五五年短短几年间,以某种形式不断补充、交叉着,也消散着,他们中间的每一个人到最后都各自走了完全不同的道路。与他们不同的是,比他们年长一些的赫拉巴尔在五十年代初就已有了十多种文学习作,他的不容置疑的天才已经显露出更清楚更坚实的轮廓,终于在六十年代初较为有利的社会气候下喷发出来。

赫拉巴尔在废纸回收站所担负的劳动比在钢铁厂更重,成天要与重量超过一百公斤的废纸包打交道。据当时的《布拉格晚报》偶然的一篇报道说:"三男一女成天搬运这好几百公斤的废纸。赫拉巴尔同志乐呵呵地回答说:'四月份有一百一十吨呢!'"这报纸没有详细介绍三男一女是谁。他们中一位是废纸站站长,第二名是工人赫拉巴尔博士,第三名工人则是英德希赫·贝乌克特。他曾经是一名成功的举重运动员、撑竿跳高和橄榄球运动员,渐渐"锻炼"成了一名独特的人物,优秀高贵的酒仙和讲故事能手。而那名女工呢?原是一位企业收归国有、后来入狱的前企业老板的妻子。赫拉巴尔最先管贝乌克特叫汉里赫,后来改称汉尼,最后便改称汉嘉了。赫拉巴尔与汉嘉终日同劳动、同饮酒,到最后,亲密到贝乌克特

赫拉巴尔夫妇与斯坦尼斯拉夫·瓦沃拉在堤坝巷 24 号家中。摄于 1957 年。

居然成了赫拉巴尔短篇小说《布拉希尔伯爵》①中的主人公。一九七六年,赫拉巴尔又让他这位汉嘉成了《过于喧嚣的孤独》中的主人公。

尽管赫拉巴尔每天从废纸回收站下班回来已经累得筋疲力尽,但他还振作着翻阅从回收站捡回来的书籍,并一直坚持写作短篇小说。他已经有了一个挥之不去的念头:总有一天会写出一本可读性非常强、反映真实的"启示录"来。

伊希·科拉什对赫拉巴尔非常关注,他借助于朋友的帮忙让赫拉巴尔无可置疑的才能得以展现,只是当时机会不成熟。一九五五年,赫拉巴尔认识了希夏尔②,将《雅尔米卡》的手稿带到当时科拉什担任编辑的捷克作家出版社给希夏尔看。希夏尔觉得这部短篇

---

① 一译《吹牛大王》。

② 希夏尔(Josef Hyršal 1920—2003),捷克诗人、翻译家。

小说奇妙无比。紧接着,希夏尔又和科拉什一同到利本尼去访问了赫拉巴尔,还一起喝了啤酒。赫拉巴尔向他们谈到超现实主义、勃勒东、拉·克里曼……随后,又向他们朗读了一篇新的短篇小说《布拉希尔伯爵》。这期间,赫拉巴尔已写了一大把的短篇小说。一年之后,即一九五六年,科拉什与希夏尔以赫拉巴尔的四个短篇小说为开头印了一份自行出版的打字体杂志《到处是生活》。很快,科拉什他们又印了赫拉巴尔一本真正的自行(非官方)出版的处女作《人们的谈话》短篇小说集。虽然这只是一本二十面纸的小书,但它比赫拉巴尔其他任何书都更使他激动。赫拉巴尔说他在这本书里“向读者群提供了我的诗情,我的文稿。在这部文稿里我表明了自己站在哪一方,我寄希望于谁,我同情谁。我记得,我在所有这些小册子上,像与我生活在其中的社会签合同一样签上了我的名字”。

一九五六年十二月八日,赫拉巴尔与艾丽什卡结婚。从此,那些街上以及酒馆里的朋友们随时可以光临的热闹喧天的“家宴”,逐渐转变为安静一些的小范围朋友聚会。

多亏希夏尔与科拉什的不懈努力,捷克作家出版社终于在一

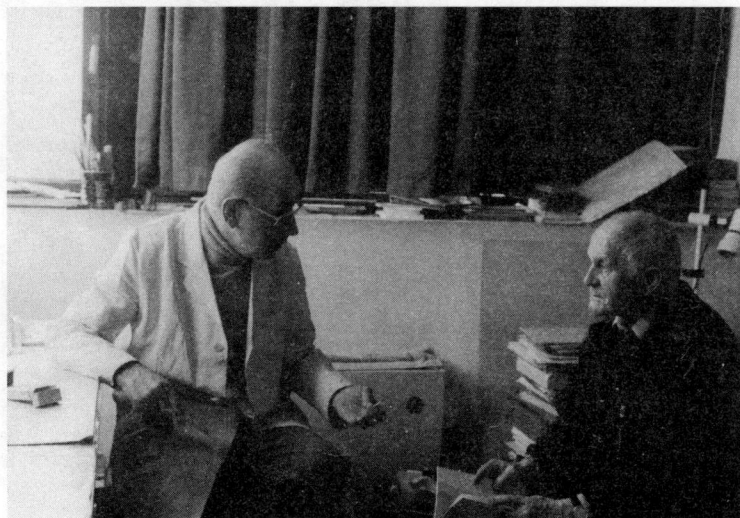

与美术家、诗人伊希·科拉什在他的画室里。摄于 1995 年。

第一部分

赫拉巴尔与艾丽什卡·布莱沃娃的婚礼照。摄于 1956 年。

1956 年 12 月 8 日与艾丽什卡在婚礼上。

九五八年五月十七日作出决定,将出版赫拉巴尔的《线上云雀》短篇小说集,但要求他先作一些文字上的修改。仍旧是在朋友的帮助下,赫拉巴尔争得了一份出版社提供的为加工短篇小说集的年度补助金,将废纸回收站的劳动减去一半(减去的一半工资由出版社补发)。于是,赫拉巴尔一大清早就去回收站上班,以便下午能在家里修改作品。

所谓"稍作文字修改"的意思是,编辑们虽然喜欢赫拉巴尔的这些短篇,但又对他明确表示:他现在的这些粗坯形的稿子是不可能出版的。建议他将有的部分改写,将有的部分更新,就这样开始了一条通向读者的漫长而复杂的道路。有一次,赫拉巴尔亲口对我说:"你知道,我是个胆怯的人。反正我自己也不把自己写的东西当做什么创作。只要编辑一不满意,我就重写,七遍十遍……我老是在改写啊……"看上去像是为了能出版而按订单在写作。进一步的所谓"小改动"就由责任编辑执笔了。为了让书刊检查部门能放行,这是最经常的、可惜也是真正的理由,结果让赫拉巴尔的作品大为走样。

而出版社对赫拉巴尔的经济补助、劳动时间的减半以及他可能成为作家的希望等等,这一切都引起废纸回收站的领导和工作人员的妒忌与敌意。科拉什、希夏尔等作家看不下去,给捷克斯洛伐克作协主席团写了一封信:"在该信上签了名的作家提醒作协注意到如下事实。不久将在捷克作家出版社出版一本书的作家博胡米尔·赫拉巴尔在布拉格二区焦街的废纸收购站当废纸打包工和装卸工。最近废纸回收站的领导还肆意将他从原已很繁重的劳动转到另一种更加艰难更加危险的劳动,耗得他筋疲力尽,因此他根本无法再从事文学创作。我们要求作协务必看到这一情况,并施加其影响,以保证赫拉巴尔博士在废纸回收站的适合他技能的工作,让他有可能继续文学创作。"然而,这一动作引起的唯一结果是:废纸回收站领导责怪赫拉巴尔不遵守劳动时间,破坏劳动准则,于一

　　　　　　　　　　　第一部分

在焦街废纸回收站门前。摄于 1955 年。

九五九年二月十六日解除了与他的劳动合同,其理由是"出于健康原因,您无法完成分配的任务"。

尽管他妻子劝他乖乖地待在家里写作,由她来养活他,可就在当天晚上,赫拉巴尔就在利本尼的一家小酒馆里与人商量好到诺伊曼剧院去担任舞台布景工。十八日签字,当天下午便随着剧组人员外出巡回演出了。尽管出版社的补助规定仍然有效,赫拉巴尔却没有勇气每天干待着不去上班而只是写作,因为他需要周围有人,需要热闹的世界，需要做一个普通的人，而不是独自一人待在家里。剧院和它的环境使他感到愉悦，在各出剧中扮演群众角色更让他乐不可支。据说赫拉巴尔作为一名群众演员，从一大清早就穿着戏服走遍利本尼各个地方，上酒馆的时候甚至还戴着假发，在客人面前表演。这正是他的特色，又成了"顶尖人物"，又成了让大家钦羡的、光芒四射的角色。

一九五八年，在当时的政治气氛略为解冻之时，捷克作家出版社出版了史克沃列茨基①的长篇小说《懦夫》，但立即遭到严厉批判，于是恐惧笼罩着编辑部，赫拉巴尔的《线上云雀》短篇小说集正准备问世，已经完成了十一个短篇，只等着校对付印，可就在已经终审通过的一刹那，突然来了个一百八十度大转变，当时的出版社社长柏·彼拉什指示撤销该书的排字，取消与作者的出书合同，出版成了泡影。

赫拉巴尔对这种形势早有所了解，但他照旧继续写作。他的短篇小说仿佛是些不被允许的对话，或者说老百姓之间的交谈，但大都是些在公众场合和社会上不敢说的话。

赫拉巴尔在灵魂深处确实是个胆小的人。他害怕自己已经写就的稿子，常为自己的作品会有什么结果、读者会怎么反应等问题而担惊受怕得要命，因此在写作前他总是在酒馆里的朋友面前一再讲述、加工这些故事，总是反复测试这些稿子的力量，注意编辑的反应。也许正是因为这种对读者的反应没把握，而使得他在二十世纪五十年代末会根据编辑的主意和建议去如此心甘情愿剪裁、改写和修正他的稿子。

多亏科拉什的周旋，赫拉巴尔于一九六一年十二月三十一日终于结束了诺伊曼剧院的工作，从一九六二年一月一日开始，成为

---

① 史克沃列茨基(Josos Škvorecký 1924—　)，捷克作家，1968 年以苏联为首的华沙条约国军队占领捷克斯洛伐克后，移居加拿大多伦多至今。

"自由职业者作家"。四分之一个世纪以来，赫拉巴尔只是为让朋友高兴，为一种柏拉图式的美妙感觉而写作，并将自己的稿子订成一本本小书送给朋友们赏玩，以继续他的内心独白和对话式的短篇故事。时机终于成熟。《线上云雀》虽然出版落空，但从一九五九年五月起，杂志开始一篇接一篇地发表他的短篇小说。到一九六二年，捷克作家出版社重又要求出版赫拉巴尔的短篇小说集。赫拉巴尔的《底层的珍珠》于一九六三年一月得以在捷克作家出版社正式出版。该书在出版当天即销售一空。读者和评论家们终于找到了一本完全不同于以往所出的书，赫拉巴尔终于找到了通向读者的道路。从此，各杂志纷纷刊登他的短篇小说，到处邀请他去开读者座谈会，连在出版《线上云雀》前夕取消出版合同的捷克作家出版社社长也要求与他重签合同，并授予他捷克作家出版社奖。第二年，《底层的珍珠》得以再版一万两千册。一九六四年，青年阵线出版社出版了赫拉巴尔的第二本短篇小说集《巴比代尔》，未能问世的《线上云雀》中的短篇小说实际上都已分别被收入到《底层的珍珠》与《巴比代尔》两部作品中。赫拉巴尔的作品终于在他四十九岁时问世。尽管他的手稿经过自己和编辑的反复修改删节，这两本书仍然获得了极大成功，使读者感到耳目一新。准确地说，赫拉巴尔在捷克文坛上刮起了一阵清风。不管是死者的化妆师、汽车司机、参加比赛的运动员、保险业务代理员、废纸打包工，还是茨冈小姑娘，赫拉巴尔一律通过前所未有的手法，用对话来刻画、表现。他用这种表达手段，加上独特的幽默嘲讽，来打破常规俗套，触动普通人内心自由的灵魂。赫拉巴尔说："我所述说的对象，曾经是，现在仍然是生活，普通人的生活。我自己通过写作来自娱，我的文稿基础从来都是我独特尝试的一种游戏。可当我将稿子送到出版社去时，又总是胆怯，甚至恐惧，因为我意识到我的文稿总是企图跨越陈规旧套，可我又怀疑我的作品内容对文学是否合适。当我拿到校样时，我简直魂不守舍，觉得那稿子仿佛是别人的，糟糕得很，然后，在出书之前，我觉得还等不到出版我就会死去。"

　　尽管出版赫拉巴尔作品的若干阻力仍然存在，但在一九六四年，捷克作家出版社又出版了读者大众盼望的赫拉巴尔的第三本书，主要根据《老年维特的烦恼》改编成的《中级舞蹈班》。书中的一句名言"这个世界始终是如此的美丽，并非它真是这样，而在我眼里看到的是这样"，这也就是赫拉巴尔的生活哲学，是他写作的潜台词，是他帮助读者找到的一种观念。整个《中级舞蹈班》是一位老人对一位姑娘的独白。他渴求从她眼里获得承认、尊敬与惊羡。该书在一九六四至一九六五年一年之内再版三次，总印数为七万册，并且立即销售一空。赫拉巴尔越来越受到读者欢迎。报上撰文谈论他，发表他的谈话录，随即他访问了巴黎、伦敦、维也纳，一九六四年十一月又作为作家代表团成员访问了美国，结识了阿诺什特·卢斯蒂戈①。他多次应邀出席国外讲座、代表大会、开幕式。赫拉巴尔在这些场合，使用德语、法语结交了许多新朋友。一九六五年四月，赫拉巴尔成为捷克作协会员。此前一个月，捷克作家出版社又出版了他的第四本书《严密监视的列车》。该书不仅使他获得了在当代捷克文坛上的牢固地位，而且很快让他几乎驰名世界。

　　赫拉巴尔在《手帕结》答记者问中谈到这本书时说："在写《严密监视的列车》时，我已意识到我现在将要写的不是一部平庸的作品，也就是说，我第一次考虑到了读者，或者读者的数量。也可以说我赋予了它这样一种使命，《严密监视的列车》是我第一部干预生活的作品，因为我突然认识到，我的这一故事不只是我一个人的，而是好些人，甚至参加了这场战争，或者说必须生活在这个保护国

---

① 阿诺什特·卢斯蒂戈（Aruost Lustik 1926—　），捷克当代作家、剧作家。曾多年被关在法西斯集中营。1968 年到以色列，后到南斯拉夫，现定居美国，讲授电影与文学。他的作品多描写犹太人的命运。代表作《白桦林》等。

在纽约曼哈顿街头。摄于 1964 年。

的亿万人的故事。它不只发生在这里,也发生在匈牙利、波兰、俄国或其他地方,因此我将它当做一部作品来写,而不是当做我极端主观的一种表述来写。我已考虑到了读者,我已经感到读者大概会如何来接受这一成果的影响,我将在书中对他们说些什么,使其受到感动。或者,我想要告诉他:甚至一个普通的可笑的人,也可以成为英雄……"

一九六五年,由青年阵线出版社出版了赫拉巴尔的第五本书《为我不愿住的房子做广告》。这是由七个短篇小说组成的集子。在整本书中,赫拉巴尔既没有指责任何人,也没有任何抱怨,更没有什么说教,而只是根据自己的视角提供关于他深刻了解、亲身体验的克拉德诺钢铁厂及其宿舍的未加理想化的情形,同样是一幅幅由普通人的经历以及在他周围发生的事情所组成的拼图。

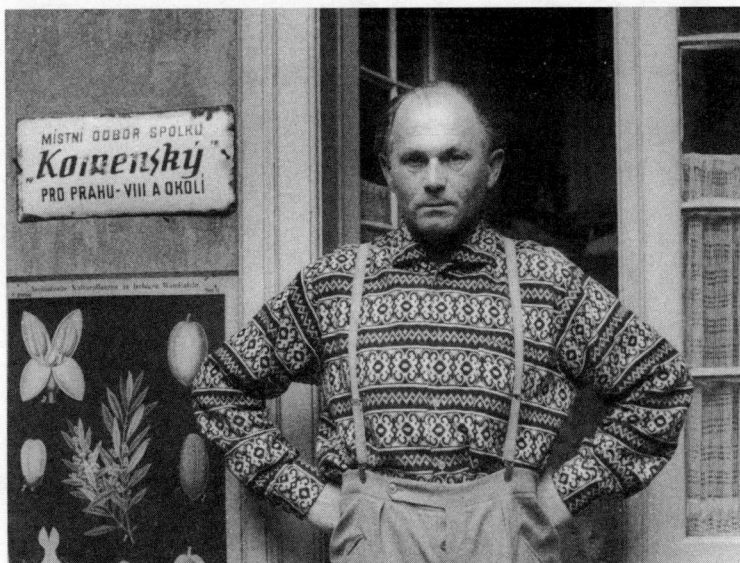

在利本尼堤坝巷 24 号屋门口。摄于 1965 年。

赫拉巴尔在一九八六年的一次访谈中承认说:"我总是在不断地涂改、誊抄,然后再修改,再重抄。我最初出版的那五本书,有时还靠剪刀帮忙,因此,从《底层的珍珠》、《严密监视的列车》,一直到《为我不愿住的房子做广告》,我都修改重抄过六次以上。"到后来,他便没有时间去修改重抄了,与他相聚的朋友圈子也变了,常去的酒馆也换成了诸如"金虎"、"金锚"等最有名的啤酒馆。赫拉巴尔像整天在交易所值勤一样被圈内外记者、编辑包围着,可他从来没忘记为同桌的酒友们埋单付账,为别人喝掉的啤酒花钱,不过他只去啤酒馆,从来不上大酒楼喝酒。

久而久之,赫拉巴尔开始设法摆脱那些连他自己也根本没法理解的人。住在他楼上的邻居小伙子斯拉维切克说:"有些人,赫拉巴尔根本就跟他们合不来,到后来他就想法逃避他们,在阳台下对我大喊一声:'汉森①,我去"金虎"了呀!'可我根本不知道'金虎'是

---

① 斯拉维切克的名"杨"的爱称。

第一部分

什么,在哪个地方。"赫拉巴尔还经常为画家、摄影师主持展览会的开幕式……此时,他的一些老朋友们便踮着脚尖离开了。据女编辑希特科娃回忆这些二十世纪六十年代的往事时说:"最初,赫拉巴尔还很重视所有那些与读者会面的座谈会,引导着社会生活。到后来,他简直烦得要发疯了。他从来不直接回答问题,在哪儿也坐不住,但他仍然是个很有人缘的人。"

一九六六年,赫拉巴尔成了《文学报》编委会的委员。同年,他的《严密监视的列车》改编剧在钢都奥斯特拉瓦首演。

这一期间(一九六五年底),他妻子在离宁城只有几公里远的克斯科买下了一所林中小屋,使赫拉巴尔的生活起了重大变化。对于这块阳光普照的克斯科林区,赫拉巴尔还在他与姑娘们沿着拉贝河散步的时期就已熟悉,不久前甚至还和他妻子来这里度周末和拜访朋友,现在这里竟然成了他的庇护所。

赫拉巴尔对这所林中小屋喜爱至极,成了他在布拉格与宁城之间一个让他一直生活在兴奋之中的真正的家。可他在《九个问题》一文中却坦率地估计当时的境况说:"我买了这所小屋,本想让我能在这里找到寂静,可是两天之后,我却在这里找到了比我在布拉格那个家还要多的朋友。"他逐渐适应这乡间生活,不分天晴天雨,他都要在乡间田野作长时间漫游,到晚上才从小酒馆回家。赫拉巴尔的朋友巴维尔·米西克亲口对我说过:"我是一九六五年在克斯科的小酒馆里认识赫拉巴尔的。可我当时并不知道他是何许人也,直到一年之后我才知道他是一位作家。他在克斯科过着普通的生活,像个和我们一样在这里住度假小屋的普通人。关于他的写作,他从未提及,只是在小酒馆里一再讲述一些故事情节以试探朋友们的反应。他对什么都感兴趣,同时又善于绘声绘色地讲述一切——比如摩托车、啤酒厂、森林、大自然以及地域景色……的确是讲述着一切,乃至每一个细节。"

在克斯科,他还成了当地的捷克斯洛伐克园艺协会的会员。这

样一来,他的并不经常的写作自然更加受到时间限制。他写得更快了,就像他借妻子之口在《林中小屋》中说的:"他将纸装进打字机,于是他跟他的打字机和凳子就像插上了翅膀在空中飞翔。他写东西的时候,一边敲着键盘,一边嘴里嘟嘟囔囔念叨着,有时还盯着这部打字机看,仿佛在对它说,他马上要带它跳出窗口,跑到森林里去……还有一种特别的景象是,当他在敞开着的窗口旁,或在阳台上,或在厨房的桌子旁写作时,跑来一群孩子,赫拉巴尔还接着写他的书,边写边回答他们的问题……客人们总是悄悄地离开,而他还继续往下写。人们高兴看到一位正在写作的作家,可是见他写得那么快,又都不相信他能写出什么有意思的东西来。"

一九六八年,开始改革运动,产生了"布拉格之春",出现了政治上的松动,捷克民族的自我感觉比较舒畅,赫拉巴尔的心情也不例外。他参加了数不清的研讨会、读者座谈会、各种开幕式,在报纸杂志上发表作品,不过这些作品都不带政治色彩。只要问题一牵涉到政治,赫拉巴尔就利用各式各样的比喻和故事巧妙绕过去。

当年三月,由赫拉巴尔与门采尔合作改编成的电影《严密监视

20 世纪 70 年代末，在克斯科的劈柴房里。

在克斯科。摄于 1981 年。

在 1963 年的一次读者座谈会上。

的列车》获一九六七年度奥斯卡最佳外语片奖。一个月后,赫拉巴尔又获捷克哥特瓦尔德国家奖。

正当赫拉巴尔越来越红之际,他的妻子却相反失去了宫殿旅馆餐厅的好职位,成为她丈夫原来劳动过的废纸回收站的会计,整天接收一辆辆大卡车运来的废纸和书籍。而她怎么也没想到,恰恰是这个职位使她后来有机会抢救出至少几本包括赫拉巴尔在内的被禁作家的书籍来。

随即,赫拉巴尔的客人不断,应酬极多,让他没有时间写作,惹得他叫苦连天。他说:"我想写一本书,试着写一部长篇小说,可是找不到时间。我当舞台布景工时比现在走红要幸运得多。那时我的活儿虽然很重,但我至少有自己的时间。下班回家,我就有足足八小时可用。眼下我想要做的根本做不了,不想做的又只得做。有时一大清早就跑来三个人对我各有所求,恨不得要我分身来满足他们,逼得我没法不变得脾气很坏。"有人问他,如果可能,将来打算做点什么? 他在一九六八年十一月发行的《明天》周刊上回答说:"如果仁慈的上帝肯给我灵感的话,我想写出那本我一直拖延的给大孩子们看的小说《时间停滞的小城》。"在另一次谈话中他又表示希望自己前进一步,"我已经写过的东西不想再重复,不过我并不知道自己又在重复。我要写一部篇幅小的长篇,或者一部大篇幅的中篇。"

一九六八年四月,他在获得国家功勋奖的同时,将他写于宁城啤酒厂、摆在抽屉里的稿子全部收罗干净汇编成一本由博乌德尼克插图的小书《花蕾》,又将他在座谈会上的讲话和在报纸上发表的文章汇编成《家庭作业》一书。此时,他已经将抽屉里的稿子掏光,已经没东西可写,因此在一九六八年就已停止了写作。他早上提着购物袋去买东西,上编辑部和酒馆。这也有他的理由,"既然我已不能拥有自己的一块小天地,那就想法造就'喧嚣中的孤独'。而小饭馆小酒家正是一幅我的精神宁静之图。"奇怪的是,赫拉巴尔写满一抽屉的作品又好长时间不得出版,而等到得以出版,他大红大紫时,他作为一位作家却又在沉默着,读者总是无法在他作品刚刚完稿时读到它们。直到二十世纪九十年代初,赫拉巴尔的作品才在刚刚完稿时便得以出版,可这时作者却已是七十六岁高龄的老人了。

一九六八年八月二十一日,捷克斯洛伐克被华沙条约国军队占领,赫拉巴尔悄然留在克斯科,每隔半个月才上一趟布拉格。通过他妻子的眼睛看到他的不安全感和无奈反映在《林中小屋》里,"自从俄国人来到布拉格之后,我丈夫,这位哥特瓦尔德国家奖得主,一直担心有辆小汽车会从林荫道上拐过来把他带走。他害怕这一时刻,所以特别喜欢在林子里走动。"

当然也有人建议他移民到国外去。有多少人已留在境外,一出去旅行就不回来啊。赫拉巴尔的回应却是,"八月的最后一个星期天,我漫步在林中,从半导体收音机里听到各式各样的消息。当我听到从维也纳播出的消息,说我和其他几十位作家都已遭到毒打,被强行拖到不知什么地方去了时,我真是吓了一大跳。笔会主席阿·米乐对此提出了抗议。整个一下午我都没有听到对这一消息的

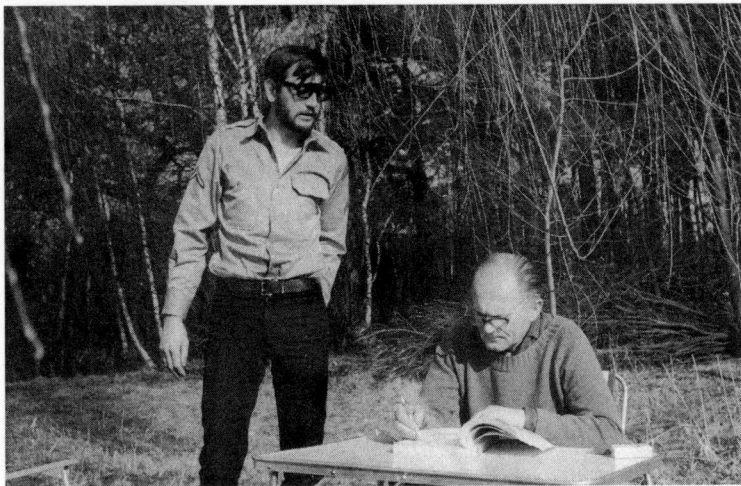

与电影导演伊希·门采尔将《严密监视的列车》改写成脚本。摄于 1965 年。

更正。恰恰相反,却有一条补充消息,说我们被一些装扮成救护队员的陌生人抬走了。到后来,我遇到如下情况就完全不足为奇了。昨天我遇到一位朋友,他对我仍然留在这里表示惊讶不已,因为他以为我已经不在国内,总而言之,已经离去。我对他说,'我认为,一个作家离他的祖国而去不合适,我的情况尤其复杂的是,在国外,我被翻译出来的作品厚的薄的有十好几种,我光靠这些译著的版权费就足够维持在国外生活到生命终结,可是我的家,我的读者在这里呀……这些书不是我一个人写出来的,而是千万个我从孩提时期起就遇到过、现在还不断遇到的人共同合作写出来的。我用剪刀从他们的故事中、所经历的事件以及他们的命运中剪下一块块生活图景,制成我作品中的拼贴画。我要是自此离去,他们这些人会对我说些什么呢?他们恐怕会觉得我是一个盗窃了孤儿钱财的人……'近来,我还常想到苏格拉底这位带着嘲讽微笑的艰辛的哲人。他是一位被判死刑的哲学家,说是因为他腐蚀了青年和藐视城邦崇拜的神而崇拜另外的神。朋友们为他提供出境的所需文件,可是这位人文主义的英雄却拒绝了这一好意,安然服毒死去。"

一九六九年,由捷克导演门采尔根据赫拉巴尔的《为我不愿住的房子做广告》一书拍成了电影《线上云雀》。虽然当年捷克作家协会根据赫拉巴尔为捷克电影事业的新浪潮所作的贡献而为他颁了奖,可与此同时,这部电影却遭到禁演与销毁。赫拉巴尔的邻居杨·斯拉维切克对我说:"这时期,每当赫拉巴尔从克斯科来到布拉格,样子都很忧伤,就像丢了他心爱的猫咪艾佳那样。"

"布拉格之春"被扼杀了。"反革命"被军队镇压了。一九七一年开始的所谓"正常化"时期,导致了民主、开放与自由所有一切的窒息。

在捷克作协对会员进行重新登记时,连赫拉巴尔也被终止了会员资格,尽管在一九七〇年赫拉巴尔还拥有协会主席赛弗尔特①亲笔签名的会员证,但内务部不承认这个协会,说它根本就不存在。根据文化部的决定,作协已于一九七〇年十二月解散。实际情况大概就像赫拉巴尔借他妻子的口在《林中小屋》里所说的:"我丈夫需要他的工作单位作协给一张在职证明书,可他害怕到作协去,就派我去了……我走进一间坐着一位年轻太太的房子里。当我对她说明来意,她便对着一扇敞开的门喊道,'我们可以给博胡米尔·赫拉巴尔开在职证明吗?'办公室里一个男人的声音回答说,'绝对不行! 赫拉巴尔不是属于清洗作家之列吗?'我也不依不饶,'那你们就给我开个"属于清洗之列"的证明吧!'捷克作协大楼的人就把我打发到瓦茨拉夫大街'清洗委员会',可那里的人却对我说,'开证明? 没门儿! 博胡米尔的确需要一张新的职业身份证,可是我们并不给被清洗的作家发放这样的证明。被清洗的作家现在算不得一门职业。'于是,国家功勋奖获得者,现在的被清洗作家赫拉巴尔果真考虑到要重返废纸回收站干活,打包废纸。到头来,他在利本尼还是得到了一张新的身份证,不过是阴差阳错得到的,因为那位

_____

① 雅·赛弗尔特(Jaroslav Seifert),捷克著名诗人,诺贝尔文学奖获得者。

女公务员将他误认为写了别的书的另一位作家了……"

在这一时期，赫妻艾丽什卡正在上班的废纸回收站开始出现图书馆下架的和从书店里撤出的禁书——其他"被清洗的作家"的作品。这些作者或已流亡国外，甚至早已去世……艾丽什卡总是将几包书放到一旁，那些"被清洗的作家"常到他们家来取，或是由赫拉巴尔夫妇分别给他们送去。没过多久，赫拉巴尔的《花蕾》与《家庭作业》也遭遇到同样的命运：由书店的书架上来到了废纸回收站。据《林中小屋》中的艾丽什卡（也就是作者赫拉巴尔的妻子）回忆说："有一天，正赶上下大雨，卡车运来三趟《花蕾》，雨水打在这些《花蕾》上，我站在磅秤旁边，看到那些包裹。每个包裹上面都有我丈夫的名字。我过完秤之后写了三张货单，注上重量及发送地点，一辆卡车去霍列肖夫，另外两辆去什捷吉的造纸厂。雨下得很大，我连忙打电话叫我丈夫来。他坐了辆小货车来到回收站，站在大雨中。我正穿着工作外套立在装车站台上。大家都看到我丈夫那副疲惫不堪的样子，连已经走出大门的回收站主任都忍不住走了回来。第二辆卡车上的那个职工也从《花蕾》包裹堆上走下来，站在大雨里，望着我的这位国家奖得主，他就像掉进河里一样全身湿透。那位职工耸耸肩膀说，'我没有办法。要是行得通，我愿意把整个这一卡车的《花蕾》都给您。'我连忙说，'我们还是给他一包吧！'

"还是下午，铁路工人们和铁路上的助理工们便在布拉格莱特纳的各个小饭馆里转悠。他们提着满满一皮包从火车厢里偷来的《花蕾》。他们用一本《花蕾》跟饭馆里的顾客换四大杯皮尔森啤酒，折合二十克朗。我丈夫用四大杯啤酒在弗尔曼卡饭馆换来十本《花蕾》。

"月底我们还去了一趟摩拉维亚，是坐小汽车去的。快到布尔诺时，遇上了拦路，检查汽车。那警察将我丈夫的公民证拿到手上时，无缘无故地鞠了一躬说，'怎么样，赫拉巴尔先生，您是来找《花蕾》的吧？''不，'我丈夫说，'我是来探望的。'可是那位警员大笑着

97 ·

将公民证、驾驶证和技术证还给我丈夫说，'得了吧！您肯定是来取《花蕾》的。我也有这本书……在霍列肖夫他们偷走了满满一车厢，眼下在布尔诺到处都是《花蕾》。'"

《家庭作业》也遇上同样命运，一部分被送到废纸回收站。

祸不单行，一九七〇年二月，赫拉巴尔的母亲逝世。他在利本尼的住房也因楼上住户忘记关水龙头而遭水淹。对赫拉巴尔来说正好是离开布拉格，继续隐居在克斯科林中小屋的理由。在这里，就像时间停滞，钟表停摆，谁也不再邀请他去参加座谈会，也没有任何人来采访他。他最后一本由官方出版社出版的书《市井歌谣与传说》，是在一九六八年三月问世的。直到一九七六年，在他作品遭到封禁八年之后，才又由捷克斯洛伐克作家出版社出版了他的《一缕秀发》。

二十世纪七十年代，对赫拉巴尔来说，尽管是他受到外部压力最强的时期，但却意味着他创作的最高潮。俗话说得好：被粉碎的橄榄的汁儿最鲜美。对赫拉巴尔的打压，反倒成了他创作发展的机会。

赫拉巴尔五十六岁（1970 年）完稿的这部《一缕秀发》，开始了他宁静的回忆与讲述时期。这部回忆往昔的作品篇幅不长，它既不是一部家史，也不是准确含义上的回忆录，而是赫拉巴尔以自己的母亲讲述宁城啤酒厂日常生活的方式写就的。赫拉巴尔部分地掺进了一些自己的传记材料，部分地以轻微的玄秘笔调唤起人们对久远时期的回忆。该书于一九七四年出了二渠道民间发行版，一九七六年印行了官方版，一九八〇年由门采尔搬上了银幕。

就在一九七一年，赫拉巴尔还写了一本原打算作为他的美国版短篇小说集、更短然而意义更大的《巴比代尔学徒笔记》。这部带有哲学意味的潜台词的文稿，是赫拉巴尔的美学实质，它不仅成为作者本身的宣言，而且也确切地表达了他的生活情感与风格。在这部作品里，也感觉得到他的"爵士"风格——"身处底层而眼望高处"。

　　一九七一年三月二十八日,赫拉巴尔和克斯科林区的朋友们,以及来自布拉格的友人(同样被清洗的作家与编辑们),在克斯科"小树林"饭店庆祝他的七十岁寿辰。住在邻村的杜布切克当政时期的前捷共中央委员约瑟夫·斯姆尔科夫斯基也礼节性地参加了片刻。可是,整个生日庆祝会却以布拉格国家安保人员以及萨茨克区保安人员的到来与干预,宣告结束。

　　然而,就在这一年的炎夏中,赫拉巴尔却只花了十八天的时间,写出了他最大的一部叙事文稿,长篇小说《我曾侍候过英国国王》,仿佛应验了萨特关于在布拉格可能出现一部世界性的长篇小说的预言。赫拉巴尔曾在他的《连通器》一文(1968 年)中说:"当然,由谁来写,这还是个未知数。"他在《家庭作业》中的另一篇文章中说:"并不是说这篇小说非得让我来写不可,不过我认为萨特有关只有在'这里',在我们这个一切变化得很快,有着当代最严重问题的社会里才有可能产生这部小说之论,是非常正确的。"赫拉巴尔无意间写出了这部世界性的小说。《我曾侍候过英国国王》一书,在全世界赢得了众多的译本。

　　早在二十世纪六十年代末,赫拉巴尔描绘过他惯用的写作方式:常常是在偶然冲动的影响下写出来的。他说:"有些事件,本身就已经有了短篇小说的结构。我最爱讲述这些事情了。我在讲述的时候,那些发生在别人身上的事情仿佛发生在我身上,而那些发生在我身上的事情却又仿佛发生在别人身上。我对在各处多次的讲述内容加以补充,随后又竭力让两件走向相反的事情交上朋友。这些故事在我脑子里装得满满的,让我不得不像孕妇一样找个地方去分娩,将这些故事洒落到纸上……然后,便动用剪刀来剪辑,剪辑好了之后,再妥妥帖帖地放到抽屉里,过一段时间再掏出来剪辑一通,将结尾换成开头,将因果来个调换……我就这样不断地修改稿子,不过这样做的条件是每次修改都得是一种消遣和自我挑战，然后我才又像个临产的孕妇，继续到各个小酒家小饭馆去转悠。某一回，就会在从酒家归来或正在上酒家的路上，甚至有时就在喝酒的时候，突然听到自己心中的或是旁边桌子上的某个故事，让我笑颜顿开。而谁也不知道，只有我自己心里明白，这个故事就是镶嵌画上的最后一块小瓷片，把它一安上去就成了一幅完整的画面，不必再需要任何添加与舍弃。不过这样一来，你的消遣也就因此停止，因为一种去建构另一个尚未建构好的微型短篇的念头，又会重新纠缠着你。"这种程序能够用在写出一部世界性的小说中吗？对赫拉巴尔来说可以。他有着足够他消遣而同时又富有挑战性的故事、信息，这一切对他来说，只不过是一个有趣的游戏而已。

赫拉巴尔用十八天写完《我曾侍候过英国国王》之后，做了四本打字拷贝，一本放在他弟弟布热吉斯拉夫那里，以防万一打字稿被警察抄走，其他几份藏在别处。当时还未被允许公开面世，不过他自己也担心稿子的内容惹祸，宁可等一等再说。直到一九七三年，赫拉巴尔才将稿子带到弗尔蒙卡酒家，念给那些定期与他相聚的朋友们听。一九九九年，赫拉巴尔的好友米西克在克斯科对我讲过一段有关赫拉巴尔的逸事，让我觉得不仅有趣，而且对他的性格特点来说也非常典型。他说："那时，我需要在布拉格的住房里安装煤气管道。因为我们当时还在烧煤球，这对我来说困难很多，光是从地下室用桶将煤提到起居室就很不容易。可是要获得安装煤气管道的批准又非常困难，据说唯一能批准安装煤气的那位长官是赫拉巴尔作品的忠实读者……赫拉巴尔在克斯科曾多次问过我，'装煤气管道的事儿是不是已获批准？为什么要拖这么久？'我就告诉他如何如何，总而言之大概是安装不成。一个星期之后，赫拉巴尔便带来了他那四本《我曾侍候过英国国王》打字本中的一本，还专为那位长官签了名。这本《我曾侍候过英国国王》的打字本连我自己都没有。那拷贝打字本当时的确只有四本。受命运嘲弄的是，到最后,那煤气管道却阴差阳错是由另一名公务员解决的。"赫拉巴尔极其珍惜他的这些打字本的书,这是他一直为之操心、担心的孩子啊!

这件事也让人自然联系到叔本华的一句话:"一切爱都是一种同情。"赫拉巴尔还在一次谈话中说过:"这爱必须是有效的,也就是说,必须在需要的关键时刻奉献和给予。这就是基督教的本质。"

从二十世纪七十年代初开始,不只是因为外部事件的影响,其实也因为年龄的关系,赫拉巴尔产生了一种孤独、衰老与临近死亡的感觉,一种被时间无情吞噬的感觉,由此而创作了他对宁城和童年啤酒厂的回忆作品,随即渐渐地出现了他的走向内心独白的道路,也渐渐出现了他的《过于喧嚣的孤独》的最初版本,如《缺了一条腿的桌子》的写作。

一九七三年三月,赫拉巴尔写完了他的又一本回忆录式的作品《时间停滞的小城》。这个说法是从马利斯科那里借来的。赫拉巴尔后来在该书的后记中写道:"这本《小城》①,我是在一九七三年初春写成的。那时我已开始生病。但我执着地认为,只有我才有打开这座小城的钥匙。"

然而,《时间停滞的小城》不同于《一缕秀发》,它拥有在后来新时期下的另一种气氛。这里几乎已经没有了啤酒厂和宁城附近一带人们生活中田园式的宁静与舒适,而导致深刻的社会与时代变革的危机来临。文学评论家伊辛娜·楚姆罗娃评价说:"假如说《一缕秀发》首先是引起读者轻松愉快的欢笑,那么在阅读《小城》时,我们一方面忍不住落泪,另一方面却又笑得更加厉害。这恰恰证明赫拉巴尔是一位蒙太奇魔术师。"

是年四月,赫拉巴尔在布拉格查理广场的医院里做了胆囊切除手术。他的那位曾因肺癌而动过手术、三年后仍然健康地活着的

---

① 即《时间停滞的小城》。

朋友史托克教授安慰他说："你是知道的，我根本就没担心那个满口獠牙的家伙① 会来叫我到他那里去。"赫拉巴尔只是轻声地呻吟着回答说："等到它来叫你时，你同样会像每个被它叫的人一样吓得屁滚尿流。"就在住院期间，赫拉巴尔开始写他童年时期的片段回忆。在医院这种环境里，他只写了个未经多少文学加工的初坯，当然也不可能打字，只是一种手写稿。这些回忆手稿当时也无标题，直到一九九七年赫拉巴尔去世之后，卡德莱茨才借用赫翁手稿中的一句话"我只回忆阳光的日子"当标题，将这些手稿整理出版。

一九七三年，正值赫拉巴尔的好友博乌德尼克逝世五周年。当年秋天，赫拉巴尔写出了《温柔的粗汉》一书，以纪念他的好友。所谓温柔的粗汉，指的就是这个具有非凡魅力的版画家、爆炸主义画家博乌德尼克以及诗人艾戈·博迪。这两位都是"额头上盖有上帝的指印"、"装扮成列宁的基督徒"，至于还有第三位，那就是站在幕后讲故事的人，赫拉巴尔本人。该书讲述了博乌德尼克的部分生平事迹。一开始时，博乌德尼克的朋友们有些感到不适应，因为赫拉巴尔在讲述博乌德尼克特殊的生活故事时，常常掺杂了许多虚构情节，以及诞生出新艺术的二十世纪五十年代初的情形。不过其结果，这些关于博乌德尼克的传说并未伤害到任何人，恰恰相反，读者们认为这是感染力更强、热情更高的一个结合体。爆炸主义的博乌德尼克的名字，一下激起了此后几十年人们对他更广泛的兴趣。一九七四年二月七日，赫拉巴尔将《温柔的粗汉》打印了五份，分送给他的朋友，并将《写于夜间的日记》作为序言，把在博乌德尼克画展开幕式（1974 年）上朗读的《一封给开幕式参加者们的信》作为后记。

一九七四年三月二十八日，赫拉巴尔年满六十。在这所谓"正常化"的时期，赫拉巴尔作为一位作家的生日不被关注，他的书也

① 指死神。

在堤坝巷 24 号。摄于 1969 年。

没有出版的可能,官方出版社的门对他总是紧闭着的。布拉格的养老保险机关注明:法学博士赫拉巴尔,从一九七四年三月十八日起,每月领取一千零五十克朗①的养老金。

为了表示对赫拉巴尔的声援和对他六十寿辰的祝贺,与他同样被禁的作家瓦楚里克准备在地下出版社"封条"所出版的《我若有处出书,应该写些什么》丛书中,列入赫拉巴尔无法公开出版的作品。瓦楚里克此前并未与赫拉巴尔见过面,只了解赫拉巴尔已经出版过的书。通过出版这套丛书,瓦楚里克接触到赫翁周围的一些人,进而很快了解到赫拉巴尔正在写什么或已经写了而未能出版的作品。当瓦楚里克向赫拉巴尔表示,说至少可以将他的手稿列入"封条"那套丛书中出版时,赫拉巴尔同意了。瓦楚里克回忆说:"一开头,我们将已经装订好的打字拷贝拿去给他签名,他签了。后来逐渐发展成这样,当他已经信任我们时,我就只将扉页拿去给他签

───────────────

① 约合 50 美元。

103·

名,他也签了。到后来,赫拉巴尔甚至在一张空白的纸上签名。这就意味着我们可以自行选择和确定,比如说是出《一缕秀发》呢,还是出《时间停滞的小城》?反正在我们'封条'出版的顺序也与手稿产生的时间不符,而根据我们拿到手稿的时间先后来定。"赫拉巴尔在克斯科的好友米西克证明说:"赫拉巴尔对瓦楚里克这位二渠道自行出版家极其信赖。"于是"封条"社便在一九七四年六月出版了赫拉巴尔献给博乌德尼克的《温柔的粗汉》。该书还配上了博乌德尼克的三张照片及他的版画图片。同年,《时间停滞的小城》也由"封条"出版社以二渠道自行出版。

在此期间,赫拉巴尔一直住在远离布拉格闹市的克斯科。到布拉格只是去与朋友们一块儿喝个啤酒,总是在星期三与他们在松鸟酒家相聚。渐渐地,秘密警察也开始注意他们的聚会。在他们眼里,这可能是一个危险的叛国集团,而赫拉巴尔就该是中心人物。到了冬天,赫拉巴尔他们就换场到霍夫曼酒家去相聚了。

一九七四年九月,赫拉巴尔申请去南斯拉夫海边度假。一九九九年,米西克在与我的一次谈话中回忆说:"办出国手续通常都要与警察局的护照部门打交道。在离赫拉巴尔计划起飞之日只有几天的时间,他不耐烦地去问出国批件是否已经下来。坐在办事处窗口的那位女士对他说:'您没有什么海外关系或其他什么情况吧?'那位女士并不知道他就是作家赫拉巴尔。赫拉巴尔生气地回答她:'总统在授予我哥特瓦尔德勋章时也没有问过我有没有海外关系。'事情还没有完,"米西克接着回忆说,"当赫拉巴尔第二天又跑去催问时,那位女公务员对他说,要明天才行,说主任要亲自与他谈话。"

赫拉巴尔在短文《地下小溪》中回忆此次情景说:"我恐惧至极,在办公室等着。开来一辆小轿车,是警察用的'伏尔加'。几名肯定是密探的男人押着我穿过布拉格的街道,一直走到一所贴着瓷砖的小屋。这全是因为我和我的碧朴莎需要一张出国旅行的许可证啊！……然后，他们又带着我穿过好几扇门，一直是一群貌似舞伴的青年男子汉陪着我穿过一扇又一扇门，之后走进一个房间，里面坐着一个胖子，一个笑眯眯的公务员。他突然往桌子上击了一拳吼道，'你到底要干吗？是要跟瓦楚里克交朋友呢，还是要去海滩？'他一个劲儿地盯着我，我被吓得脸色苍白。

"面对那个官员的问话，我结结巴巴地回答说，'我并没有跟瓦楚里克交朋友啊！我有别的朋友。'那官员又是一拳，击在另一卷宗上，'关于这个，我们这里有材料。他们全是些破坏分子，持不同政见分子。你究竟想要干什么？'问题很简单，是要瓦楚里克，还是要去南斯拉夫的海边？我当时与瓦楚里克本无特殊来往，谈不上要不要的问题，便选择了去海边。那官员于是露出了笑容，给了我护照，里面夹着出国许可证，然后又没完没了地对我表示友好说，'我本来就是这么期待的。而您也明白，您是作家，而那瓦楚里克是什么人？他从国外得到钱。他哪能和您比呢？您现在是将来仍然是作家……我是哲学博士，我向您许诺，您又将出书。写书人将是您，而不是他这个无赖。'他就这么吼着，威胁着，朝着大概是瓦楚里克住处的那个方向……我拿到护照和出国许可证之后，那官员友好地拍一下我的背，这又让我吓了一大跳。他弯下身来悄声对我说，'您知道，您不能太在意。有时候我们不得不对您吼一吼。不过，我们会让您成为一位作家的。'"

后来，《创造》周刊的两名年轻编辑就来找赫拉巴尔索要作品。赫拉巴尔还写信给当权者，希望不仅让他能在《创造》周刊上发表作品，而且让他从根本上重新进入文坛。

不太清楚的是，那封信的草稿，是曾经声称让赫拉巴尔成为作家的那位哲学博士、内务部密探给他建议的呢，还是赫拉巴尔自己写的。赫妻对他的做法很不以为然，据说曾经对他说过："你真是个胆小鬼，这可不光彩！"而在赫拉巴尔的世界里，有他的行事规律和准则，遇上倒霉事，总是绕道走，不光是遇上带有政治色彩的事情。

然而,让人感到情况十分奇特的是,一方面,赫拉巴尔的作品在非官方的所谓"自行出版社"二渠道扩散着,而且其作品也是他自己提供的。表面上,他对这似乎不怎么在乎,其实,他对以这种地下出版的方式感到非常高兴。这使他享受到一种发自内心深处的满足。这种地下出版的办法,使他能够接触到一群受到限制的狭小圈子里的读者。另一方面,赫拉巴尔为了让自己的作品合法化,于是以某种方式来争得当权者,甚至以秘密警察为代表的当权者的满意。于是在一九七四年十月末,赫拉巴尔"准备"了一篇什么"谈文学与足球"的虚构的谈话,在每逢星期三与朋友相聚的例会上,对他们说是《创造》周刊向他要求的,说这样就可再出版他的作品了。赫拉巴尔将这篇谈话改了好几遍也没能让他们满意。到一九七五年,《创造》周刊终于发表了《与赫拉巴尔的谈话》一文,给他打开了部分地、有限地出版其作品的大门,但在这篇所谓"谈话"的文章中,连与赫拉巴尔谈话的人是谁这一点,都没个交代。到后来才发现,是由卡·西斯和雅·贝茨对《谈话》进行了编辑加工,自行添加了一些顺应当局的政治语汇。

　　于是,"赫拉巴尔背叛了"、"赫拉巴尔忏悔了"的骂声传遍整个布拉格、共和国乃至星际。然而,多数人并没读过《创造》周刊,根本不知道《谈话》内容,更不可能注意到赫拉巴尔在周刊的另一页发表的《巴比代尔学徒笔记》。赫拉巴尔的朋友麦霍特在写到对赫拉巴尔《谈话》的反响时说:"经人修改了的《谈话》能说明什么?只有这(指《巴比代尔学徒笔记》)才是他的表白,是他的拥护者和敌人都该背下来的表白。"诗人、造型艺术家科拉什也读了这篇与所谓《谈话》同时登在《创造》周刊上的《巴比代尔学徒笔记》,他立即给赫拉巴尔寄去了他的一幅拼画新作,并在拼画背面写了如下献词:"亲爱的博胡什,自诗人哈拉斯发表《诗人怎么办?》以来,还没有任何人敢于写出像您的《巴比代尔学徒笔记》这样的诗。谢谢您啊!你的伊尔卡·科拉什"。

可是，有人却组织了在布拉格水轮湾焚烧赫翁书籍的激烈行动。这些焚烧者当然未能理解到约瑟夫·楚莫尔所写的一段话："针对气量狭隘和目光短浅的文化政策，这里竖立着硕大的著作，面对这些著作的分量，使这政策不得不退缩，并最终向它们认输。"

瓦楚里克的看法也与那些反赫拉巴尔者们大相径庭，他说："《创造》周刊引来了对赫拉巴尔的许多仇敌。他们中的有些人严厉地谴责赫拉巴尔，在水轮湾焚烧了他的书籍，可是我们这些出版'封条'丛书的人根本不这样看。我们从这里看到了我们的成就，看到了赫拉巴尔是压制不了的，当局不得不承认他！一年后，赫拉巴尔对我说，'真是怪事，他们想给我出书，这就成了我的背叛。'我对他说，'我们达到目的了，因为他们没能把您压制住。'这个国家突然不得不找到一个如何对待这些作家的办法。"

几年之后，赫拉巴尔在《手帕结》访谈录中概括自己的特点："衰弱是我的力量，失败是我的胜利，走在楼梯上偶尔冒出来的想法，是我在法庭上忘记说的真实思想。做个胆怯者是我的干练，做个孤独者是我的合群，我的饶舌是我的雄辩术……失信是我的竭诚，而所有的缺点与恶习都是我的那根磁针，它始终指着贞洁美丽的北极星，那个一切都绕着它旋转的宁静不动的星座。你知道，在苍穹，每一个'是'都有与之相悖的'非'存在。然而超载毫克的'善'，就会导致一切的运行。通过永恒的轮回，让一切停滞一个短而又短的瞬间，随即又重新开始，这就是我的并非毫无价值的样品采集。"

一九七五年，宁城筹备一系列建城七百周年盛大庆祝活动。赫拉巴尔也被邀为筹委会成员。可是在二月份，却将他的名字从筹委会成员名单中划去，原因是他"思想不妥"。赫拉巴尔对此举的反应是他的四则《宁城友人俱乐部报道的新闻》。在这些"新闻"里，他风趣地模拟、嘲讽了整个庆祝活动的筹委会、筹委会中的某些成员以及一些机构、市政当局。不过第三、四则"新闻"到一九七五年才在

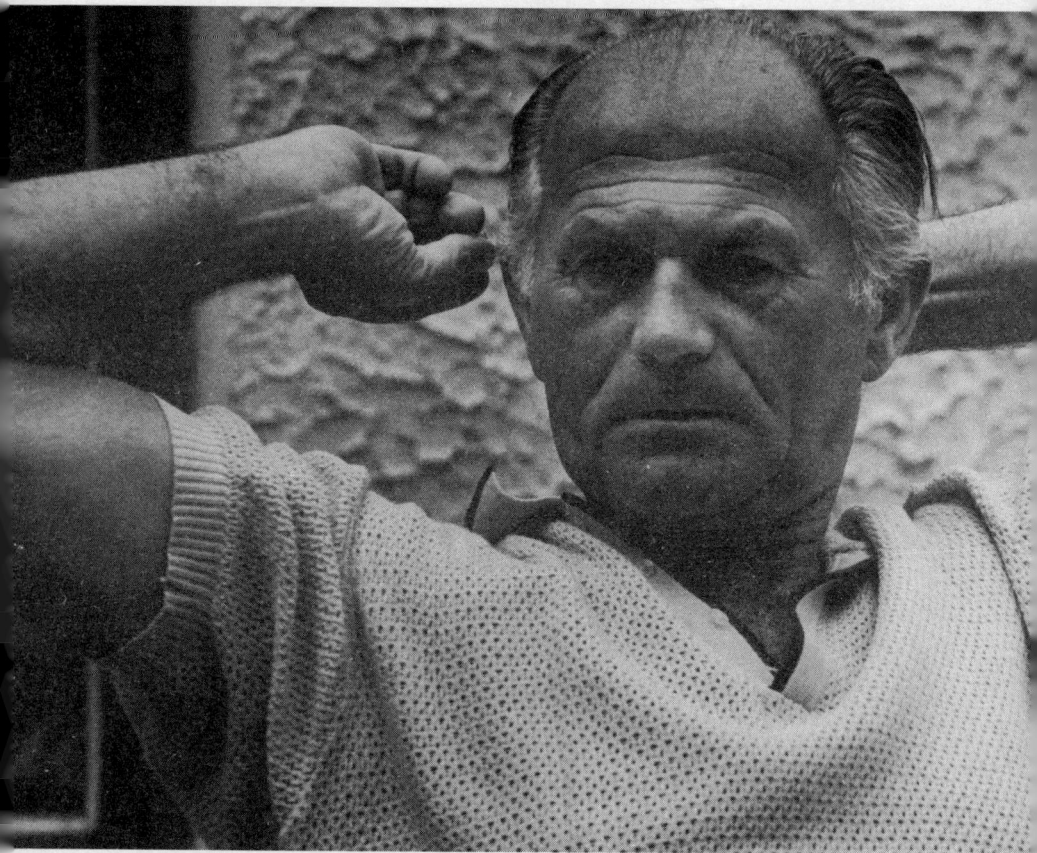

在克斯科为家人扫墓。过了三年，他自己也安葬在这里。摄于 1994 年。

《汉嘉新闻》第 17、18 期刊出。赫拉巴尔仿佛只是写给他自己看的，他在写这些"新闻"时一定乐不可支。有一次，我在克斯科他准备要当燃料烧掉的废纸堆中，发现了其中的一篇。一九九五年，我拿到金虎酒家来读给朋友们听时，大家笑得眼泪都流出来。可是，赫拉巴尔早已忘了自己写过这类东西，他只模糊地记得当时那些宁城人将他从名单中划了去。

这个期间，他根本不想跟宁城有任何关系，很讨厌它，甚至将

和弟弟布热吉斯拉夫在克斯科。摄于 1978 年。

他父母及贝宾大伯的遗骸从宁城坟场迁到了克斯科墓地。

一九七五年，赫拉巴尔开始汇编《雪花莲的庆典》，其中有些篇章已是后来的《过于喧嚣的孤独》中的组成部分，只是一改再改，直到一九七八年才得以出版。

从一九七五年起，几乎在以后的整整十年里，赫拉巴尔的各路朋友，差不多每个星期六都在赫拉巴尔的弟弟在克斯科的住所里相聚，讨论哲学、文学艺术……这些聚会常常由他弟弟布热吉斯拉夫协调组织。参加者中当然少不了导演门采尔、画家哈巴，更少不了他的终生挚友马利斯科。导演弗尔曼有时也来一下，还常常带上一句："博冈，我还得走，我后面有密探跟踪。我不想将他们留在你这里。"有意思的是，不管在布拉格还是在克斯科，每当朋友们有什么不明白的事情，总是去问赫拉巴尔。他几乎通晓一切，简直是一本活的百科全书，可是在克斯科他弟弟家里，相反赫拉巴尔总要问他弟弟一句："喂，斯拉维克，到底是怎么个情况？是谁说的来着？"

而他的弟妹塔莎至今还断言说："斯拉维克真神，博冈总能从他嘴里得到准确资讯,只不过斯拉维克不写作,从来不写。"而马利斯科在评价赫拉巴尔时说:"如果要列举五位世界上最有学问的作家的话,赫拉巴尔就该是其中的一位。他学问之深广简直令人惊叹不已。肯定是他多年来刻苦学习、博览群书的结果。"

这个时期,在布拉格的周三聚会已改为皮特尔大院酒家。参加的人中有赫拉巴尔的老同学和博乌德尼克的生前好友,甚至有来自瑞士的斯拉夫语与罗曼语系的年轻女大学生、未来的赫翁作品翻译家苏姗娜·罗托娃。他们在这里与赫翁相会,在这里也能常见到博乌德尼克以及科拉什的艺术作品展示。

一九七六年七月,赫拉巴尔写完《过于喧嚣的孤独》手稿。本来有两个稿本,第一稿是阿波里奈尔式的诗稿,第二稿是用带有大都市口语味道的通俗捷克语写就的。到最后,赫拉巴尔还是决定用严谨的捷克书面语写出第三稿。尽管这个题材已在他脑子里反复思考酝酿了四年,但这本《过于喧嚣的孤独》跟《我曾侍候过英国国王》一样,最后是在很短的时间内一气呵成的。

赫拉巴尔的朋友米西克说:"喧嚣的孤独——这对赫拉巴尔来

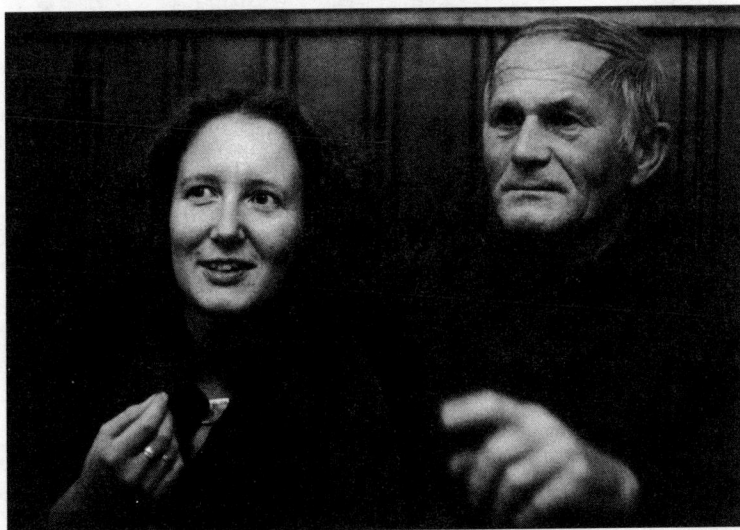

与译介者苏姗娜·罗托娃在金虎酒家。摄于 1975 年。

说是心灵的净化。在他与废纸回收站的环境、与酒精饮料、与文学的搏斗之中经历并感受到了这喧嚣中的孤独，而且他不得不吞下这种孤独。他最在乎的也是这本《过于喧嚣的孤独》，这是他真正的孩子。"瓦楚里克评价说："这是他的一部私密、动人的作品，给我们每个人的印象都是这样。它虽然是对当局极权专制的一种鲜明的表态，但它不像所有那些反对当权政治的檄文，或者政治攻击，而是一部诗歌。"

《过于喧嚣的孤独》是赫拉巴尔生活、哲学、诗歌的综合体。但在当时那个特定的时期，也可理解为人们对他的所谓背叛的非难与指责的一个回答。这肯定是一部有着普遍意义的超越时代的作品。《孤独》与《国王》同属于赫拉巴尔创作的顶峰，属于二十世纪当代世界文学优秀作品之列。赫拉巴尔不止一次地说过和写道，他只为写出《过于喧嚣的孤独》而活着。

到此，我想专门提到，赫拉巴尔在他的《关于本人尸体解剖的消息》一文中，有一段关于他的写作状态极有意思的表述，他说："我的稿子不能叫书写稿，只能叫打字稿，我只用打字机来写作。我的这些稿子产生于从打字机里冒出来之前好久好久。某些题材反复出现在我脑子里。这些题材最乐意在我打字之前来拜访我。在酒馆喧嚣的孤独之中，在散步时，在夜里……这些画面根本不是彩色的，而是像旧电影那样。随后，这个基本的主题便开始分岔，与其他一些与主题有因果关系的画面串连起来，排列起来，甚至互相咬紧、拉近，就像爬树一样。这种状况要维持好几个月，有时要好几年。我从来不赶着将这样的画面用打字机打出来。在这写作的时刻，我非常担心我会因某种出错而死去。在这一时刻，我总会有一种荒唐可笑的想法，认为我的故事是独一无二的，仅仅有赖于我凭空编造，将其转移到公文纸上。我的这些画面也像放风筝一样在空中飞翔，我甚至有本领让这些画面静若止水，让我一幅幅地细细察看，这是我的画廊。据我的记忆，我只在早上写作。最主要的是，我

绝不能在头一天许诺说我明天要开始写作,这样做的话保准完蛋,
一个字也写不出来。同样,我要是对某个人说我将写什么,那也准
保完蛋。写作是一种非常秘密的行为,写作是一种将你引进那心醉
神迷的状态、略微惊恐状态的东西,是一种你既想要而又不想要的
东西,一种让你既觉得恐惧却又感到幸灾乐祸的欣喜东西。对于写
作,通常我得让自己处于一种无准备状态,类似一种极大的抑制状
态,甚至处于某种失语状态。我慢吞吞地机械地刮着胡子。不刮脸
我是连一行字也写不来的,我甚至还下意识地擦上一点儿油质的
白桦香水,之后若有所思地冲上一杯咖啡。我喜欢早上喝咖啡,但
却不吃东西。我要是吃饱了,那写作、思考就全完了。我独自一个
人,完完全全一个人喝着咖啡。这个时候,如果突然有人来访,我便
立即停止喝咖啡,放下烟。因为这两项美妙的劣习仅仅是我一个人
的独享,每天都要重复,如此这般地提高我的饥饿感,就像那些牧
师一样,他们在早上是不吃饭的,如果说吃,也就是喝一口葡萄酒,
而且还是在做弥撒的时候。现在我正是这样,喝杯咖啡,抽两根烟,
两眼望着窗外,边抽烟边呷一口咖啡,达到空零状态。希腊人曾把
这种零界状态称做神秘思维的开始。于是,我就在我事先毫无所知
的某一天、某一时辰和某一分钟,坐到打字机前,跟田径运动员起
跑前一样先活动指头和手关节,然后就开始敲击我的那个故事,并
且一直处于空零状态,快速地写下这一幅紧接着一幅的画面。这些
画面有时会互相重叠、换位,但我仍能将它们一一敲进打字机里。
我发现,大约十分钟,有时只有五分钟,我就能打出一张纸来,可我
从来不知道自己写了些什么,我压根儿就顾不上去检查核对。因为
看着打字机打字的那状态,实在太美妙了。手稿不是从手指头那
儿流出来的,而是由指尖传到按键上,再由它们将字母印在洁白的
纸上……我仿佛在云雾中写作,也就是说,我是处在画面包围之
中,一幅紧接着一幅。我一直写啊写啊,直到精力全都耗尽为止。我
看到的是一大堆打好字的稿纸。我害怕阅读它们,因为我很清楚,

真可谓心知肚明，随着快速打字而来的准是错误百出。每隔一分钟，我的按键就会被卡住，我得用手指头去将它们掰开。我总是这样写上三四小时之后，再到那'喧嚣的孤独'中去。我最乐意去一个谁也不认识我的酒家坐下来喘喘气。谁也不知道我是个'孕妇'，谁也没看出我刚刚写完那让我高兴而又害怕的作品。我又在思考那些正在等待我的画面……一天以后，我重又处于空零状态，重又喝杯咖啡抽抽烟。我总喜欢抽那味道很重的烟，乃至抽了两根之后，就会感到有些不舒服。我要是晚上抽了烟就会睡不着觉。直到我打完最后一行字，停止使用打字机之后，我才会去看一眼我写的东西。等我鼓足了勇气，我就坐下来，拿起钢笔对我的打字稿进行补充或修改。我总是全身心投入到这些故事里面。要是有人注意，就会看到我是怎样地时而喜形于色时而皱起眉头，到最后，甚至泪流满面，我就像被我写的故事感动着的第一位读者。"

这位曾列为"被清洗的作家"，如今已是六十二岁的赫拉巴尔，在被迫沉默七年之后，于一九七六年重又步入捷克文坛，捷克作家出版社终于出版了他在一九七〇年就已完稿的《一缕秀发》。值得注意的是，赫拉巴尔的作品不仅又开始由国家出版社出版，同时也由多家民间的自行出版社如"封条"、"探险"、"废品箱"以及"布拉格想象"等出版，更有在国外的流亡出版社如"68出版社"、"禁书出版社"、"交谈"、"边缘"等出版。尤其难得的是，还有各式各样热心的匿名粉丝和读者的家庭拷贝版，以及打字稿复印件……这种奇特的现象，一直延续到一九八九年。

赫拉巴尔一直在继续写作。他一天究竟能写多少页呢？赫拉巴尔在《只管聊天，把回家这码子事儿忘掉》一文中写道："我开始写作，一写就是二十页。尽管正值秋天或冬天，可仍像在我宠爱的夏季。通常，每天当我在走路，在洗餐具、劈柴、做饭，阅读的时候，或在梦中，许多事情回到我的梦里。在我心中一直重复到我将它们记住，在我脑子里像一部电影一样连接起来，有的由画面组成，另一些由语流组成。在这段‘无为’的时间里，我实际上干得最多，一口气甚至‘写’上五十页。这种仅仅是浏览语流与画面，聊天胡扯的‘非写作’，对于写作来说其实是再美妙不过了，而我的写作到头来，实际上就只是一种誊抄而已。所以说，当我不在写作的时候其实写得最多。”

一九七八年十一月，捷克作家出版社出版了赫拉巴尔的《雪花莲的庆典》，与他一九七五年的打字稿相比，改动很大，在被删去的短篇小说中还包括《巴比代尔学徒笔记》。这本《雪花莲的庆典》是赫拉巴尔唯一的一本不怎么在乎的小书。他在一九九〇年访问苏格兰的一次谈话中说：“从二十世纪七十年代起，我不能出版作品，也可说我利用了这个间歇时期写了我想要写的东西，如《过于喧嚣的孤独》、《温柔的粗汉》。除此之外，至于我的那些日记形式的札记，即《雪花莲的庆典》，那只是一些经过人家修改了的日记，我对它们至今都不怎么看重。”

一九七九年，捷克作家出版社出版了赫拉巴尔的《甜甜的忧伤》。赫翁为了自己的作品能公开出版，不得不对出版社作些妥协，将所谓“不合适”的部分删去、剪掉，有的作了补充，有的完全重写，结果成了一本包括二十三个短篇的“新”书。在这些短篇里，赫拉巴尔回忆了他的童年、他的父母、啤酒厂以及宁城这座小城里的小人物，从各个角度反映了他的童年生活。不过，并不是所有情节都那么真实，比如“美人鱼”那个故事，他在《关于文身》中是这样写的：“我在一个小饭馆里听到一个关于男孩子的故事。他希望人家给他在身上文一只小船，他们却给他在胸脯上文了一条露着两个乳房的美人鱼……我记住了这个故事。当我描述自己的童年时，就将这个被人文了一条美人鱼的不幸男孩的故事写了进去，因为我也有着故弄玄虚的癖好。”

赫拉巴尔用如下一段话作为《甜甜的忧伤》一书的序言：“我认为，一个人越到晚年就越是需要回到他的童年。在这些短篇里，我让那些美丽的画面停滞在原来的时间里，而不像我那样变老。于是，我在这本书里仍然是那个身穿海军衫、背上背着书包的小男孩……在我的躯体日近衰亡的同时，那个男孩却与衰老甚至死亡毫不相关地储藏在我的心底。"

赫拉巴尔从孩提时候起就一直为"你将来能有什么出息"的问题所苦恼。他在写作中基本上找到了答案，"你知道，我的写作也是我面对自杀欲望的一种防御。我仿佛通过这种写作来逃离自己，但同时，也在某种程度上获得'我将来能有什么出息'、'我曾经是谁现在又是谁'等问题的答案，我靠写作来医治自己，犹如天主教徒靠忏悔、犹太人靠在墙根前的哀号、我们祖先则将自己的秘密怀着忧伤与恐惧倾诉给一株老柳树一样，甚至有如弗洛伊德的病人靠安静下来想说什么就述说什么来医治一样……实际上，我的写作是从一行字飞奔到另一行字，在打字机上看得很清楚。我从来不知道自己写了些什么。它只是我一直在追逐着始终闪现在面前的某个思想，我想追上它，可它总是跑到我的前面，于是就像一个年轻人、一个孩子那样奔跑。我的那些职业啊！我总是有着那种让我一直奔跑的职业，至今我也一直在忙活、奔跑，一直在旅途上……"

在一九七九与一九八〇年交替之际，捷克作家出版社用《每日奇迹》的书名出版了赫拉巴尔的短篇小说选，一次印数达五万册之多。

一九八一年，紧接着出版了赫拉巴尔的《哈乐根的数百万》。该书描述了赫拉巴尔双亲在养老院度过的晚年生活，以及贝宾大伯最后的日子。整个这部伤感小说是在黑色幽默、悲剧性的荒诞离奇与社会主义现实主义的特殊气氛中展开。故事的讲述者是赫拉巴尔年老的母亲玛丽什卡。她，连同她的丈夫弗朗茨道出了一种被越来越小的圈子所包围的感觉……就像每个老人一样，被渐渐列入"死亡簿"，因为正如书中所说："老人已无处可去，即使有，也只是往回走进'回忆'。"此外，现在已成为养老院的史博尔克伯爵府里，

赫拉巴尔的母亲。　　　　　赫拉巴尔的继父弗朗吉舍克。

一直响着当地广播电台播放的《哈乐根的数百万》这支曲子。这也是曾几何时啤酒厂门房经常在留声机上播放的曲子。眼下它却成了一支不祥之曲,单调得让人听了毛骨悚然。赫拉巴尔在书中也表达了一些更具普遍性的观点:旧世界渐渐离去,新时代已经无法忍受以往的一切,剩下的只是一块上面散布着数百只按过死亡通告图钉的布告牌。此外还有坟墓,可就连这个,到最后也被毁掉。一切都被扫除掉,恰像一个孩子在玩完积木之后,哗啦一下将它们从桌子上扫掉,以此来增加游戏的荒诞性。

赫拉巴尔在他给《哈乐根的数百万》写的附言中说:"这部稿子是我与这三位老人——这些珍贵的晚年见证人合作而成的。是他们根据片刻印象写下了自己的回忆录。我根据需要,抓住那些早已被人遗忘的事情。有些情节使我感动,于是就选择了那些至今仍让我感动的准确情节,将其安到关于养老院的讲述之中,安到情节现实主义而整体却属虚构的文稿中,从而获得更真实的效果。"

一九八六年,赫拉巴尔在与一位名叫塔尔戈斯的波兰报纸编辑谈话时说："根据诺瓦利斯的观点，'回忆是第二个现今'。因此我的任何往昔对于我来说都是现在的。我只是将其从久远的过去选择出来，因此我也喜欢引用那些早已死去的人说出的一些句子，那些与他们尚在的那段时期相联系的、几乎是超越时间限制的句子。在《哈乐根的数百万》一书中，由我母亲讲述故事。不仅讲她作为一位老太太正活在当今的故事，而且回忆她的年轻岁月。该书不只是对珍贵的往昔的回忆，而是通过对照的方式弄明白，开始了一个完全不同的时期与时代。理所当然，在这个时代里一切都与过去不同。这是一块断裂的木板，而我们正卡在它的断裂碎屑之中。此刻已不能按老样子生活。对老人们来说，要在这样的时代里生活是很成问题的。对我来说，也是一样，因我是喝奥地利①牛奶长大的呀！"

在《哈乐根的数百万》一书中，包含着《时间停滞的小城》中的某些素材，比如贝宾大伯在养老院的逝世。赫拉巴尔还将《时间停滞的小城》中的另外一些情节用在《甜甜的忧伤》中。"河畔小城"简直成了他后来写作的灵感源泉。

对于这座小城的荒芜毁坏，赫拉巴尔无法忘怀，他在收集于《家庭作业》一书里的《自我对话》中说："我已经将现在这副样子的宁城注销了。我每次去到那里，就有这么一种印象，仿佛它被正在打仗的军队践踏过。那怎么办呢？就让年轻人去写宁城吧！让他们去试着记录这座全新的宁城吧！我已没有开启它的钥匙……那真正的宁城已经看不见了，它只活在我闭着的眼睑之下。"

此刻，我自然联想起赫拉巴尔对"作家是什么人"这一问题的见解。他在《越肩读到的信件》一文中是这样回答的，"我认为，作家是这样一个人，他坚韧不拔地走遍这整个田野、城镇和他非常熟悉的地方，在他自身和人们中发现已被埋葬的画面与谈话，当这些画面处于联想的磁场，具有了电荷，就会自己跳入由打字机一行行打

---

① 指第一次世界大战之前，包括捷克领土在内的奥匈帝国。

在白纸上的文稿中来。作家是这样一个人，他能找到通向亡人的那座彩虹桥，善于将他们同活人一样带回来。我认为，作家和他的工作并非胜过尸体清洗师，也不亚于使仿佛已经死去的昏迷者苏醒过来的医生与护士的工作程序和方法。作家是那个记不得从什么时候起，就努力要将多方位、辽阔无垠的世界移到打字纸上的傻瓜。这是一种人，他的职业不是非做不可，而他又不惜费劲，努力去向其他人说些有关人和命运的话题。不过这一工作与其说是一种痛苦，不如说是一种充满好奇的快乐。这是对现实微弱光芒的寻觅与发现。这光芒照亮的不单是写作者，还有那些没时间写作的人的道路……"

一九八一年，赫拉巴尔的《诗歌俱乐部》得以出版。整本是由两部完全不同的稿子《温柔的粗汉》与《过于喧嚣的孤独》有节奏的交替与轮换组成，却又像一副两边的链齿咬合很紧的拉链。为了能通过书刊检查这一关，赫拉巴尔不得不根据官方出版社的要求，将有关耶稣基督及老子的内容删掉，配上拉·米哈莱克拍摄的利本尼照片，剪辑拼合成这部《诗歌俱乐部》。

赫拉巴尔在该书的前言中谈道："博乌德尼克在布拉格城郊的游荡中，与一群年轻人组成的小组相遇。这群年轻人为一个奇特的僻静角落而兴奋不已，为竖在上空的一块写有'诗歌俱乐部'字样的白色广告牌而惊喜激动。微风吹拂着这块吊有四条饰带的广告牌，直到狂风暴雨和时光卷走了这个年轻人的小组。"赫拉巴尔所指的这个"年轻人的小组"实际上是以卢德维克·海斯为核心的年轻诗人小组，设在利本尼的裁缝街4号。该小组曾于一九六四至一九七〇年发行过非商业性的唯一的文学杂志《野葡萄》，后被国家安全部门勒令停刊。赫拉巴尔的这本以《诗歌俱乐部》命名的书，也可理解为对这些被时间卷走的年轻诗人的一种纪念。

一九八二年春天，赫拉巴尔曾与朋友们聚在松鸟酒家喝酒，为一个朋友庆贺生日。几天之后，他就被叫到国家安全部门去谈话。

第一部分

关于此后发生的事情,赫拉巴尔写道:"密探,即一个年轻的官员对我说,在布拉格有个什么爵士乐社团正在召开大会,说那是被禁止的,说我们就是聚在松鸟酒家进行活动的反动分子,还说我被选为了这个组织的主席。说一切都是瓦楚里克他们的罪过,暗地里为爵士乐社团出书,说还打算要出版我的《我曾侍候过英国国王》,说他很乐意读一读我的这部稿子,他在部里的朋友们也想看看……我吓坏了……我还参加过每星期在皮尔森大院酒家的博鸟德尼克协会的聚会,造型艺术家约瑟夫·斯卡尔尼克也来参加了。我悄声告诉他,我为什么感到情况不妙,他却挥了一下手说:'这没事儿!我们爵士乐社团是得到批准的。我们正在出版您的《我曾侍候过英国国王》呢!您知道它将在哪儿付印吗?'他悄悄地告诉我说,'我们和庞克拉采监狱①的看守们一起喝得醉醺醺的。他们答应在他们那里为我们印刷《国王》,他们向我作了保证。这太令人高兴了,是吧,赫拉巴尔先生?谁也没法控告我们,我们有批件。'我是将死的人了,没想到还碰上这么一档子事。我知道,我的《国王》将在庞克拉采监狱付印。"

几年之后,造型艺术家斯卡尔尼克补充说:"我们秘密地出了书,将它藏得好好地拿去找赫拉巴尔。赫拉巴尔将这本小说拿到手上说,'小伙子们,现在我可以安心地去死了。'就这样,在一九八二年四月,这本《我曾侍候过英国国王》真的一字未改地出版了。尽管这本书是指定分发给爵士乐社团成员的,但还是拥有了相当多的读者。"斯卡尔尼克接着说,"在出版这本书之后,国家安全部门就来找我麻烦了。我常被叫去盘问,赫拉巴尔也被叫去审问,我则与赫拉巴尔秘密相会,共同商讨对策。"

当年七月,他的《哈乐根的数百万》获得捷克作家出版社奖。同时出版了他的由《一缕秀发》、《甜甜的忧伤》及《哈乐根的数百万》

---

① 布拉格的一座监狱,反法西斯英雄伏契克曾囚禁在这里。

三部曲组成的《河畔小城》。

　　一九八二年七月，赫拉巴尔在从布拉格去克斯科的途中出了车祸，肋骨折断。当年的十至十一月便写出了《小汽车》这个短篇小说。该小说的名称与在车祸中毁坏的"伏特加"无关，而是描写了赫拉巴尔称之为"小汽车"的一只小猫。

　　众所周知，赫拉巴尔对猫的疼爱是异乎寻常的。而在这篇悲伤叙事曲《小汽车》中，首先摆着"我们拿这么多的猫崽怎么办"的问题。赫拉巴尔不得不将繁殖过多的猫崽装在一个旧邮袋里处理掉。这个旧邮袋的幻影一直追逐着他，与此同时，在他脑海里一直显现着一个念头："连一只猫都不能杀害，又何况一个人呢？"同时，他还预言，迟早有一天他会上吊。当赫拉巴尔不得已处理掉他心爱的而且有病的小猫史瓦尔察娃时，他觉得仿佛杀害了一个人。而且，还有等待他去处理的小猫呢。猫的形状和因它们死亡而带给他的犯罪感，使他无处不感觉到，成了他一直到死的心理负担。他觉得自己所干的一切都会得到报应，他觉得在去克斯科途中所遇的车祸，正是对他罪孽的惩罚，从而减轻了他的心理负担，有如"一名被释放的犯人"。对，连杀害一只猫也不能逃脱的惩罚。但同时又从他心灵深处冒出一个问题：可是，拿这么多猫崽怎么办呢？悲伤叙事曲《小汽车》的结尾，赫拉巴尔在克斯科徒劳地试图拯救一只冻僵在拉贝河湾的天鹅。他能杀害猫崽，却无法将天鹅从死亡之中拯救出来，是天鹅自己拒绝活下去……第二天，赫拉巴尔发现这只天鹅已经成了一具极美的雕塑。赫拉巴尔觉得，这只天鹅就是那些被他处理掉的猫崽为他设下的圈套。他的负罪感和耻辱心更加重了。这种感觉将追逐他一直到他的心脏停止跳动。

　　一九八四年的一至二月，赫拉巴尔将长达七百页的打字稿《婚宴或无袖的生活》的第一部分剪辑修改成一本新书，副标题为"姑娘恋史"。在时间上，整个一部作品追溯到二十世纪五十年代中期。时代的板条断裂了，从前的一切让位于新的制度，赫拉巴尔的生活也逐渐改变。貌似普通，第一眼看去还合乎常规的这部"姑娘恋史"，以幸福的结婚而告终。这是通过后来成为赫妻的艾丽什卡的嘴来讲述的。小说一开头就描述了艾丽什卡如何出现在利本尼堤坝巷 24 号大院里，她在这里第一次遇到"博士"。这位赫拉巴尔博士正在他的房间里用粗板刷用力刷着地板。这一时期的赫拉巴尔仍在废纸回收站工作，艾丽什卡则在巴黎旅馆当出纳。在情节发展过程中，逐渐出现了博乌德尼克、马利斯科、贝宾大伯及其他朋友、街坊邻居。所有故事都通过对赫拉巴尔青年和童年时代的回忆，有时也借赫拉巴尔的母亲对艾丽什卡的讲述表现出来，同时，向我们提示了赫拉巴尔与大自然的几乎有些多神教味道和带有神秘色彩的关系。例如，对他常去游泳的小河，对他不断用来冲洗身子和提神的水，对他在利本尼那间小房，对过去铸铁车间铁炉子中闪动的火花的不寻常感情。当时在布拉格城郊的生活，对赫拉巴尔来说的确是一种有滋有味的体验。他带着一种嘲弄的口吻和对每个细节的细腻感触，来描述这些绝对普普通通的状况和事件，却别有一番风趣。赫拉巴尔博士挤在正在行驶的肮脏的火车厕所里向碧朴莎①表白爱情就是一例。

赫拉巴尔通过别人（碧朴莎和母亲）的嘴来泄露一切，甚至他的一些不体面的事情，也许甚至可以称之为有意自我诋毁的内容，正如赫拉巴尔的妻子碧朴莎所说："他了解自己所有的缺陷与恶习。这些毛病实际上就是他的风格，他没法与它们拆开。"她还说："他有个预感，他的像踩钢琴踏板似的一踩一踩踩到地板上的这一速度与节奏，要是能坚持几年，准能抓住些什么，抓住点正如他自己所说能击中要害的、仅仅属于他的东西。"

一九八四年三月二十八日，赫拉巴尔七十岁。据米西克回忆，在克斯科的小森林酒家庆祝生日时，开来一辆小汽车，从车上下来

---

① 碧朴莎即赫拉巴尔的妻子艾丽什卡。

一位帅气十足的汉子,在现场转来转去。碧朴莎忙说:"博冈,这是个密探,你去问他想要干吗,让他别捣乱,大家都因为他感到紧张……"后来,赫拉巴尔说:"这的确是件麻烦事儿。"那密探当时对他说:"明天西德电视台要来访问您,而您,赫拉巴尔先生,别接受他们的采访!您有本小书,我们正准备出版。您要是想让它出版,就掂量着好自为之吧!"据说,赫拉巴尔整个晚上都为此担心着,不知怎么是好。碧朴莎对他说:"喏,那你就对德国人说这些人禁止你让他们拍电影。"第二天,那西德电视台的人果真来了。赫拉巴尔对他们老老实实说明了情况,而他们说:"您更在乎什么?是更在乎书呢,还是电视讲话?"赫拉巴尔回答说:"我没有孩子,那些书就是我的孩子,我更在乎我的书。"德国人理解了他,问题得以解决。

同年,捷克作家出版社以五万册的印数出版了赫拉巴尔的《人们的谈话》短篇小说集。该书早已在一九五六至一九七八年成稿。赫拉巴尔说:"我从小就爱听人们交谈,到今天也是如此。这些年来,在我的头脑里有个筛子,将人们交谈中那些非本质的东西筛掉，只选出那些人们喜闻乐见的内容。"一九八四年，赫拉巴尔开始写作他的松散构思的三部曲中的第二部《新生活》，重又通过他妻子的口讲述和评论他的生活。在《我是谁》一书中，赫拉巴尔坦诚地说："直到现在，当我妻子退休四个月之后，整天和我待在一起时，我才知道什么是一个不得不应付她的地狱。不是离开，而是巧妙地接受——听我妻子的话，但想着我自己的一套。甚至比我在四分之一多世纪以来，拥有只属于自己那一黄金时代的自由时间还要多。本来，我早晨通常不吃东西，只喝咖啡和抽两三支劲儿大的香烟，只有这样，我才能从总是很坏的夜间睡眠中苏醒过来。本来，在早上我都不想再活下去，不想留在世上，只有靠一支烟才能让我苏醒过来，这是我的仪典，弥撒。我空腹呷着咖啡抽着烟，透过窗户，两眼蒙眬地望着天空中不知什么地方，竭力让自己进入啥也不想的空零状态。我只倾听自己，看是否会在某处出现一个什么细节、题材，出现我开始拆开文稿这件大毛衣的第一个句子，因为我的写作都是靠抓住这一个线头而开始的。可我兴奋地意识到，我只要一开始快速打字，就会一直打到下意识地拆掉那整件毛衣为止。这是我的美好时光，我的奢华享受。如今我妻子却在早上端来咖啡和点心，严厉地盯着我说，世界上最不健康的就是空着肚子喝咖啡、空着肚子抽烟。弄得我现在连喝咖啡和抽烟的胃口也没有了。四个月来，我老婆将我的任何线头都剪断了。现在，我得开始像我描写的那些人一样生活……"赫拉巴尔在《手帕结》这篇谈话录中对"何谓写作"这个问题谈得更加明确具体。他说："写作是对无聊的一种防御，它也能对忧伤起到一些治疗作用。在你出书的时候，那种感觉也是很舒服的。要是你没有孩子，该怎么办呢？只有继续写作，以治疗你的忧伤与孤独。"

一九八五年二月，《新生活》完稿。赫拉巴尔在给他的好友马利斯科的赠言中写道："赠给我的朋友马利斯科。他四十多年来，每年都自行出版一本书送给他的朋友们。他是冠中之冠、世界冠军。"该书实际描述了利本尼的生活以及赫拉巴尔周围所发生的事情,也描述了出版《线上云雀》的艰辛。

两个月后,他与匈牙利记者的谈话录《手帕结》完稿。赫拉巴尔根据访谈的录音稿作了些补充、修改。他认为这个谈话录里透着布拉格式的反讽。他说:"哈谢克的光芒,将我照得乃至让我能借填字游戏和剪贴给作品以更多趣味。"完稿后,他曾向捷克作家出版社推荐,却遭拒绝。在没有签字的审稿人的评语中有这么一段话:"谈话录不知不觉地揭示了赫拉巴尔在政治上的幼稚,或者说政治上幼稚的游戏。他无视基本的政治经验和相互关系……赫拉巴尔对许多事情不是不了解,就是对其意义估计不足……稿子在目前这种情况下是不可以出版的。"因此,赫拉巴尔在一九八七年将它交给了非官方的自行出版社去出版,也是不足为奇的。

赫拉巴尔在他一九八六年所写的《我为什么写作》一文中写道:"我继续在写,继续玩着这游戏,不过已经带些忧伤的味道。现在,到我已经年老的时候,的确可以享受'只写我想写的东西'这一奢华,现在我写作起来犹如呼吸。仿佛我在某个时刻吸进我的画面,然后通过打字机,长长地呼一口气……然后,我再吸进那些存在于我心中的画面,又再以写作的方式将其呼出来。"

一九八五年十月,赫拉巴尔逐渐写完三部曲的最后一部《林中小屋》。从利本尼搬进新住宅,作为该部回忆录的结束。

当赫拉巴尔把这三部曲中的最后一部交到捷克作家出版社社长彼拉什手中时,彼拉什却将稿子退还给赫拉巴尔说:"博胡舍克,你的稿子我读过了,可是你知道,在我们这里永远出不了。"然而,不到三年,仍旧是这个彼拉什却说:"二十年来,我们都在努力争取出版赫拉巴尔的作品,也许终于又能出版了。"一九五九年,同样是这个让人将已经排好了版的《线上云雀》撤掉不出的彼拉什,在一九八三年又出面授予赫拉巴尔的《底层的珍珠》出版社奖。

停止出版赫拉巴尔作品是一个原则性、历史性的错误。拒绝出版这三部曲的行为却逐渐掀起了地下、海外传播赫拉巴尔作品的浪潮,不过给赫拉巴尔带来了相关的一些烦恼。

一九八六年三月底,瓦楚里克以地下"封条"出版社丛书中的一种,出版了印数为三十册的《林中小屋》。几乎同时,在加拿大的流亡出版社"68出版社"也出版了这本书。三月底,瓦楚里克让瓦茨拉夫·卡德莱茨和他一道去见赫拉巴尔,送了一本《林中小屋》给赫拉巴尔本人,剩下的二十九本想请他签名。赫拉巴尔吓坏了。几年之后,赫拉巴尔在写到这次签名事件时说:"来了两位年轻人,留着大胡子,其中一位自我介绍说他叫卡德莱茨,从书包中掏出这本地下出版物《林中小屋》,说一共出了三十本,让我留下一本,在其余的二十多本上签名。这可是典型的非法出版物啊!我吓得直哆嗦。我立即想到,连在部里的那个淡黄头发的先生[①] 肯定也会有这本地下出版物。只等时候一到,他肯定又会把我叫去盘问。不过,我还是为这二十几本《林中小屋》签了名。我虽然手在发抖,但我还是签了名……现在连史克沃列茨基也出版了这本书。"赫拉巴尔在签字之后还对卡德莱茨说:"你们为什么把这三部曲的第三部当做第二部出?我干脆把第一、第二部以及其他至今尚未出版的东西都给你们吧!"几年之后,卡德莱茨还说:"这的确是赫拉巴尔的建议。"此后不久,赫拉巴尔与卡德莱茨终于又在布拉格相会,他不仅给卡德莱茨带来了三部曲的前两部《婚宴》和《新生活》,还有其他手稿,如《作诗》、《别样的传记》、《语言上的混乱》及《手帕结》。

时间证明,这次会见,无论对卡德莱茨还是对赫拉巴尔都是很关键的。于是,赫拉巴尔终于找到了自己的、新的、眼下还只是非法的自行出版人。一九九〇年,当卡德莱茨的"布拉格想象"出版社合

---

① 指经常来找赫拉巴尔的那个内务部秘密警察。

法后,赫拉巴尔就有了自己的"宫廷出版人"①了。

　　一九八五年,卡德莱茨与几个朋友手抄了那些"禁书",后来逐渐地靠复印机来复制这些作品。自从与赫拉巴尔会面之后,从一九八六年起便系统地复制、也就是出版赫拉巴尔的手稿,通常是二十到三十册。当然,他也出版其他作家如约·克罗乌特沃、拉·克里曼、奥达·巴维尔、艾戈·博迪、卡·马利斯科等人的作品,而出版赫拉巴尔的作品则确定无疑是重点。

　　卡德莱茨在他的《默默的合作者赫拉巴尔》一文(1990年)中写道:"他从一开始就对整个这一出版活动给予财力支持。因此我出版的书没有拿来卖而是送给朋友……我不管账目,可若让我猜测,大约花了五十万的话,基本上没有猜错。我'自行出版'了百来种书,有的印数还相当不赖。"

　　有些不一般的是,赫拉巴尔为支援在国内出版他自己的书(当然也有其他被禁作家的书)所花的钱,大多靠他在国外出版所得的报酬来支付。随着"布拉格想象"出版社活动的开展,在赫拉巴尔周围出现了新的一代,朋友圈子也逐渐变化与混杂。

　　卡德莱茨的地位可算来之不易。有位从二十世纪七十年代初为纪念博乌德尼克而出版珍本传记藏书的书籍装帧艺术家奥·霍麦拉回忆说:"当我们和赫拉巴尔一起坐在布尔恰卡酒家时,他一看见卡德莱茨进来就大声嚷嚷,'这是中尉先生来了! 坐到我们这儿来吧!'那时,卡德莱茨总带着这么一个小公文箱。他大概在某个单位当个部门头头。他们还有个印刷厂。我们当然不认识他。因此我们连同赫拉巴尔理所当然对他有些怀疑。"而卡德莱茨又是怎么看赫拉巴尔的呢? 他在二〇〇〇年一月与我的一次谈话中说:"赫拉巴尔演了这么一出戏,尽管他可能真的认为我对他、对这个社会

---

① 卡德莱茨的"布拉格想象"出版社出版了19卷《赫拉巴尔文集》,并且全都恢复了未经删改的原样。

　　　　　　　　　　　　　　　　第一部分

是有点用处的,但他仍然以半开玩笑半当真的态度对待我。他假装将我这个尉官从他们的桌旁赶走。等我在别的地方坐下时,他又走过来让我坐到他们那里去。有点儿情绪无常,真叫人不怎么好受。当然,多亏这一段时间的地下出版,使他对我的信任感增加了。因为我要是个国家安全部门的人,就会将他和其他人一起抓起来,也不会继续地下出版了,是吧?"

霍麦拉接着说:"喏,卡德莱茨就这样将那些地下出版的小本本带进了小酒家。借助他工作单位的设备条件,一两天就能印出来……我一开始就在帮他的忙。哪儿需要放进一幅版画,我便拿到我的几名认识的小伙子所在的版画制作坊去印。卡德莱茨掌握全盘。赫拉巴尔说个什么,卡德莱茨就能付之于行动。而我却相反,干事慢条斯理的,总想弄得好看一点儿,有个格式,可这就需要时间。卡德莱茨什么都干得很利索,总是快速了事,回家睡觉,这是他的风格。赫拉巴尔最后也认可了他这种行动速度和能力,因此最终赢得了他。总而言之,卡德莱茨将印刷好的出版物往桌上一扔便完事。这我不会,也不能。赫拉巴尔年纪越大,越不在乎印刷出版质量。他想尽快读到自己的作品,现在!马上!在他明天死去之前,接着再将它们赶快分送掉。在这方面,卡德莱茨正合他的意,一下就将这些手稿印了出来……'瞧!'赫拉巴尔对我说,'你还在这儿磨蹭,卡德莱茨已经将它印好了!'然后,又将我拉到一旁,或在乘坐出租车回家的路上对我说,'喏,你可能会干得更好,但可能要费太多的时间。你呀,奥尔达,印了不少漂亮的书,像博乌德尼克的、马哈的……你怎么看这个问题?'赫拉巴尔的这些话让我有点儿感到不爽。我呢,也就放弃了这个角色。肯定不是针对卡德莱茨的,因为来了很多新的小伙子,我也就稍微往后靠了靠。"

一九八六年四月到五月底,卡德莱茨出了赫拉巴尔六部不为人知的稿子,这是官方出版社一直看不上,此刻一直躺在赫拉巴尔在克斯科的抽屉里的。这可真是卡德莱茨的一大成功之举。

一九九〇年，赫拉巴尔在"布拉格想象"出版社出版的《极权恐怖》中写道："后来，我这样坐在皮尔森大院酒家，那个浅黄头发的家伙走了进来。他胸前抱着皮包、脸色苍白、一言不发，将我在克斯科签了字的一本《林中小屋》扔到桌上。那小子在离去之前，约定我明天与他在贝尔维德门口见面。我当时坐在那儿喝啤酒，《林中小屋》就摊在我面前。我当时仿佛既不活在时间里，也不存在于空间里，而是在一颗充满恐惧以及我基因中早已存有的孤独的心里。妙的是我已无法站起身来而是瘫痪了片刻。我知道，只要国外的史克沃列茨基一出版《林中小屋》，凡能读到它的地方就会跟着出版。不仅在加拿大、美国，而且在欧洲都会出版。承蒙内务部对我的栽培教育，让我学会不再在乎自己，对什么都无所谓了，我已希望立即死去……"

卡德莱茨回忆说："一九八六年五月底，赫拉巴尔在布尔恰卡酒家的酒柜台旁给了我一个信封说，'这里有我给您的一封信，我真高兴用不着到邮局去寄了。'信上说，'已经发生了的事情无法再抹掉……但我不想要你们当我的秘书。我要收回在克斯科所说的一切，要求你们将我的文稿还给我，立即停止对它们的任何传抄。'"

卡德莱茨说："从全信的语调可以明显地看出，他大概因为一种什么缘由才写下的。由此我对他的这封信持审慎态度。"

瓦楚里克在一九八六年五月也有类似的回忆："有一天，我收到赫拉巴尔的一封信，一封让人感到惊讶的信，是手写的[①]。大概意思是，'瓦楚里克先生，我得知您在地下出版社出版我的文稿。我并不希望您使用我的文稿，我仍然禁止您这样做。'伊万·哈维尔也得到过一封类似的信。"赫拉巴尔在他的《极权恐怖》一文中是这样回忆的，"一天下午，我那个淡黄头发的年轻人让我不仅给瓦楚里克而且给瓦茨拉夫·哈维尔兄弟写封信，说我不愿他们地下出版社来扩散

———————————
① 通常赫拉巴尔不用手写，而是打字。

我的稿子……我写好了这两封信,拿到他们那里。那个淡黄头发的人同我一起到邮局,他盯着我写上'挂号'两个字和他们给我的地址,然后让我将信投进邮筒……随后,我便跟跟跄跄走到松鸟酒家喝啤酒,好让我老婆晚上能因我又喝得烂醉而骂我一通。可她却说,'你就这么怕他们?'我第一次为自己而哭了起来。"瓦楚里克接着说:"我了解了这一行为并不出于他自己的心愿,因为我们原来是你我相称,他突然对我称起'您'来,写信还称我'瓦楚里克先生',我于是在经过一番思考并吸收朋友们的建议之后,回了他这么一封信:

尊敬的赫拉巴尔先生,我已收到您于五月三十日寄来的挂号信。在经过一段较长时间的慎重考虑,心情完全平静下来之后,我不得不回答您说:您的要求我没法满足。文学作品好比植物,随便在哪里生根发芽,凭着遗传本能,能破开石头沥青地面而生长。而您的心强壮无比,丝毫未受腐蚀。《婚宴》就是众多例子中的一个。我不管在哪儿见到您的手稿,就会在那里加以誊抄,即使不是我来干这事,别人同样也会这么干。我们只能以不让您的作品受到官方出版人和监督者们的操纵为前提,将其原原本本地呈现出来,以报答大多匿名者对您作品的热心关爱。我确认收到了您的必须履行的抗议。祝您在写作与健康需要中得以宁静。

卢德维克·瓦楚里克　敬上

"我还故意将这封复信寄到了国家安全部门。在我必须定期前去的聆讯中,那个审讯员问我为什么要将这封信寄到他们那里时,我说,'这是对你们的回答,因为赫拉巴尔的那封信并非出自他自愿。'两个星期后,赫拉巴尔太太来到我这里表示深深的歉意,说她高兴我看出了那封信不是出于赫拉巴尔的自愿,而是他们逼着他写的,说他必须当着他们的面把信写好并丢进邮筒里。他们要是对他凶狠粗鲁,他可能反会拒绝,但他们对他礼貌周全,他也就无法抵挡了。后来我得知,赫拉巴尔在酒馆里和朋友们谈起我们这次通信时说,'我那瓷砖屋①里的那个淡黄头发的人对我还印象不错,在他们盘查我与瓦楚里克的关系时,他还一直帮我说话。他的一个同事曾炫耀说当他写完瓦楚里克的审讯记录之后,还给了瓦楚里克一个苹果,以此证明,尽管瓦楚里克是他的阶级敌人,他还是对他表示了同情。'"

卡德莱茨也说过:"赫拉巴尔写了这些信,但像是糊弄傻瓜的……其实他这么干是为了保护我们……实际上他没有说过任何不利我们的话,一点具体的东西也没有……当然也以此隐蔽了自己。总而言之,我不把这看成是一件什么严重的事儿。不过我在后来地下出版的作品,就没再直接交给赫拉巴尔,而是由马利斯科转交给他。赫拉巴尔看了心花怒放。后来就又继续正常进行了。可以这么说,这事儿还有另一方面的情况,本来,赫拉巴尔总是为地下出版的产品付款,在这封信后,突然有两三个月没有再付款。当他发现我们还在继续地下出版之后,就又继续在财务上给我们支援。后来,赫拉巴尔继续给我送来稿子。有几次还将我带到克斯科,我还爬到他的楼上去了……就这样,我们将他早已写好的所有稿子逐步整理出版了。"

不过,捷克作家出版社在一九八六年也出版了赫拉巴尔的《不穿礼服的生活》短篇小说集,只是在编辑方面对赫翁的手稿作了严重的删改、干预。

瓦楚里克在一九八七年回忆说:"在警察的压力下,赫拉巴尔有点儿退缩。我在街上遇到他,并对他说,'我知道,博胡什,你有新稿子《婚宴》,我们可以在"封条"出版社出版它吗?'他对我说,'可以呀,我没什么意见,不过你们得自己到那儿去找到它。'这倒不难,因为他已经将'布拉格想象'出版社自行出版的版本分送给了

---

① 指内务部常召赫拉巴尔去聆讯的那座房屋。

人们。警察局若拿着我们出版的版本来审问他时,他就可以说,'我不能负责,我没给他们稿子。'最后,我们为赫拉巴尔三部曲中的一部颁发了'封条丛书奖'。奖金相当可观,有一万克朗,是伊希·科拉什赞助的。当我遇到赫拉巴尔并告知他将得到一九八七年'封条丛书奖'一万克朗时,他对我说,'我不想听到这些,你们把这些钱奖给别的人去吧!'结果成了两个人得这项奖。赫拉巴尔得了奖,但没得钱,我们可以再奖一个人。另一次,我们到克斯科去找他,他却躲进了林子里。总而言之,他逻辑地避开一切可能给他带来麻烦的接触。其他事情他根本就不想知道,免得一不小心说漏了嘴惹麻烦。"

可是在多伦多的"68出版社",根本不管国内禁止这一套,将三部曲中剩下的两部也都出版了。

在对待国内官方文化和它的掌权人的态度上,赫拉巴尔始终是个有争议的人物。他的才华是无可置疑或否认的,他的读者也是无法驱散的。国外出版家越来越多地将赫拉巴尔的作品列入他们的出版计划,流亡出版社则尽量扩散那些国内地下出版社对其感兴趣的赫拉巴尔文稿。在捷克只需出版他的一本书,哪怕是一本短篇小说选,不管几千印数,统统能在一天内卖光。于是,当局就想将这"不柔顺的赫拉巴尔"以合法的身份据为己有。但重要的一步是,让这位活着的最成功的捷克作家、七十三岁的赫拉巴尔于一九八七年重又加入捷克斯洛伐克作家协会。

就在一九八七年八月的最后一天,赫拉巴尔的妻子艾丽什卡、小说中的碧朴莎因久病不愈而逝世。随着妻子的去世,赫拉巴尔的内心世界开始崩溃。他开始自己折磨自己,同时开始搁笔不写东西,对什么都不感兴趣,也没有以写作来疗伤治病的理由。

这期间,国外对他的评价越来越高,就在一九八七年九月,他的《过于喧嚣的孤独》获得意大利文学奖。

一九八八年春,赫拉巴尔曾在那里度过他幸福的《婚宴》年月的利本尼堤坝巷一带,因为要修建地铁和公交车站而被拆除。赫拉

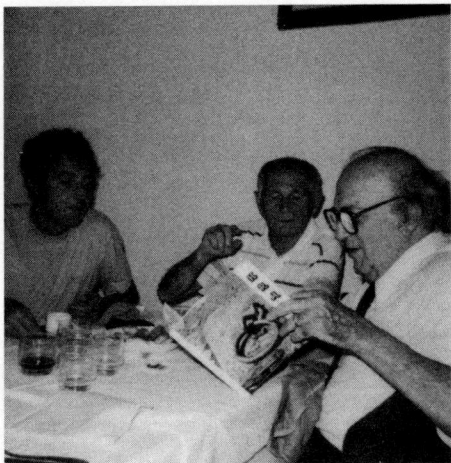

赫拉巴尔与意大利著名电影导演费里尼（右）
在罗马。摄于 1988 年。

巴尔感想万千,"我在内心找到了让自己能冷漠地观看这一幕的力量,让自己能够抑制激动。那时候,我开始明白摧毁的场面是多么美。"这一年的十一月,赫拉巴尔的终生挚友马利斯科也撒手人寰。赫拉巴尔的悲痛可想而知。这一年,他的作品获匈牙利拜伦奖。捷克作家出版社以十二万册的巨大印数出版了他的《我的世界》小说集。这一年,虽然他的朋友们创建了"博胡米尔·赫拉巴尔协会",却未能注册,协会的法人也未被批准。

赫拉巴尔在一九八五年写完三部曲的最后一部《林中小屋》之后就搁笔了。除去几篇即兴短文之外,他再也没写什么。也许是三部曲耗尽和关闭了他的生活题材,也许是因为死神在很短的时间内不仅夺去了他的妻子,而且还有他的几位亲朋好友。

据卡德莱茨回忆,"一九八九年三月,我曾在赫拉巴尔那里看到一部内容丰富的稿子,名叫《行车中的忏悔屋》,待原稿誊清之后,我建议他先将其中有关布达佩斯大教堂的几篇抽掉,先出版迫切反映当前现实的《神秘的笛子》。赫拉巴尔采纳了我的意见,从而开始了与我们的合作。"

133·

利本尼堤坝巷 24 号于 1988 年被拆迁时的情景。

在被拆迁的堤坝巷 24 号。摄于 1988 年。

　　一九八九年一月十五日,在未经当局允许的情况下,瓦茨拉夫广场举行了纪念大学生杨·巴拉赫自焚二十周年大会。由于警察的干预与镇压,纪念大会变成了持续一个星期的示威大游行。《神秘的笛子》正好是在一九八九年一月十七日，即示威游行期间写就的。赫拉巴尔自称这一文稿是"抒情报道"，是他后来所谈的"文学新闻化"的第一例。这是一种关于时代和他本人的纪实性表述。如他所言，"到最后，当现实情形比文学更重要时，真正的作家就应该勇敢地将他本来只打算告诉他狭窄的朋友圈子的事情公开，大声地在广场上说出来。"

《神秘的笛子》有两层意思。其一是作者的感觉、精神与肉体的状况、他的无能为力与绝望。赫拉巴尔写道："博胡米尔·赫拉巴尔啊，你就这样战胜了自己，达到了'空无的顶峰'。""空无的顶峰"对赫拉巴尔来说，就是"喧嚣的孤独"的上层建筑，是通向不存在和死亡的道路起点。其二是赫拉巴尔作为亲眼目睹发生在瓦茨拉夫大街和老城广场事件的见证人，"我已经不再需要眼泪，我为此而悄声哭泣。神明们大概真的已经抛弃了这个世界。"赫拉巴尔从内心赞同这些事件的发生，赞同"善"定将在未来得好报的理念。该书被译成多种外国文字，开始了赫拉巴尔的晚年创作时期。

赫拉巴尔协会季刊《汉嘉压力机》杂志第一期于一九八九年三月三日发行，而《神秘的笛子》则以独立的副刊本形式附在里面。（赫拉巴尔协会终于在一九八九年十二月得到内务与生活环境部批准。）

让我们再回到一九八八年夏天，美国斯坦福大学的女大学生、斯拉夫学者阿·捷芙朵娃来到了布拉格。马利斯科曾在金虎酒家为她改名为杜本卡。她前来的目的就是邀请赫翁去美国各大学作文学巡回讲学。一九八九年三月，赫拉巴尔在苏姗娜·罗托娃（赫拉巴尔作品的翻译家）的陪同下，终于完成了从华盛顿到旧金山的满是座谈、会见、访问的大学巡回讲学。回到布拉格之后，诞生了一本关于这次旅美印象的《致杜本卡》。

赫拉巴尔访美期间，捷克文学基金会为他"对捷克文学发展的独特贡献"而授予他维杰斯拉夫·涅兹瓦尔文学奖。青年阵线出版

在美国巡回讲学。摄于 1989 年。

社也在他七十五岁寿辰，以十四万册的巨大印数出版了他的短篇小说集《你想看到金色的布拉格吗》

一九八九年五月六日，政府又授予他"功勋艺术家"称号。政府当局先是企图压制他发声，后是摧残他的文稿和书籍，坚持对他进行监视，而如今却采用了另一种策略——将他捧上"功勋"之位，这种超越当时对他的实实在在的承认和抬举，还不如说是一种报复。

一九八九年五月二十五日，根据《我曾侍候过英国国王》改编的话剧在布拉格话剧俱乐部首演。此后不久，便出版了这部作品与《严密监视的列车》、《中级舞蹈班》合在一起的《三部中篇小说》，印数达十九万册之多。一九八九年六月至九月，在布拉格的国家文物馆举办了"赫拉巴尔七十五寿辰展览"。与展览同时，该馆和捷克藏书家协会合作重印了《人们的谈话》。

就在一九八九这一年，赫拉巴尔写了《公开的自杀》，其中除了其他作品之外，还有反映一九六八年八月二十一日外国军队入侵纪念日的作品。文章常以称呼一声"亲爱的杜本卡"的书信形式开头。

为什么这样？赫拉巴尔解释说："我选用了书信形式,也就是给杜本卡写信的形式,其实是写给你们——'布拉格想象'出版社的读者看的。所谓给杜本卡的信其实纯属虚构,这是对死亡的防卫,的确有点儿类似歌德的'暮年的爱情',这是为了让我别像一大批达到了顶峰,获得了'空零'便自杀的人那样死去……到最后,我唯一抵御恐惧的就是我的文学。"于是,从一九八九年十月起至十二月,几乎是有规律地接连写出这些"致杜本卡"的信,如《几句话》、《赛马场上的三匹马》、《灵猥的故事》、《小白马》、《有生命的链条》、《袭击》等,按时间排列先后次序的这些作品,于一九九〇年四月成书,标题为《十一月的狂风》,由《创造》杂志出版。这是赫拉巴尔第一次未受社长评审介入而出版的书。出版过程仅用了一个月时间。

这期间,社会突变带来了彻底开放的出版。不仅是奥德昂出版社出版了赫拉巴尔早已盼望出版的《过于喧嚣的孤独》,搁置了二十年的《线上云雀》电影首映式也于一九九〇年一月举行,并在柏林电影节获得金奖。捷克国内终于出版了赫拉巴尔在抽屉里搁置了多年的作品,一九九〇年一年内竟达五本之多,并且都由合法出版社公开出版。世界又走到了四处都是赫拉巴尔作品的另一个极端。

然而,赫拉巴尔仍在月复一月地撰写新的稿件和书信。他说："现在我可以享受一下'一挥而就'的写作奢华了,像酒徒们喝酒一样,像旅途中片刻即逝的艳遇一样。我写作的愿望很强,速度异常之快,因为我除了写作之外还得赶着去酒馆找朋友。"

七十六岁高龄的赫拉巴尔写出的那些"致杜本卡"的信究竟包括些什么内容呢？赫拉巴尔自己将这些晚年之作称为"文学报道",有的类似"小品",的的确确是一些"信",是"一挥而就"的有关作者本人的一些信息,还有大量的引语。他自己表示,"我也忘记是从哪儿引的,是谁讲过的话。"至于这还算不算文学,只能由翻译和出版了这些"信"的地方的读者自己去判定了。

第一部分

在巴黎。摄于 1986 年。

　　赫拉巴尔自己评价自己这段时间的创作说："你这头笨牛，你只管为自己感到骄傲吧！你的《致杜本卡》已在巴黎得奖啦！"赫拉巴尔不仅在他七十六岁寿辰那天得奖，一个月后，他的《我曾侍候过英国国王》又在布拉格获得共和国国家奖。五月访英。九月底在意大利获奖。

　　晚年，赫拉巴尔总是一将稿子写完，卡德莱茨就复印出版四十册，实际上在收到稿子的第二天便成书面世。这已成了一种固定的宗教仪典。往往是当赫拉巴尔在金虎酒家或别的酒家与朋友们喝到第二或第三杯啤酒时，他就几乎是窘困而毫无把握地从他的背包里将手稿掏出来交给卡德莱茨，让桌上的两三个人浏览一遍。然后，大家接着喝啤酒，海阔天空地聊天。赫拉巴尔却瞟着我们这些已经读过稿子的人，暗自担心害怕着。有一次，他对我说："主要是担心，不知这是否有什么阅读意义。"当然，要是卡德莱茨或是我们中间的某一个对稿子表示有所怀疑，他恐怕会将稿子塞回背包，从此任何人任何时候再也无法读到它、看到它，其下场是丢进废纸篓。这绝不是什么受到触犯的虚荣心作怪，而纯粹是出于作家赫拉巴尔的自我审查和对自己作品的价值和意义所持有的怀疑态度。

在此期间,赫拉巴尔的生活是极其简单的、有规律的。每天早上十点,他坐公交车到克斯科去探望他那群跟他自己一样胆怯的猫们。下午两点,在离开克斯科之前,坐到打字机那里打出整篇稿子。他说:"稿子的内容我其实在公交车上就想好了。"当卡德莱茨在第二、第三天用"布拉格想象"出版社名义将赫拉巴尔的稿子复印成册,放在全桌的酒友面前,那就算开始了下一场宗教仪式:赫拉巴尔这位"胆怯的英雄"先是对印出的册子封面随便瞅上一眼,仿佛没怎么看清,或是没怎么在乎,只是这么随便瞟一下而已,然后嘟囔一句什么,叹一口气,挥一下手,将印刷品放进背包里。酒馆里的谈话在缭绕的烟雾中继续着,大家继续喝着啤酒。过了片刻就看到,赫拉巴尔悄悄地从背包里掏出那些册子,粗略地翻阅一下书页,重又放下,仿佛为字词的内容及真正的意义而感到担心害怕。"我真的在哪儿写了这个?"说罢,还真那么取笑了某些复合句的表达。个别时候,甚至拿上一支铅笔这儿那儿改动某个字词或名字……然后,就高高兴兴地将它们分送给酒馆里在座的朋友们,包括新进酒馆或在车上偶然碰到的人。

赫拉巴尔的晚年,他的书籍接连出版,他在国内外连连得奖。重要的是"布拉格想象"出版社由米兰·杨科维支、杨·罗巴特卡、米·切尔文卡及瓦·卡德莱茨组成的编辑委员会从一九九一至一九九七年出版了赫拉巴尔的十九卷文集。

赫拉巴尔却说:"我发现,实际上我已在慢慢地逝去。我写作的理由也离我而去,连朋友们也劝我将打字机扔进河里,让我别再写信给杜本卡了。我已经知道,我的写作已经到了浅水滩上。"

可是写作的理由并未消失。赫拉巴尔继续写些短文,仍旧是每篇相隔一个月。

一九九三年一月二十五日,赫拉巴尔在总统哈维尔也出席的布拉格实业银行里,接受为《婚宴》等三部曲而授予的赛弗尔特奖时,在许多文化、政治、财团大人物的祝酒过程中,赫拉巴尔却开着玩笑对奥地利外交家卡瑞尔·史瓦曾伯格说:"你们帝国的那位大婶在干什么?她是不是生我的气?因为我在《严密监视的列车》中写到她,说是调度员胡皮切克做了一个梦,梦见自己变成了一辆小推车,伯爵夫人就握着车把,推着它一起进了仓库。""没有的事啦!恰恰相反,赫拉巴尔先生,她那次的确还感到非常的得意呢!"史瓦曾伯格如此回答,但紧接着,他便埋怨捷克如今的偷盗如何地猖獗,等等。赫拉巴尔对此远比对艺术家们的祝贺、问候感兴趣得多,连说:"谢谢你们,谢谢!现在请你们散去,走回你们的小屋去享受清静、安宁吧!"之后,他就立即回到我们在等着他的乌·辛古酒家。

在美国总统克林顿访问布拉格(1994年于金虎酒家)之前之后,赫拉巴尔写了两篇文章,在《红色权利报》上引起了读者非常负面的反应、批评。对此,赫拉巴尔在第三篇名曰《女人的私密处》的文章中作了回答①。此后,便搁笔近十个月之久。他往放在

① 美国总统克林顿带着"和平友好合作"的使命走访包括捷克在内的欧洲数国时,赫拉巴尔于1994年1月先发表了两篇文章。一为《"和平友好合作"或是"等待戈多"》,题目本身就暗示"和平友好合作"的口号犹如等待实际上并不存在的戈多,是一句眼下实现不了的空话。文中还说,在他常去的金虎酒家,将有一位名叫约林卡的女常客,会像往常与大家一起寻开心那样,以袒露奶头来对克林顿表示欢迎。另一篇文章题为《微笑的阿波罗和〈正中午〉》,则将克林顿比作总是面带微笑的希腊神话中的战神阿波罗和美国电影《正中午》中的演员库珀。文章发表后,许多人纷纷责备赫拉巴尔的文章极不得体,激愤之情不可一世。赫拉巴尔则写了第三篇文章,题为《女人的私密处》,幽默而嘲讽地反驳了这一谴责浪潮。文章大意是:清晨女人在私密间清洗下身本是无可非议的好习惯,可作为拥有大教育家考门斯基及捷克第一任总统马萨里克民族中的一员,他对自己的"越轨之词"表示歉意。而在文章结尾时却说,他的猫咪们大部分时间都在跷着腿,露着肚皮、奶头,用舌头清洁下身,舐着它们的私密处。

捷克总统哈维尔及美国总统克林顿到金虎酒家拜见赫拉巴尔。摄于 1994 年。

克斯科的打字机上象征意义地盖了一块毛巾，大概并不意味着他要彻底搁笔吧？尽管他挥了一下手说："写作的理由与需要已经离我而去。"

可有趣的是，赫拉巴尔对另一类活动倾注了更大的兴趣，这既使他自己高兴，也以一定的形式安抚了我们。他自得其乐地剪辑有关他生活的照片以及各报刊对他在海外出版书籍的评论。这些都是碧朴莎于二十世纪六十年代在废纸回收站上班时带回家来的。赫拉巴尔以拼贴图片代替了他的写作。表面看去这些拼图似乎是东拼西凑互不搭界。几个月后，便产生了好几本这样的照片、文章拼贴的册子。

他的这种图书册在二十世纪六十年代上半叶就已出现过。他说："我如今就以此来消遣。我还能怎么办呢？让我桌边酒友们从各个角度来分享吧。那里面有关于我生活的信息，也有一点点艺术和其他别的什么……"赫拉巴尔从背包里掏出图册时笑眯眯地说，"我有什么办法？"赫拉巴尔的老朋友科拉什在巴黎同样也是这样

与法国总统密特朗在布拉格会晤。摄于1993年。

创作的。为抵御死亡，他每天都在创作这种工艺美术品，他像赫拉巴尔一样这么说："我有什么办法？可我担心有一天我将死去，站在天国门口时，他们会对我说，'科拉什，你可以继续过下去，但要等到你重新将这些剪下来的东西再贴回到一块儿去的时候。'"赫拉巴尔则这么评述说："哝，艺术重又吃掉自己的孩子。"

为祝贺赫拉巴尔八十大寿（一九九四年三月二十八日），我为赫翁编辑了一本标题为《文稿1993年1月—1994年1月》的小书，就像"布拉格想象"出版社为他出的将手稿汇编成小册子的那种本子，其中包括了至今算是他的最后一篇正式文稿《女人的私密处》。我未作任何语言方面的编辑修改，只是补充了从报刊剪下来的评介文章及赫拉巴尔在写作这些文稿时的照片。一切交给了我的朋友、印刷工人雅·霍莱姆操办。连我自己最初也没想到，将这些订到一起的册子也能算作一本独立的书。每年我都为自己订上这么一册，将他的一些照片或图片和报纸上的评论贴上去，将这本赫拉巴尔的"原汁原味"的手工剪贴装订的册子拿去给赫拉巴尔签个名。赫拉巴尔非常喜欢这种手工制作的原作本，不时从我这儿借走，拿

到别处去给其他人看。

一九九四年一月十一日，我将这本手工本拿到金虎酒家去，赫拉巴尔又亲笔签名表示赠送。因为当时美国总统克林顿也坐在酒馆里，我们也让他在上面签了个名。几天之后，赫拉巴尔开始劝我说，是不是可以共同正式出版这种版本的书，像卡德莱茨所做的那样。我有点犹豫，不想瞎搅和卡德莱茨的赫拉巴尔出版事业。到最后，他还是将这些文稿(实际上是从一九九二年的文稿开始)交给了我，让我"看一眼"，说要是还行的话，那就出版。用的是"布拉格想象"出版社的书号。我也高兴地与戴维·波赫皮尼一块儿去办，第二天就办成了。我们只是跟赫拉巴尔一块儿想出了一个简单的书名，叫《文稿》，我们还一道去了实业银行，让赫拉巴尔在金虎酒家的酒桌下塞了些钱给出版部门和印刷工小伙子们买啤酒喝。一个月后，《文稿》正式问世了。不到一个礼拜，赫拉巴尔就分送掉了很大一部分。当一本书也没剩下时，赫拉巴尔称赞说："就该这样！"如今《文稿》成为一种收藏珍品。

出乎意料地，在时隔十个月之后的一九九四年十一月二十八日，赫拉巴尔又给了我一篇名叫《魔力》的稿子，同时胆怯地说："您看呢? 还行吗?"两天之后，稿子便用"布拉格想象"出版社的名义出版了。这是一篇关于可爱的猫咪卡西奥的悲伤的故事，是赫翁老年忧伤的自白。"怀里没有卡西奥，对我来说不仅没有了真正意义的克斯科，而且也失去了我活着的意义。"

卡德莱茨与赫拉巴尔的其他朋友都一致确认，赫拉巴尔直到晚年，记忆力仍旧好得出奇。这种记忆，我们不仅从他书中对久远事件细节的描述中可以看出，在酒馆的谈话中也可看出，而且首先从他在生命终结前对文稿的加工与出版中可以看出。赫拉巴尔在克斯科写的文稿的的确确是"一挥而就"，通常是在他将要乘车返回布拉格的那一片刻写成的。当然，难免有很多打字错误，有些字甚至打在稿纸之外的打字机滚筒上，而文稿中根本就没有这些字母。打字时，他根本不看字行，甚至对打出的稿子也不看一遍。他只是将脑子里所想的誊抄下来，然后将那几张 A4 纸的稿子放进图片册里，或者只是随随便便塞进背包里，到酒馆里再将它们掏出来。所有他最后的那些稿子都是这样来的。现在这篇《魔力》的情况也是如此。"您看怎么样？还行吗？"赫拉巴尔胆怯地问道，紧张地看着我阅读它，还对前来找我干点儿什么的人吼道，"现在别来打搅，你这笨蛋！"只要你说上一句"可以"，他就不再谈起这事了。第二天早上九点便响起了电话，"喂，是您吗？"赫拉巴尔在准备乘公交车从家里去克斯科之前打来的，"喂，您下午到金虎酒家去吗？我会去，要是我还死不了的话。您会来，是吗？喂，请把第二页倒数第三行的第二句删了去！只留下'他坐在炉灶旁'这一句。那就下午见，好吧？"很准确，就是赫拉巴尔所说的第二页倒数第三行。这篇稿子赫拉巴尔在写作中和写作之后百分之百没再看过。这种记忆力真可谓绝对罕见。卡德莱茨也是以类似的方法编辑赫拉巴尔的稿子的。他遇到过同样情况，有着同样的经验。

一九九五年三月七日，我去了克斯科，赫拉巴尔将他的又一篇稿子(真正是最后的一篇文字)交给了我。这篇稿子摊在他写字台上一大堆空白纸中间，赫拉巴尔起初对这篇稿子明显地有些怀疑。这篇《不清晰的录像》是在我看过后，表示对它感兴趣时他才写完的，还不大在乎地对我说："喏，您既然认为还行，那就拿走吧！"此后，他就真的再也没写什么了。

赫拉巴尔在二十世纪八十年代中就曾经写过这样的话，"我想，在我一生中只有通过写作，才多次达到与伤感的先验论同一。当时我开始写作只是为了学会写……可如今我才全身心地理解了老子教给我的话'知不知为上'的道理。现在，我通过写作已达到了'空零'的顶峰。"一九九五年五月，为表彰赫拉巴尔对文学的终身贡献，在意大利都灵授予他格林扎·加富尔奖。

一九九五年春，我们还在克斯科赫拉巴尔小屋外廊角落的废纸篓中，找到了《克斯科与宁城的历史与诗意的导游指南》的散页，这是赫拉巴尔在二十世纪七十年代上半叶为《园林通讯》杂志"我们的克斯科"而写的。当年三月，这本导游指南第一次成书出版。

应马德里图书馆的邀请，赫拉巴尔于一九九五年十一月初飞往西班牙访问。在公众的热烈拥戴下，开始了关于伟大的世界当代作家的一系列讲座。第二天，在巴塞罗那参观了出版他作品的德斯丁诺出版社并接受奖章。

一九九六年五月，在意大利帕多瓦最古老的一座大学，赫拉巴尔接受了荣誉博士称号。在意大利几乎有十来位翻译家为四个出版社翻译赫拉巴尔的作品。

一九九六年七月，由维也纳市政府举办的赫拉巴尔作品座谈会，也引起了很大的反响。

一九一四年出生在奥匈帝国时期的赫拉巴尔，近六十年的创作，汇集在数千页的十九卷文集中。从他二十世纪三十年代中叶的诗歌开始，到一九九五年最后一篇文稿为止，赫拉巴尔在酒馆里只用这样几句话自我评述说："首先我已完全记不得我写过这样的东西。然后我从这里发现了一些语义上的混乱。我曾写过的时代与我最后写作的时代相比，如今不只是时代变了，而且这些字词也有了不同的意思……我只能对其微笑处之。可与此同时，我也受到惊吓。"捷克文学的叛逆者赫拉巴尔往自己的一包书上一捶，结束了他的讲话，"然而——这就是大学。大概我没有白活吧？"

一九九六年十一月十四日，赫拉巴尔在柏林城郊遍地落叶的万湖湖畔那次座谈会上，实际上不仅与重病在身的罗托娃女士，而且也可能悄悄地与自己的读者最后道别。

一九九七年二月，"踮着脚尖，悄悄地响起了马勒第十交响乐的尾声……"赫拉巴尔文学的一生结束了。

可能在这一章的结尾中还暗藏着一个问题：赫拉巴尔的文学

究竟是什么？可不可以说它是世界性的呢？为什么国内的读者反复读他的书？为什么它们在我们这里和在国外一再出版？

关于这个问题，赫拉巴尔早于一九八一年就对记者作了答复："我将有趣的读物提高到了边缘状况，从而将读者拉到貌似无关紧要的游戏之中，实际则是富有些许哲理的超出文稿之外的含义之中。"

青年阵线出版社多年来为赫拉巴尔的书籍当编辑的伊莱娜·希特科娃在一九九九年对我说："赫拉巴尔在国内外的成就，首先是他的独创性和阅读起来通俗易懂。这恰恰是大多数作者存在的问题——既要有独创性，又不能损坏对读者来说的通俗易懂。而赫拉巴尔是二者兼备，这是他可贵的法宝。"

赫拉巴尔还说过："我总有这么个印象，普通老百姓有着鲜明强烈得多的生活，而知识分子总爱高高在上。可对我来说，恰恰相反的是，那些处在社会阶梯几乎最低层的人却是顶峰。他们对我谈到的人生往往比一些知识分子要丰富得多。知识分子通常只是知道而已，而一个普通的人却有着深刻的常识体验。这种经历就是我创作的起航。"

作为赫拉巴尔的读者和朋友的米西克说："赫拉巴尔就是意大利的费里尼①。你若对意大利人说起费里尼，他就会立即讲话结巴起来，因为费里尼在他们面前摆了一面镜子。每个意大利人都很自负，因为他想成为一位帅哥美女，而费里尼却在这面镜子里向他们指出，他们只是一般的男孩女孩，就连他们的生活也是平凡的。意大利人只注意生活中那些美好的事情，而那位费里尼却为他们摆了一面反映真实状况的镜子，就像赫拉巴尔在我们这里一样。"

让我们仍旧以赫拉巴尔的话作为这一章节的结尾吧。"好的文

---

① 费里尼(Federico Fellini 1920—   )，意大利著名导演，他的多部电影先后获得奥斯卡金像奖在内的国际电影节奖。

学逼着你中断阅读出去走走,好的文学使你彻夜不眠,好的文学为你指出未来的方向,让你在临终时苏醒过来,给你装上一双善于瞟视的眼睛,以瞥见文章内外所有的一切……"

这就是赫拉巴尔的文学。

第 二 部 分

从书中刮出来的风

在二十岁的赫拉巴尔"抓住从世界文学和哲学书籍中刮出来的风"之前,他长年生活在无风的世界之中。

六岁的博冈涅克[1]有生以来的第一本小书就是识字课本。他自己确认,真的很特别地研读过它。他学会一页就将它撕下来扔掉,"这样一本新的识字课本,我是在米古拉什日[2]得到的。第二本是过圣诞节那天得到的。第三本是我在三月过生日的那天得到的。"[3]

当博冈涅克已经学会阅读时,妈妈给了他有生以来第一本"真正的"书《小混混长大了》。这是一本有彩色插图的厚书,讲述一个男孩子总爱穿得破破烂烂,什么东西一到他身上就弄得脏兮兮的,不是扯断了就是撕破了,成天生活在一群野孩子中间。一段时间,还有人将他搁在马戏团展览,可到最后就像通常的那样,小混混伊万变成了一个有教养的乖孩子,又回到父母身边,再也不让他们操心。赫拉巴尔理所当然立刻迷上了那个小混混,当然不是书籍结尾的那个乖孩子,而是那个不洗不梳的小顽童。小博胡米尔喜欢这本书,尽管别人谁也没翻过这本书,只他一个人在读它,可也被他翻了个稀巴烂,还将它一直保存至今。连赫拉巴尔的妻子碧朴莎也证实说,这个小学生小混混真的很像他这位四十多岁的"小学生",她从这作品中也看到了赫拉巴尔童年的写照。她觉得,这本书真

---

① 是由"博胡米尔"到"博冈",再到"博冈涅克"演变而来的爱称。

② 米古拉什为圣人。每逢 12 月 6 日,有人化装成米古拉什老人给人们发送礼物,这一天称为米古拉什日。

③ 摘自《我只回忆那些阳光的日子》(1998 年宁城私人出版)。

赫拉巴尔和外祖母在布尔诺。摄于 1916 年。

是找对了地方,找到了它的读者,为小博胡米尔树立了一个生活的典范。

赫拉巴尔在稍后一些时候得到的令他着迷的第二本书,就是《圣经故事》。故事从亚当夏娃一直到耶稣诞生,所罗门改名为保罗,赫拉巴尔将圣经故事背得滚瓜烂熟。他在学校里讲述这些故事,不仅让宗教课老师,而且几乎让邻近女子学校的成年女生们为之叹服。

让赫拉巴尔从童年时代起就确立和奠定了他的世界观的第三本书,是索科尔·杜曼的《捷克磨坊的故事》,据说这本书的内容简直让他惊讶不已。

"当我上五年级的时候,"赫拉巴尔写道,"得到一本名叫《不被

赫拉巴尔的第一本课外读物《小混混长大了》。作家一直将它保存到自己离开人世。

理解》的书，这是一位名叫弗洛伦斯·蒙哥马莉的女作家写的。是一本非常可怕的书，而且根本就不适合孩子看，因为那书中主人公海姆弗利总也不被人理解，连在家里也是这样。我从来没把这本书读完过，我总是越看越悲伤。"

上面提到小博胡涅克从他妈妈那里得到的这几本书，是特别有代表性的，有教育意义的典范。几年之后，大概在赫拉巴尔十五、十八岁的时候，他便被侦探小说、牛仔小说以及描写绿林大盗之类的读物弄得神魂颠倒，直到一九三五年，他开始进法学院学习时，才终止了这种无知的举动，继而爱上了意大利诗人翁加雷蒂，并在他的影响下也尝试着写诗，但主要是开始阅读多得不可置信的书籍，特别是有关造型艺术、哲学方面的论著及世界文学作品。

一九四一年，赫拉巴尔二十七岁的时候，根据他的好友马利斯

赫拉巴尔站在门前哭泣，他以为照相机是在对准自己射击。摄于 1917 年。

20 世纪 20 年代初，赫拉巴尔兄弟和父母。

科的说法，"他已经作为一位哲学和造型艺术的专家而知名了。不，我不想在这里列举出一张他已反复研读过的必读与选读读物的单子。他已读了希腊历史和罗马哲学，乃至有关印度与中国的书籍，寻找它们的相互关系、辩证发展，同时将它们对世界以及对人对上帝的理解、解释与认知作一个对照，进而继续他对古代神学、经院哲学直至文艺复兴哲学的研究，从笛卡儿①、霍布斯②、斯宾诺莎③到莱布尼兹④。他也深深地迷上了康德、叔本华、黑格尔的哲学，并读过他们的原著，然后经费尔巴哈一直到马克思，还研读了实证主义、战后存在主义，这一切都是他在一九三五至一九四五年间所经历的阅读。

"我们不能忘记造型艺术这一项。所有在近五千年来所雕刻的、所绘画的乃至建造的，这一切就像装在一个什么控制器里似的都装在他的脑子里。欧洲许多艺术史、自由流派的全年杂志合订本，立体主义的、传统的以及超现实主义的、抽象派的复制品，不仅装满了他书房的书架，而且也装满了他长满银发的脑袋。他不仅能窥见画在画面上的，而且能看到那画面背后的。

"赫拉巴尔的书房里，有大量捷克与俄罗斯经典作家的作品。

---

① 笛卡儿(René Descartes 1596—1650)，法国数学家、哲学家，将哲学从经院哲学的束缚中解放出来的第一人。

② 霍布斯(Hobbes Thomas 1588—1679)，英国伟大的政治哲学家。

③ 斯宾诺莎(Baruch Spinoza. 1632—1677)，出生在荷兰的一个犹太人家里，唯理性主义者，哲学史上最完善的形而上学体系创建人之一，著名作品是《伦理学》，他最引人注意的是对笛卡儿哲学难解之处所作通俗易懂的解答。

④ 莱布尼兹(Lebniz. Guttfried Wilhelm 1646—1716)，德国自然科学家、数学家、哲学家，他广博的才学影响到诸如逻辑、光学、力学、地质学、法学、历史学、语言学等广泛领域。

我知道，陀思妥耶夫斯基同他那些'恶魔'，在二十世纪那富有感染力和预示意义的、启示性质的远见，对他影响极深。诗人中则有叶赛宁（赫拉巴尔临终前几天还在医院里朗诵过他的诗句——马扎尔按）。赫拉巴尔若不是这样深究文学，恐怕也就不至于在研究哲学与造型艺术时如此痴迷地去探求其本质了。我在这里至少还要举几部捷克作者的理论著作：什克洛夫斯基的《散文理论》，穆卡肖夫斯基的《捷克诗歌章节》，台格的《微笑的世界》、《芳香的世界》、《建筑诗歌》，格茨的《世纪的面貌》，涅兹瓦尔的《当代诗歌流派》以及法国诗人勃勒东的《连通器》、《什么是超现实主义》、《娜佳》和其他许多作品①。"马利斯科的赞叹之言先介绍到这里。我们尚且不提哲学家拉·克里曼的《公爵斯特仑霍的苦难》及哲学信件，我们也不再罗列赫翁所敬重的雅·哈谢克、卡·雅·艾尔本和鲍·聂姆佐娃的作品，以及恰佩克的和法国新时期的诗歌逸集，阿波里奈尔、波德莱尔、魏尔兰、兰波，以及七星派②的诗人和他们的作品。

赫拉巴尔一直很喜欢拉伯雷的《巨人传》，他能背诵书中的某些段落。他说："拉伯雷的这本文艺复兴的圣经，是我的第一大学。"

塞利纳对赫拉巴尔的影响也非常大。"他以很少有人擅长的那一套使我惊愕。他什么也不用却把人物刻画得像个天使、精灵。塞利纳善于观察事物，并把它写成实在的而不是想象的模样。"二十世纪九十年代中叶，我们常常乐意在酒馆里演绎讲述扎奥拉科娃翻译成捷文的《缓期死亡》的部分章节，赫拉巴尔记得一字不差。

我们还得再提一下赫拉巴尔反复阅读、对他有影响的几位作家。

从二十世纪三十年代起，赫拉巴尔就读了乔伊斯。一九九〇年，赫拉巴尔在苏格兰的一次谈话中提到："我今天还在读乔伊斯。必须把他当做一个整体来看待，阅读乔伊斯是毕生的任务。"从乔伊斯便

---

① 摘自马利斯科所著《博胡米尔·赫拉巴尔的世界》一文（1995年）。

② 16世纪法国的一个诗人团体。

会合乎逻辑地引出一条通向艾略特的道路。赫拉巴尔认为："艾略特的《荒原》是带有乔伊斯《尤利西斯》的内在烙印的。"在祝贺奥迪欧出版社出版五百套世界文学作品而发的贺电上,赫拉巴尔说:"我和我朋友们的诗歌都打上了艾略特《荒原》的印记。在《荒原》之外,已经没法走下去,已经没有任何通向别处的道路了。在它的末梢,或许可能有种什么新东西。"艾略特的《荒原》在赫拉巴尔的随身背囊里有着它永久的位置。一九五〇年,赫拉巴尔搬到布拉格利本尼区,一年之后,认识了博迪,他们每天必读的课本是《道德经》,艾戈·博迪那时只有一个从俄文翻过来的译本,赫拉巴尔的译本更老,可也许质量更好,一九二〇年由鲁道夫·德沃夏克所译。《道德经》伴随着赫拉巴尔一直到他生命的最后几天。博迪(直到今天,我在写这篇稿子时)还一再与其他世界各国的汉学家耐心地寻觅着《道德经》更准确的解释、意义与翻译。

据说赫拉巴尔第一次阅读(德文本)前苏联作家巴别尔的作品时,便被它镇住了。他将巴别尔的《红色骑兵军》视为难以达到的写作技巧高超的典范之作。他说:"阅读巴别尔,始终会让你惊喜若狂,他仅以短短五行文字就能刻画出让你摸得着的风景与环境,这才真叫艺术呢!"他还说,"巴别尔的《红色骑兵军》瞬间便将人的赞颂与其贫困混合在一起。《红色骑兵军》对我来说,是人的灵魂所能展现出至高无上的顶点。我从来都是最多只读上其中一个短篇,便将书合上聆听我的心在怎样地跳动,我的才智在如何地奔放。"①赫拉巴尔在别的时候还说过:"要是由我来思考分析巴别尔的短篇小说《基大利》②和卡夫卡的《审判》,我只能把我的打字机扔进伏尔塔

----

① 摘自《赫拉巴尔文集》第 18 卷中的《论苏联文学》。

② 为犹太人,由巴比伦国王在尼布尼撒任命为省长,他支持先知阿利米,被过去犹太国王的族人窦玛利所害,后来犹太教立了一个"基大利斋日",悼念基大利被杀。

LAO-TSIOVA KANONICKÁ KNIHA
O TAU A CTNOSTI
(TAO-TEK-KING)

Z ČÍNŠTINY PŘELOŽIL
Dr RUDOLF DVOŘÁK·
PROFESOR ČESKÉ UNIVERSITY V PRAZE·

赫拉巴尔一生爱读的《道德经》，此为 1920 年在克拉德诺出版的捷文版。

瓦河里,干脆养兔子去算了。我之所以没这么做,大概只是因为两次我脑子都不怎么正常。"①

赫拉巴尔认为舒尔茨的《肉桂铺》是一本跨越了符号学信函的作品,它包罗万象:现实、幻想、智慧、象征、艳情、幽默……

到二十世纪六十年代,赫拉巴尔接触了解到爵士文学。他在《手帕结》中谈道:"这样一位凯鲁亚克②或者金斯堡③,肯定孕育了我那个年代的这一代。我就为凯鲁亚克而倾倒,我压根儿被所有与他连在一起的这一帮人、总而言之那些印度教派的流浪汉所迷住。凯鲁亚克的一篇名叫《寻火者》的短篇小说,是无与伦比的,是世界上最美的短篇小说之一,美得让人要屏住呼吸。"

二十世纪六十年代,赫拉巴尔还得到一部法国文学评论家罗兰·巴特的作品《零度》,赫拉巴尔直到生命最后十年,都在从中汲取经验。

至于任何人在每一本教科书中都可读到的近代世界文学作品,那更是不胜枚举,在此不再一一赘述。一九九二年十月二十五日,赫拉巴尔在接受赛弗尔特奖时说:"很久以前,我曾在我的一本《博·赫拉巴尔引言》一书的前言中谈道,'五角星影响着我的作品,

---

① 摘自《赫拉巴尔文集》第 10 卷中的《价值与时间》一文。

② 凯鲁亚克(Jack Kerouac 1922—1969),美国诗人、小说家,"垮掉的一代"运动的领袖和发言人,他打破小说的陈规陋习,提倡自发的、一挥而就的写法,其作品有《在路上》(1957 年)、《达摩流浪汉》(1958 年)、《地下之人》(1958 年)、《斯克斯医生》(1959 年)、《寂寞的旅客》(1962 年)、《孤独的天使》(1965 年)。

③ 金斯堡(Ginsberg Allen 1926—),美国诗人,他的《嚎叫》(1956 年)是"垮掉的一代"的重要作品,它充满狂言和预言,描写同性恋、吸毒、佛教等,表达了美国在二战后追求物质和麻木不仁现象,当这一运动完结后,他成为年轻一代反叛艺术的鼻祖。

它的五个尖角对我来说就是如此神圣的五个名字——卡夫卡、哈谢克、韦纳尔德、姆和拉·克里曼,这我在几年前就已表明过,今天我还要补充一位说,我的作品与生活的偶像是哈拉斯以及他的《何谓诗人》这本小书。"您若问,赫拉巴尔的书房里都包括了些什么?卡德莱茨是这样描绘赫翁在拉格索科尔尼塞的新住宅的,"厨房实际上没用过,桌布下面留了几张二十世纪八十年代中叶的版画,卧室像是一大堆书籍、报纸和信件的仓库,到处堆着落满灰尘的纸张,因为卧室已经堆满,客厅也就接着堆上一堆又一堆,到最后,连墙壁也被一大堆档案包围着。最让我吃惊的,事实是在整个住宅里,没有一本书是赫拉巴尔真正阅读过或是他有兴趣专门买来的,除了作家本人的出版书刊之外,全是朋友和文学爱好者们的赠书,乱七八糟地堆在地上,仿佛是他从饭店回来随手丢在那里的。所有他在乎的书,他都放在克斯科。"

　　赫拉巴尔在克斯科的藏书放在两个书柜和几个书架上,大体

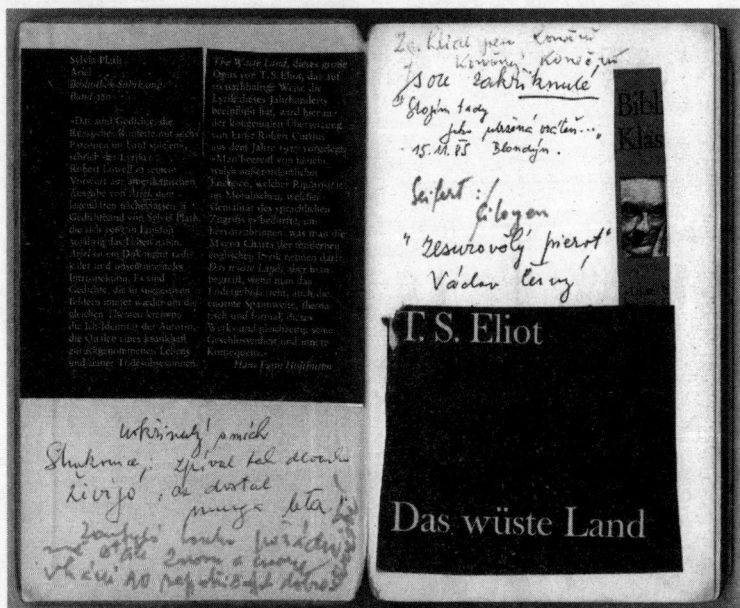

艾略特的《荒原》(1975 年出版)。

包括了赫拉巴尔还在废纸回收站劳动的那个时期置办的。有古旧的德文版本、图书目录、专题论文、少量他在青少年时期保存下来的书籍和研究文章,还有他随意反复翻阅过的乔伊斯、勃勒东、叔本华的书以及《近代哲学史》,不过这已是破旧不堪、页码颠倒的残品了。在小屋一楼的桌子上,大多摆放着安迪·沃霍尔的专题论文。赫拉巴尔爱将他自己的确感兴趣(被吸引的)的书送给朋友们,据说是为了不让自己太过于被奢侈所包围,当然是指的书啰。肯定首先是为了让他的朋友们在书中找到他所找到的教益与乐趣,然后让他和他们能在酒馆交谈个痛快,让朋友们也能擒住书中刮出的风。我自己也不止一次得到赫拉巴尔送的书。

他真正最在乎的书一直装在他的小背囊里直到生命终结。也就是两三本……那里总是有老子的《道德经》(1920 年)和艾略特的《荒原》(英、德两种文字,1975 年在苏赫冈普出版),有时也装着里尔克①的《马尔特手记》(1910 年),超现实主义的出版物——萨尔瓦多·达里画册《达到荒谬之境》,再加上赫拉巴尔文集中的某一集,为赠人之用。

关于赫拉巴尔的阅读世界就谈这么多。

---

① 里尔克(**R.M. Rilke. 1875—1926**),生于布拉格,死于瑞士瓦尔蒙。他对 20 世纪德语文学的贡献赢得了全世界的赞赏。他和乔伊斯、普鲁斯特、艾略特和卡夫卡同为现代文学的奠基人。

鼻头拴着绳子的熊

"我一直是扑克牌上那个手里摇着小铃铛，漫步在阳光下，咧着嘴傻笑的小鬼。"赫拉巴尔曾这般描绘自己在二十世纪三十年代的形象。那时他正当二十五岁上下，沉溺于他的初恋情人"缪斯"格奥古娜，与此同时，他也迷恋排球、足球，再喝上点儿啤酒，也就心满意足了。赫拉巴尔最亲近的朋友、诗人马利斯科将他比做扑克牌上的那只狗熊。那张牌上的十个铃铛下面画了一个领着狗熊跳舞的驯熊人，狗熊鼻子上安了一个环，环上拴了一根握在驯熊人手上的绳子。赫拉巴尔的恋爱也与此相仿，他所爱的人随意将环套在他的鼻子上。赫拉巴尔自己还补充了一句说："我真的像那头狗熊。周围的一切让我感动不已，乃至五体投地，完全被征服。"的确，他早期的小诗，二十世纪三十年代的文学尝试，都是脆弱、温柔和羞涩的。当他胆怯地将这些诗拿给人家看时，他往往羞得满脸通红。这正是折磨他的柏拉图式爱情，但也是他多愁善感、无尽地游荡于大自然中的一种折射。然而，他为这些诗歌，这些更像他的日记、情书以及对他自传的旁批眉注而感到害羞。"我也曾恋爱过。"许多年后，赫拉巴尔承认说，"可是都没结成婚，不过这些女孩在与我分手后都嫁得不错。"要跟赫拉巴尔在一起过日子，可不是一件简单的事。

后来，赫拉巴尔在谈到他的几次恋爱时说，这对他是一种精神上的创伤。他在《婚宴》中解释道："我属于那仍然懂得害羞的这一代人，到二十五岁时，我们还害羞，这大概是因为我没有与女孩同一个学校念过书的缘故……"这时期他害怕漂亮女孩，据说他一见到美丽姑娘，就会突然发起高烧来，还会因为这张漂亮的脸蛋睡不

"我一直是扑克牌上那个咧着嘴笑的小鬼。"摄于 1935 年。

着觉,老出汗……于是,跟这小姑娘只是沿着流过宁城的拉贝河畔一个劲儿地散步,同时向她详细介绍自己对人生的思考与设想以及自己的文学尝试。雅·克拉吉娃在《别样的传记》中说赫拉巴尔"与她们跳了无数个夜晚的舞,和他的这些恋人们散了几十也许几百公里的步"。

当时,赫拉巴尔这个二十二岁的大学生的初恋对象是一位名叫伊辛卡·索科洛娃的十六岁小姑娘,这姑娘在他书中的代号为"格奥吉娜"。她是宁城一家国营工厂工人的女儿。这段脆弱的爱情四年之后便彻底破灭了。赫拉巴尔被这位"美丽的格奥吉娜"彻底征服,变得心绪不宁,总觉得自己配不上她,他每天都眼里含着泪水给她写情书,真可谓丢魂失魄。每逢星期天,与她上集体散步场的日子,他一大清早就为这做着准备,想让自己显得更英俊些。他熨裤子、擦鞋油,连鞋后跟也擦得锃亮,随后往头发里抹油,穿着一身在布拉格定做的漂亮西服,配上一双鹿皮手套,戴上一顶在捷卡恩名店定做的最贵的礼帽,甚至连钞票也熨得平平整整,像刚印出来一样。正如他在《林中小屋》借他母亲的口气描绘的,"可他在穿好戴好打扮妥帖的同时,却又感到失望,他总想让自己变成另一副模样,成为他永远也成不了的那副模样,像年轻演员那样,像那些懂得交际、善于谈吐、举止文雅,连抽烟的姿势也很标致的美男子那样,这就是使我儿子精神崩溃和脸红的原因。他从来就不善言辞,张嘴就跑题,然后就悄悄溜到他的小房间里去自责一通,对着镜子骂,说自己最好是别活在这世上,就像他那时一直读着的那本《少年维特的烦恼》写的那样……就这样,我在家里供着这么两个大爷,一个是我丈夫弗朗茨,他在我面前也总是委靡不振,说我漂亮,他与我的美没法比,与他对我的爱无法协调起来,另一个是我儿子,跟我丈夫的心态一模一样。这两个大老爷们一见自己的爱人在他身旁,本应高兴的,但却反而六神无主,两个人都一样。只有当他们独自跟他们的爱人在一起时,那才真是特别高兴。通常他们容不得有人朝他们这些普普通通的妻子看一眼,更不用说让别的男人跟她们跳个舞、聊个天了,那他们就会想到自杀,或拼个你死我活。我这两位大爷都有些妒忌心,都够自私的!到头来,这初恋就成了麻烦、不幸,美丽的不幸!"

随后,当赫拉巴尔从市内集体散步场回来时,周身汗水湿透。尽管外面是寒冬,他总要脱下衣服,将头伸到水龙头底下去冲洗一通。赫拉巴尔与格奥吉娜交往了四年,不是为她,而是为他对她的爱情而感到害羞。在他们经历了并无具体内容的关系之后,伊辛卡·索科洛娃便一下狂热地爱上了另一个男人。这对赫拉巴尔来说简直意味着家里有了丧事,这一点儿也不为怪。赫拉巴尔在他的《婚宴》一书中评述这种情况说:"我从来就不是喜剧小丑哈乐根,我从来没有本事去勾引别人的女朋友,而总是让别人夺走我的大美人。我年轻的时候是个没有勇气去为自己的爱情与人搏斗的忧伤男子。因为我总是想到破灭、不幸与死亡。这是我作为一个男孩、

赫拉巴尔的初恋情人伊辛卡·索科洛娃，
即作品中的格奥吉娜。摄于 1936 年。

20 世纪 30 年代，啤酒厂的少爷。

一名少年的秉性。"此后好多年,他继续在她的影响下写着他的小文章。一九四九年,他写了一篇半自传体短篇小说《该隐》,写的是爱情的创伤与自杀,这篇作品的灵感之一就是他这次初恋。后来,他一直宣称格奥吉娜"是我的缪斯"。

爱情故事缠绕和渗透着赫拉巴尔的一生。继宁城的伊辛卡·索科洛娃之后,在二十世纪三十年代下半叶,即战争初期,他与一位名叫维克多丽雅·弗莱亚的姑娘曾经有过一晃即逝的短暂接触,说准确点,也就是几天的工夫。这种关系显然只是瞬息间的事情,不大为人所知,至今仍然被蒙着一层神秘的面纱。但多年之后,这位姑娘的名字出现在中篇小说《严密监视的列车》里绝不是偶然的。在书中(该书带有许多自传特点,尽管情节上有很大移位和添加),秘密女工维克多丽雅·弗莱亚帮助见习生米罗什·赫尔姆排除了性心理障碍,让他不再是一个童男子了。

而赫拉巴尔那个时期的"头号"恋人却是奥琳卡·米茨科娃。赫拉巴尔将她留着披肩卷曲长发的照片剪成椭圆形,又将自己的照片贴在她的照片背面,使他们的脸贴着脸,形成一个虚构的永久的长吻。赫拉巴尔对他当时的一张照片作过如此说明,"在保护国末期,博胡米尔·赫拉巴尔在科斯托曼拉迪①严密注视过列车,在宁城则严密注视过美丽的奥琳卡。"马利斯科先生断言,博胡米尔·赫拉巴尔就是扑克牌上那只鼻子上拴着绳子的狗熊,而奥琳卡·米茨科娃正是那位牵着套在他鼻子上绳索的驯兽师。

一九五〇年后,赫拉巴尔的爱情烈火曾为"美丽的犹太姑娘"布朗卡·克拉赛奥娃燃烧。在位于雅希莫瓦街与马依赛沙瓦街交界的齐涅尔兄弟服饰用品公司百货商店,赫拉巴尔第一次遇到她。布朗卡在那里当售货员(后来在斯米霍夫的百货公司卖玩具)。当时,赫拉巴尔租住在雅希莫瓦街 4 号。这是一种一见钟情的爱,一种隔

---

① 捷克一小镇,赫拉巴尔曾经在该镇的火车站当过调度员。

摄于1943年。

赫拉巴尔失恋后，将暗恋着的姑娘奥琳卡·米茨科娃摄于1943年的照片贴在袖珍小镜背面，随身带着。

一段时间就得以忘怀的爱。二十世纪五十年代开始，尽管赫拉巴尔已经学完了法律，却在克拉德诺钢铁厂参加劳动当临时工。时间一年一年地流逝，作品也越积越多，满满地塞在抽屉里，可却连一点儿出版的希望也没有。约瑟夫·克罗乌特沃尔[1]形容赫拉巴尔当时的处境说："在这时期，赫拉巴尔实际上等于零。无论在社会生存方面或是在文学上都无保障。"这日子怎么过？这一切还有什么意义呢？有过苦涩的捷克特雷津集中营生活经历的犹太姑娘布朗卡才十八岁，而赫拉巴尔却是已过三十五岁的人了，但他的生活仍然可能出现转折。从赫拉巴尔与布朗卡合影的一张照片上可以看到，布朗卡那张耷拉着乌发刘海的小姑娘脸蛋、丰满的胸脯，穿着纽扣一直扣到领口的节日装扮，赫拉巴尔也穿着斯大林禁令之前最后的流行时装，即赫拉巴尔在最后几次星期天去河边散步的那套服装。恋爱中的赫拉巴尔总是在下班后靠在查理大街克莱门丁墙面的邮

① 约瑟夫·克罗乌特沃尔(Josef Kroutvor 1942—)，捷克艺术史家、散文作家，生活在布拉格。

赫拉巴尔的恋人犹太姑娘布朗卡·克拉赛奥娃。摄于 1950 年。

箱上等着布朗卡。他眼睛朝上盯着布朗卡的住处——百合街 20 号拐角楼的窗户,脑子里翻腾着他热恋着布朗卡的那些诗句。一九五〇年底,这些"十四行诗"便放进了他的自制单本诗集《彩色印刷》里。后来,有人将新找到的赫拉巴尔给布朗卡的情书,更确切地说,是写在一张摊开的专用地图背面的、一种类似自白书的爱情表白,也添了进去。

但他们的关系却笼罩着阴影,爱情没成功,布朗卡断掉了这个关系,使赫拉巴尔掉进无望与空虚的深渊。如今连爱情也不复存在了,还剩下什么呢?

"只剩下食物、衣裳、干活,还有接二连三的哈欠。除此之外,在上床睡觉之前,还能干些什么? "[1]

有一回,布朗卡邀请赫拉巴尔去参加她的第一次化装舞会,因为舞会将在一个月后才举行,赫拉巴尔连忙到焦街一所私人办的学校去上了十五小时的一期现代舞班,好让自己能在卢彩纳举行的舞会上对布朗卡露一手。在化装舞会急速旋转着的人群中,在音乐、灯光和一对对舞伴穿梭的海洋中,穿着粉红色长衣裙的布朗卡出现了,满脸皱纹的老姑娘将她交给了赫拉巴尔说:"想必您与她能彼此加深了解。这是我的心肝宝贝儿,知道吗? "据说正当诗人赫拉巴尔还无法相信这份美好的幸福时,布朗卡已经在跟她的新舞伴跳舞了,并从此与赫拉巴尔彻底分手。恋爱故事就此结束。

> 准备以守护她的一生
> 用爱来关爱她作为己任的诗人,
> 站在门边痴呆呆地傻笑。
> 他已酩酊大醉,在白天还是在夜里
> 全不知晓。

在一九五一年里,赫拉巴尔只去离布朗卡家不远的一家名叫白兔的小酒馆,用苦涩的叹息来怀念他俩的情谊。

> 与你分手后我只剩下脑海中嗡嗡嗡响,
> 再也听不到管弦乐声的悠扬。

---

[1] 摘自《彩色印刷》诗集中的一首诗。

赫拉巴尔将他俩共同甜蜜散步的地方——查理大街、水轮湾区、小船区附近、艾杜阿德阶梯路统统改称为"布朗卡小道"。

随着他一连串恋爱关系的消逝,产生出一种赫氏写作风格,诗人发展到了"彻底的现实主义",彻底弃诗写散文,其代表作《雅尔米卡》就是一篇关于克拉德诺一位往厂里送工间快餐的未婚孕妇的报告文学。赫拉巴尔描写的这个人物,闪烁着真情与人性光芒的朴实、纯洁。

在二十世纪五十年代上半叶,赫拉巴尔已经住在利本尼区的堤坝巷了。一位胆怯的小个子茨冈姑娘是他青年时代的情人。在他的《过于喧嚣的孤独》中曾有这样一段描写:"她浑身汗湿,透着一股油腻的麝香和润发油的气味,我在每次抚摸她以后,我的手指上就有一种新鲜油脂的气味、一股牝鹿的板油味。她总是穿着同一件衣服,沾满了油汁和汤水的污渍,背上有白灰和烂木头留下的痕迹,因为她常到拆毁房屋的瓦砾堆上去捡木料背来给我。"他们一块儿在铁炉旁取暖,透过敞着的小炉门凝视着闪动的火光,她离开火就不能活。他们共用一个小罐喝啤酒,同卧在一张长沙发上,而她那个天晓得是跟谁生出来的小孩,则睡在一个大抽屉里。赫拉巴尔坦率地承认,"那时期我很幸福,因为那个茨冈女人成了我的梦,波德莱尔身旁有个黑人女子简·杜瓦洛娃,他和她在一起也感到很幸福。"

赫拉巴尔与宁城的雅尔米拉·霍莱契科娃有过长达三年之久的秘密爱恋关系,与雅尔米拉相识始于二十世纪四十年代初,二战结束之后立即有所升温,到一九五〇年更因与布朗卡的爱情裂痕而得以加深,但他自觉加以约束。因为雅尔米拉·霍莱契科娃一九四〇年便已出嫁,两人之间的暧昧关系是背着她丈夫维持的。一九四七年,赫拉巴尔写了一首标题奇怪的诗,名曰《没有藏品,马蒂亚斯》,此诗是根据雅尔米拉写给他的一份电报而取名的,雅尔米拉的密码电报告诉他说她没有怀孕,因为她刚怀上孩子就把他打掉

与两位茨冈姐妹在利本尼。摄于 1957 年。

了。她说他是只狼、同谋、杀人犯。关于这，赫拉巴尔在他的诗集①前言中这么说："这首诗是我的第一份手稿，痛苦的忏悔，自己对自己

① 指《偏僻小巷》。

的公开责备……"他和雅尔米拉之间的强烈然而并不稳定的关系延续了整整半个二十世纪五十年代。她在宁城,他在布拉格,只在星期天见面,一个星期之后偷偷地共处一会儿,互相通着信。雅尔米拉犹豫,曾考虑过与丈夫离婚,可又舍不得丢下孩子们。赫拉巴尔所说的"我为你是我的不幸而有了幸福,你为我是你的不幸而感到不幸"[①]这几句话,正是他俩关系的写照。

一九五二年,赫拉巴尔在克拉德诺受了很重的工伤,掉下来的吊车臂差一点要了他的命。疗养一年之后,鉴定委员会只允许他干轻微劳动,但建议他换个工作单位。在意识到与雅尔米拉的关系毫无出路(加上充满对布朗卡的思念与折磨)和当时扼杀艺术自由的绝望境况,赫拉巴尔找不到别的出路,便又于一九五三年四月回到克拉德诺钢铁厂。他故意这么惩罚自己,也许还带有"被诅咒的诗人"的感觉。一九五三年,赫拉巴尔写给雅尔米拉的一封信中说:"我处在了命运的中心点,从而也陷入孤独与绝望之中。我必须从里面冲出来。我已走上了一条孤独的无名之路,我的灵魂是荒芜与悲凉的,要不是因为胆小和可怜父母,我可能自杀了。"他们的关系渐渐变弱。赫拉巴尔将自己关进布拉格的城郊诗人之中,雅尔米拉在省里的小城中彻底紧贴着自己的家庭。"你若是位未婚者,你就将是我的,可是我绝没有力量将你从利萨那里夺过来。"赫拉巴尔在给雅尔米拉最后的一封信上说。他们的彻底分手是在一九五六年十二月。

一九五六年夏天,赫拉巴尔住着的利本尼堤坝巷小院里,出现了一位不相识的姑娘,那就是艾丽什卡·布莱沃娃,她是来探望也住在这儿的她家的一位熟人。艾丽什卡已有三十岁,她有过复杂的经历,作为布热兹拉瓦木材加工厂厂方代理卡雷尔·布莱沃的女儿,她在霍多宁一所拥有十四个房间的奢华别墅中长大。二战后,

---

① 摘自《赫拉巴尔情书集》。

赫拉巴尔未来的妻子艾丽什卡。摄于 1956 年。

她的父母作为帝国公民(母亲为奥地利人,加之两人对希特勒忠心耿耿)被遣送德国。父母被强迫迁走,艾丽什卡和最年幼的弟弟海涅则留在收留营里。有一天, 还在这里遭到几个入侵兵的强奸, 给她留下的不仅是心理上的, 而且还有持久的肉体上的后果, 她从此不能生育, 那时她才十九岁, 在砖厂干活儿。为了养活小弟弟, 她在食堂和饭店打工, 从这儿用小锅打些残羹剩饭回去, 姐弟俩勉强填饱肚子。一年后,在国际红十字会的帮助下,弟弟到了德国他父母那里,艾丽什卡留下了,却无固定住所,先是在别什江尼,后在摩拉维亚,她的男友,一名酒吧乐师就是在这里遗弃她的。她曾与乐师计划重新开始生活, 寻求布拉格的德裔捷克公民扎克拉尼克一家的支持与帮助,可连他们自己对在首都的命运也不太有把握,他们隐姓埋名留在外城让人家忘了他们,也差点儿被遣返回原住地。艾丽什卡过渡性地住在布朗多娃太太 (原在摩拉维亚的男友之母)租来的房子里,不知下一步该怎么办……回去,可是去哪儿呢?

赫拉巴尔未来的妻子艾丽什卡娘家在霍多宁的房子。

　　赫拉巴尔接受了艾丽什卡,他还相当喜欢她,邀请她来。于是,艾丽什卡开始来探访他,他们一道去游泳,一块儿去旅行,赫拉巴尔甚至还带她去宁城老家。在相识五个月之后,于一九五六年十二月八日,在利本尼小宫堡举行了婚礼。那时他是一名工人,她是巴黎饭店的出纳员。曾经住过有着许多房间的霍多宁别墅的艾丽什卡(碧朴莎),如今住进了由过去的铸铁作坊改装成、整天照不进阳光的房子。但是,她在这里得到了一个固定住处和丈夫。随着艾丽什卡的来到,赫拉巴尔不修边幅的生活逐渐有所改变。碧朴莎慢慢将一些秩序和整洁,甚至一定的"硬规矩"带进了他的生活,更主要的是,赫拉巴尔公开步入文学殿堂的时期像闪电雷鸣地开始了,在这条道路上,艾丽什卡一直支持着他,刚开始的时候,还包括经济上的支持。

当他们在一起时,据说碧朴莎常常闻到赫拉巴尔身上的一股啤酒香味。"仿佛我是在啤酒池里游泳。"赫拉巴尔借他妻子的嘴在书中说,"我丈夫呀,我一让他爬到我床上,他马上就想那个……他的做爱跟他的写作一样快。"

不错,碧朴莎对她丈夫的写作从来没怎么特别认可过,几乎没读过他的作品,只是害怕他有一天会要为这吃苦头,丢人现眼。每次当赫拉巴尔要出新书,她便提心吊胆的,不知她那位"我宝儿"又写了什么,又在拿什么哄骗读者。与此同时,她在下班后还兴致勃勃地照着画上的样子绣花,而赫拉巴尔就到城里各个坐满了朋友的小酒家小饭馆去转悠。赫拉巴尔在二十世纪七十年代曾写过:"我的两名不共戴天的女敌就是我的母亲和我老婆。前者将我交给了后者,她们两个都曾经想过,现在仍想培养教育我和改造我……于是,我便在这两个女人的监护下。我爱她们爱到乃至终生与其为敌的地步。"赫拉巴尔与碧朴莎的夫妻关系是令人惊异的粗野可又十分坚固,用碧朴莎的话说:"实际上我和我丈夫生活在持久的敌对状态中,然而我们却彼此爱着。我到后来才认识到,我丈夫实际上像是我的孩子。"连独特的赫拉巴尔到后来也承认说,碧朴莎对他来说是一位女圣人。一九八七年八月三十一日,碧朴莎重病逝世之后,赫拉巴尔意识到了她对他的全部意义。从此,赫拉巴尔世界的内部体系逐渐瓦解,代之而起的准确地说是自我摧残,就像巴维尔·米西克所说:"碧朴莎用一定的方式帮助赫拉巴尔排除人的干扰与公务琐事。他也的确深爱着她,因此在她去世后,猛地一下只剩下他自己,被抛在人世间,这对他来说是很可怕的。于是,酒喝得

第二部分

赫拉巴尔的妻子艾丽什卡(即碧朴莎)生前最后一张照片。摄于 1987 年。

更多……而且已经想到了死。"[1]

一九八四年，已是知名作家的赫拉巴尔对在英国旅游时认识的斯洛伐克女记者贝尔·卡尔瓦肖娃产生过好感，只不过是一种柏拉图式的感情而已。女记者去世后，她的一位朋友曾对赫拉巴尔说："您是她在这世上比您想象的还要更加知心的人。"

一九八六年，妻子艾丽什卡去世前一年，赫拉巴尔在一次谈话中无可奈何地说："我常常容易陷入爱情，可我现在已不喜欢谈女人问题。最初是我妈，现在是我老婆，已使我将这些从脑子里赶了出去，我连对小饭馆里的娘们儿也忍受不了。"

---

[1] 米西克这段讲话摘自本书作者一九九九年七月十日《与巴维尔·米西克在克斯科的谈话》。

美国的斯拉夫学者阿·捷芙朵娃——赫拉巴尔"从未发出的信"中的"杜本卡"。摄于 1989 年。

　　一九八八年，从美国斯坦福大学来的一位斯拉夫学女大学生阿布丽尔·捷芙朵娃走进了金虎酒家。她是到捷克来参加暑期捷克语学习班的，有意组织赫拉巴尔去美国各大学作一次有声望的巡回演说，这个愿望终于实现。一九八九年春，赫拉巴尔去了美国。还在一九八八年夏天，怅然若失的赫拉巴尔便已爱上了如今称杜本卡的阿布丽尔，当然也只是一种柏拉图式的感情。杜本卡到饭馆来找他，赫拉巴尔将那位背上背着小背包、腋下夹一本《捷美大词典》的杜本卡带到克斯科的林中小屋，他们一块儿在那里待了六天。

　　从美国回来后，这位著名作家、老者赫拉巴尔写了从未寄出（而在全世界多有译文）的《致杜本卡》，"整个的《致杜本卡》是一些

　　　　　　　　　　　　　　　　　第二部分

虚构故事,是对死亡的一种反抗,是希望自己在人世间不要像许多逝者那般离世的一种推动力。因为人们往往在到达了顶峰之时,就站在了这一宏伟巨大的'空零'面前,喏,于是便以'自杀'来了结一生。"

这一百多封给杜本卡的信,是指名给一位女士的信。"现在我知道,我曾经爱过,现在仍爱着你,可我总也不敢表白,因为我是一个衰老的人……一位老人。"《致杜本卡》是给他的缪斯的最后一吻。赫拉巴尔通过她让自己的作品达到顶峰。就像他所热爱的歌德与那年轻女友乌尔丽卡·冯·莱维佐一样。

"不管我在任何地方,我不仅能看见您,而且与您对话。"

"对于女性,赫拉巴尔一向非常亲切、友善与殷勤。"与他有了近六十年交情的编辑伊琳娜·希特科娃说过。而赫拉巴尔在他最后的年月却这样形容说:"对女性,我表现得很不友好……根本与过去的情况没法相比。或者说——对我来说,女人的世界已经关闭。我是一个反女性者,总而言之是敌对者。您也知道,当我下酒馆时是怎么个表现……我已不知怎么与他人交往,我已经有些像我的那些猫了。"

赫拉巴尔总是扑克牌中鬼牌上驯熊人牵着的那个角色。

从留级生到博士

　　一九二〇年九月一日，赫拉巴尔进入宁城马萨里克五年制小学男校。他从来没能成为优秀生，在学习成绩上如此，操行分上也是如此。在那张发黄的老照片上，可以看到坐在教室里的四年级学生们。他们一个个将双手摆在课桌上，免得在桌子下淘气恶作剧，再说，必要的时候老师用戒尺打起他们的手板来也更方便些。年龄大一些的学生坐在后面，赫拉巴尔称他们为"已经开始刮胡子了"。在课堂的一角有个高大的铁壁炉，赫拉巴尔回忆说，有一次上课前，他冲着这壁炉撒了一大泡尿，让人难以容忍的尿液淌得到处都是，气极了的女教师将他轰到教室门外罚站。正当其他同学在忍受着尿臊味儿上课时，赫拉巴尔却在空气新鲜的教室外漫步。

　　他的总是勉强及格的操行成绩以及非常糟糕的学业分数，这一切都是有其原因与根据的。

　　赫拉巴尔于一九八三年发表在《应届中学毕业生纪念集》上的《留级生的回忆》一文中写道："在这一时期，我一直处于不懂事的状态。每当我一被点名，便害羞得浑身不自在，满脸通红，结结巴巴将前面一排同学提示给我的答案说一遍……随后，我会变得更加慌乱，而且因为自己在学校里什么名气也没有而感到十分恼火。于是就打定主意要用一种什么方法来引起老师和同学们对我的注意，为此我不惜以极大的自我牺牲为代价，干出一些荒唐事来，甚至不惜自己糟践自己。干出某些暴乱行径对我来说很不容易，我必须鼓起极大的勇气才干得出这些对我来说下场并不好的蠢事，我

男校小学四年级学生。赫拉巴尔是第三排左边中间的一位。周围站着的是那些已经开始"剃胡子"的学生。摄于 1925 年。

被写进班级记事簿,操行降到两分甚至三分①。可奇怪的是,同学们却因为我这些黑色幽默而喜欢我,有些同学甚至还对我表示惊叹。他们之所以喜欢我,大概是因为我干了他们从来没勇气干的事情。"理所当然,赫拉巴尔从一上学就表现出的这些劣迹,让他的父母感到不安,经常叹着气对小博胡米尔说:"你将来能有什么出息呢?"这个问题让他感到恐慌,做梦都想到它,让他坐卧不宁,连在白天也想尽量逃离它。这也让赫拉巴尔想法要在学校里当个"拔尖的人物",他果真如愿以偿,不仅同学们而且老师们也不得不承认。

"我有时烦得非干点什么不可。有一次,我突然看到坐在我前面课桌旁的同学露在桌子下面的一双脚,从春天起大多数学生都打赤脚。我就悄悄解开了裤子的前开口,冲着那双脚后跟撒起尿

① 各科成绩分数,1 分最高,5 分最低。

宁布尔克城的小学生。赫拉巴尔为左起第一个。摄于 1923 年。

来。那同学吓得大声叫嚷，我的脸涨得通红，老师也吼了起来，将我的操行分降成了‘2’。

"又一次，我和同学一起在圣诞节前装饰教室里的圣诞树，我们的教室在一楼，一般下课后总要敞开窗口通风，我就一直站在窗子下面，然后从窗口爬到教室里面，用壁炉那儿的一把斧子砍掉了圣诞树上的所有枝杈，于是我的操行又得了个‘2’。"[1]

一九二五年六月，赫拉巴尔结束宁城小学五年级学习。这时他在布尔诺的祖父去世，为了不让在布尔诺的祖母感到寂寞，赫拉巴尔的父母决定让博胡米尔到布尔诺去上中学。关于从小学进到中

---

[1]　摘自《我只回忆那些阳光的日子》(1998 年宁城私人出版)。

赫拉巴尔（右下方第一位）同他的小学同班同学。摄于 1923 年。

学的情景，赫拉巴尔回忆说："读到小学五年级时，我父母决定让我到布尔诺上中学。五年级期末，我就拿着有好几门四分和三分的结业成绩单去请小学校长签字。我敲了敲校长室的门，门开了，里面站着大胖子校长。他接过我的成绩单签了字，我在门口等着。校长从桌旁站起身，将成绩单交给站在门口的我，大概是为了保险起见，想得到我的亲口同意，就问，'你真的还想去上中学？'我点了点头说，'我真的还想去上中学。'走廊上布满阳光，校长波朗斯基突然莫名其妙地给了我一记大耳光，打得我两眼发黑。随后，他狠狠地砰地关上门。我估计他对我的学习表现早已像未卜先知者了解得一清二楚。"①

　　一九二六年一月，赫拉巴尔在布尔诺中学的学期成绩单就已经不容乐观了。三个三分，三个四分，四门不及格，操行分也不好。他在小酒馆对我们讲述："我们的德语课老师克日列克的样子像皇

————————————

① 摘自《留级生的回忆》一文。

室参事。为了能让我始终处于他的视线控制之下，我就必须总是坐在第一排。有一次，这老师讲课时靠在我的椅子角上，我注意到，从他那没有扣好的裤子前开门里露出了内裤上的一根白带子，我又恶作剧了，趁他不注意时将这根带子塞到固定在我课桌上的墨水台里，并关紧活门盖，然后闭上眼睛，等待着克日列克老师用全身的力气来拽这根带子。"

到一九二一年学年末，赫拉巴尔的成绩就更差了。虽然只有一个三分，三个四分，可却有六个五分。操行分仍是老样子。学年的总评语很简单："该生不能升入下一年级。"在这份证书的另一面，校长亲笔手书："该校已宣布放弃这个学生，也不存在他不被别的学校所接受的理由。"有趣的是，这份成绩通知单还留了个副本，上面还贴了印花税票，证书背面写有如下字样："该份副本是应学生家长的要求而制。原本已丢失，付款三十克朗。"关于这份成绩通知单的下落，赫拉巴尔后来对我们解释："当我假期从布尔诺回到宁城时，我就故意将这份通知单藏起来，说是学校还没把它办出来，要

赫拉巴尔与心爱的黑狗。
摄于 1920 年。

赫拉巴尔与弟弟。
摄于 1923 年。

第二部分

赫拉巴尔仅在成年后见过一面的生
父博胡米尔·布莱哈。摄于1900年。

等将来付了款才能拿到。后来,我又断言成绩通知单大概是在我们
的化学实验室着火时被烧掉了。直到我父亲弗朗茨给校长写了一
封信才得到这份副本。在新学年开学的前夕(此前我的假期过得很
不错),才寄来了这份副本,那上面列出了我那些不及格的成绩。我
就装作突然想起的样子,说我忘记那张成绩单原件是在我从布尔
诺带回来的箱子里了。然而弗朗茨没多说什么,只简单地问一句,
‘你打算在布尔诺,还是在宁城留级?’‘那还是在我们家门口上中
学吧!’问题就这么解决了。”——一九二六年九月一日,赫拉巴尔
又回到宁城重上中学一年级。

　　赫拉巴尔在学校里总是心有旁骛。他的所谓小学、大学,却是
啤酒厂普通人的日常生活,是沿着拉贝河畔无止无休的散步与游
荡,以及他周围的大自然。他在《留级生的回忆》中说:“我学习时的
那股笨劲啊!我用手拿起课本,只会翻页的那份无能啊!我不善于
聆听老师讲课的那种弱智啊!这座坚固的愚昧大钟压着我走遍大

赫拉巴尔与朋友们在郊游中。摄于 1930 年。

街小巷。谁若遇上我，想问我一句什么，我便满脸涨得通红，就像在学校里回答问题的时候答得牛头不对马嘴那样。至于我与其他人的这种关系不仅在那个时候，直到现在，都让我觉得别人在所有方面都比我棒，比我懂得多。"

　　从保存下来的赫拉巴尔在一九二九至一九三〇年的成绩通知单来看，他得的是七门"及格"，三门不及格，以及"不能升级"的评语。操行略有进步，已是"良"。

　　一九七〇年，赫拉巴尔曾经这样回忆："可我至今仍爱赞扬我这些留级处境。我喜欢回忆当时我脸色苍白，拿着这张成绩单走在街上的情景，额头像是印上了出轨、孤独和绝望的标记。那时我想，每个人都能从我身上猜出我功课没及格，但我每次都能熬过这痛苦，重又努力让自己至少能及格。"

　　最后被保存下来的赫拉巴尔的成绩单，是一九三三至一九三四年间的学年成绩单，有八门及格，一门不及格，奇怪的是没及格

赫拉巴尔和同学第一次试着抽烟斗。摄于 1930 年。

坐在前面,持手杖的赫拉巴尔与同学们郊游。摄于 1930 年。

的那门是体育课。操行则刚及格。在赫拉巴尔与班上同学们的一张集体合照的反面,他写上了这么一句:"博胡米尔重读了一年级与四年级,因此事与愿违地将其青少年时期延长了两年。此照片是他与第二个四年级的同学们摄于学校郊游中。"有一次,赫拉巴尔还笑着对我说过:"喏,留级就留级吧,反正时间足够,不用急着去哪儿。"

赫拉巴尔在他的《留级颂》中说:"每一次失败,就会让你的灵魂开窍,加深你对动物的同情,对人的爱。多次失败,会让人有一双更漂亮的眼睛,比那些至今还没经历过失败的人,更富有感情。一个一生中从没失败过的人,就像一个从没真正想到过自杀的人一样算不得人……我认为,好的文学作品,就好像涨潮和退潮,倒下与死后复生。重要的是总要站起来,拍拍衣服上的灰尘,总是转身迎向斗争,直至胜利……"

赫拉巴尔在中学毕业考试时,他妈妈为他量身定做了一套礼服,弄得他非常不好意思。因为他的同学们只穿着一般的节日装。据说,他因此而在考试委员会面前流了不少汗,但他靠同学们打手势到最后总算结结巴巴回答了考官们的问题,以"及格"的成绩通过了毕业面试。赫拉巴尔在《留级生的回忆》中曾说:"我怀着羞愧面对这份更像哀悼文的祝贺。我阅读我'已通过毕业考试'这段话的次数越多,就越不相信这是事实,连我父母将它读给我听,我也不相信这是事实。我半夜醒来,一次又一次地阅读这份毕业证书,我还是不相信这是事实。我清楚地感觉到,大家都在悄悄议论我,说要是将我换成别人,就绝对毕不了业。而我之所以能毕业,只因为我爸爸是啤酒厂的总管,说老师们之所以让我毕业,是想把我摆脱掉,说我在中学四年级留级的时候,我曾经想要去学泥瓦匠,于是我爸爸就在教师会议室和校长室宣布,即使我年年都留级,也必须让我毕业。人们说只因为这些背景,才让我通过了毕业考试。"

赫拉巴尔于一九三四年六月十九日拿到了中学毕业证,上书"可注册为技术学科方面的高等院校的正式学生"。接着,补学了一年拉丁文,一九三五年十月,以"及格"成绩通过了在捷斯基布罗特国立中学考试委员会的拉丁文考试。

当年十月七日，他便正式注册为布拉格查理大学法律学院的学生。在这一片刻，父亲弗朗茨还在怀疑他的儿子继续念下去是否有意义。虽然赫拉巴尔在中学毕业前曾两次被轰出口试考场，但他总算还是毕了业。赫拉巴尔说："我后来之所以选读了法律这个专业，完全出于偶然。我从来都不喜欢这个专业，也不知道为什么要学这个专业。也许我学法律，而且还学得不错，全是为了让我妈妈高兴，让她不再对我说，'你将来能有什么出息呢？'"

有一天，赫拉巴尔和我们聊天说："一直到二十岁，我都没有找到一个让自己在学校里努力受教育的理由，因此我留了两次级。可是从二十岁起，我却有了一种强烈的求知欲望。"他说的是事实，很准确。作为一个新大学生，他突然（据说就像突然得了感冒似的）掀开了那个无知的重盖，表现出要尽快将这空穴填满的愿望。"我抓住了从书籍中吹来的和风，我为我的世界文学与哲学这两门课都得了一分而兴奋不已，恰恰是这方面的修养将我引向苏格拉底的哲学。我学完了法律专业，费了好大的劲儿才把它忘光。"

再回过头来看一下。一九三九年，在德国侵略军将捷克民族示威镇压之后，帝国总督冯·诺伊纳特关闭了捷克的高等学校。赫拉巴尔的学习被中断，于是又回到故乡宁城。据说他那时相当高兴回来，甚至可以说感到幸福，因为"不必再学完法律，因为那该死的德国人占领了大学"。他对这四年来的专业学习一点儿也不感兴趣。

战后，一九四五年八月，身为铁路火车调度员的赫拉巴尔回到查理大学法律学院继续学业。

一九四六年三月二十二日，赫拉巴尔在查理大学礼堂被授予法学博士头衔，妈妈为此而感到十分高兴，可是赫拉巴尔后来从没干过法律这一行，他根本就不愿意干这一行。

相反的，这些学校生活在他以后的日子里，一直让他感到惶恐不安。他借他妻子的口气在自传体三部曲中说："他常常在梦中惊叫。当我把他叫醒时，他一个劲儿地感谢我，说我将他从学校里救

获得布拉格查理大学法学博士学位时，与母亲合影。摄于 1946 年。

服役期间。摄于 1946 年。

了出来。一次是在小学，另一次是在布尔诺的中学，后来又在著名的宁城中学。他总是梦见自己在学校里。说他不得不去上学，可从来都没做好准备，却被老师叫起来回答问题，而他总是想到什么就瞎回答些什么，或是靠别人的提示来回答。上学对他来说真是活受罪。"

母子演技相当，舞台各异

赫拉巴尔从上学时期起，就显露出来某种表演艺术与表演才能，这无疑是从他那位以极大兴趣与热情参与业余演出的母亲玛丽亚·赫拉巴洛娃(1894年—1970年)那里继承来的。显然，他也从她那里继承了对艺术的爱好，将生活视为艺术的天性。

"对我母亲来说，演戏就是一切。这就是她的上层建筑。在四分之一个世纪里，我对她的记忆只是读剧本，去排练。还有，她的社交圈子只是同她一样热情的业余演员。"玛丽亚·基里安诺娃①的演艺生涯是在波尔纳小城开始的，她和丈夫弗朗茨曾于一九一五年在那里居住过。当时波尔纳才有四千左右的居民，可却定期进行业余演出。玛丽亚(从一九一六年起正式姓赫拉巴洛娃)早就渴望成为一名演员，所以她刚一来到波尔纳，就在伊希·波杰布拉茨基剧团的波尔纳业余演员中扎下了根，这毫不为奇。特别是在大战的最后一年，文化活动呈现一派全面繁荣景象的一九一八年，充分施展了她的艺术才华。她几乎有机会在剧团上演的所有剧目中扮演角色，确实成了波尔纳演出中的明星。她丈夫弗朗茨曾偶然与她同台演过戏。更有甚者，一九一八年五月十六日，在依拉赛克的《沃伊纳克》一剧隆重演出中，四岁的小博胡米尔扮演了剧中五岁的耶尼克·沃伊纳克。玛丽亚把自己的一家都搬到自己导演兼演员的剧中来了。赫拉巴尔对他母亲的感觉却是："我想要一位别的男孩所有的那种妈妈，而我的妈妈却总像一个没有结婚的小姐，一心只想着演戏，又爱开玩笑，是一个总也抓不住，要从我身边跑掉的人。因此

---

① 赫母在婚前的姓名。

身着演出服的赫拉巴尔的母亲。摄于 1920 年。

我从来没法跟她亲热,见了她,我总是面红耳赤的……"

一九一九年夏天,赫拉巴尔一家搬到了宁城,即使在这里,玛丽什卡仍坚持业余演出。宁城从一八六〇年起就有业余演出团体活动,而且还在很久以前,无论是享有盛名的戏剧团体还是普通的草台班子都在这里演出过。戏剧家迪尔在一八三七年曾经指出:"宁城——对演员来说意味着足够的面包,因为这里的市民喜爱戏剧，每场演出都有足够的观众。"一八七七年，宁城人将自己的剧团取名维杰斯拉夫·哈耶克剧团。宁城业余演员的出色演出闻名于本城之外，多年来属于捷克地区顶尖业余剧团之一。赫拉巴尔一家并未因为搬到宁城而中断与波尔纳的朋友及业余剧团演员们的交往。玛丽亚常以"来自宁城的客人"身份，同宁城哈耶克剧团的业余演员一道去波尔纳。有趣的是，一九二九年波尔纳城留言簿上曾有如下一段记载："七月十三与十四日，本地的业余演员们邀请了宁城的业余剧团（从前的啤酒厂会计赫拉巴尔先生和他的太太也都参加演出）演出了《爱的决斗》，支出二千二百一十四克朗，因午餐、晚餐及晚会招待宁城客人而亏损了二百七十五克朗。"

就这样，赫拉巴尔一家住在拉贝河畔的小小宁城里，赫拉巴尔的母亲也彻底融入了这里的戏剧与社会生活。数年之后，赫拉巴尔写道："我对母亲总有这么一个情结，我的母亲像是我的姐姐。我母亲是个豪放不羁的人，特别爱笑，爱交往，必须总是社会团体注意的中心，不管哪里举行舞会，她都是焦点人物，我母亲跟她的舞伴总是跳得最好。在这座小城里，她的穿着总是漂亮超群，显得很有魅力。我们男孩们总爱盯着她的手势看，因为她总是以这种方式对我讲述自己，讲述世界，从家务谈到戏剧，谈到社会。我总觉得我妈在谈戏，总也引不起我的激情来，更确切地说，我还因此而有些不好意思。当她在哈哈大笑、矫揉造作或者竭力要成为人们注视的中心时，我并不喜欢。连我父亲弗朗茨也跟我一样皱起了眉头。只要她从舞会或社交圈子中一回到家，我父亲便高兴了。他却喜欢待在家里。我母亲喂了两只羊和猪，等她将它们安顿好了之后就又忙着要飞，匆匆提起戏装上剧院排练去了，我想说，这是她最乐意干的事情。"

赫拉巴尔在《甜甜的忧伤》一书中这么描写过："接着，就开始了那最美的排练时间，我妈在排练之前老早就穿上戏装，腋下夹着剧本,或步行或骑自行车进城去。可这已经不是我的妈妈,而是她将在下一出戏中扮演的某个女人。就这样,我妈每天晚上排练前总是穿着那件蓝色戏服走过广场。她腋下夹着卷起的台词本,人们向她问候致意,让她停下步来。他们将我妈围成一团,我妈则笑容满面,告诉他们什么戏将要上演,谁在戏里担任什么角色。"

玛丽亚·赫拉巴洛娃那时喜欢当众表演,喜欢聊天,喜欢谈戏剧,也喜欢演戏,就像卡雷尔·马利斯科所说:"她极其聪明并有文化素养,她遗憾自己在当姑娘的时候没有跟一个什么剧团跑掉,否则恐怕早已成了我们民族剧院的主角之一。她是位出色的厨师、杰出的女主人,富于法国人的机智和望尘莫及的感染力。民族剧院的许多演员,每当他们在宁城访问演出或有别的什么事时,都要到赫拉巴尔母亲那里。她不只招待他们吃喝,还与他们讨论戏剧、艺术等问题。他们也很欣赏她的才华以及她那豪放不羁地显露出来的

宁布尔克城的拉贝河(易北河流经捷克的一段)。摄于 1978 年。

第二部分

对戏剧的情结，大家称她为'宁城的安杜娜·赛德拉契科娃'①，绝不是因为她俩的发型及姿态相似的缘故。为戏剧，玛丽亚·赫拉巴洛娃可以牺牲一切，她离开戏剧就没法活。她是终生的艺术家——尽管在小小的宁城这不是一件容易事。"

在赫拉巴尔的《哈乐根的数百万》一书中，已是老妇的玛丽亚·赫拉巴洛娃总结自己的演艺生涯说："我在业余剧团演了四分之一以上世纪的戏，我因演了六百多出戏而得到了一张奖状和一个上面刻有'感谢'二字的戒指。善于体验如此众多女性典型人物的我，有时也要费很大的劲才能将我所表演的与我生活中亲身体验的女性形象区分开来。二十五年以来，我实际上是另外一个人。"

通过赫拉巴尔的笔写出的这些是符合事实的。又过了几年，当赫母去世多年之后，赫拉巴尔还写到她，"如今我已与母亲和解了，我已经理解她这位无力当好母亲与妻子的女性，她更多的是位豪放不羁的天性多于贤妻良母特征的女性。

"而我的外祖母却是我衡量女性的标准。她什么都能做，是一个拥有自家葡萄园和小花园的工厂女工，更主要的是，她有她的风格，一种美丽的普通人所拥有的特殊风格。与此相反，我母亲说得好听些，是一个城市居民，喜欢去排练。"自然而然，五岁的小博冈在波尔纳也就找到和养成了自己的"风格"和表演习惯。他穿着钉有金扣子的小红外套和戴着插有公鸡毛的旧式警察礼帽在小镇上走来走去，乐意跟着所有喜庆和送葬队伍走，哪儿都有他在场，四处聆听大人们的交谈。"每一次送葬队伍都得进小饭馆，我总是坐在乐师们中间，他们吹奏时，我就呷一口他们的烧酒。"尽管他只有五岁，却常常喝得醉醺醺回家，有点像个吃百家饭的孩子，傻乎乎的。在波尔纳仿佛他属于所有人，从一大早就在街上逛，哪个场合都少不了他，他不断地跟人家打招呼、逗乐，只有到睡觉时才回家。

---

① 捷克民族剧院著名演员。

当赫拉巴尔一家搬到宁城南城边的啤酒厂之后，他仿佛突然变成了孤单的一个人。啤酒厂工人和车夫们的劳动开始吸引住他，他聆听他们的交谈，观察他们的习惯与娱乐，深深地吸进了一种自然的人情味。此前，在波尔纳体验过的一切和如今观察到的一切，在他心中积累和联系了起来。

战争期间，小博冈在他朋友们和母亲的影响下，成了一九一四年由中学生和年轻大学生组建的所谓青年剧团的一名成员。开始的时候，对赫拉巴尔参加剧团的排练及生活是有争议的，直到导演雅罗斯拉夫·科托乌契确定他必须在科多尼的《爱并不只是喜欢》一剧中扮演冬·居安为止。赫拉巴尔回忆这件事说："我去排练了。我一直盼着自己在首次公演时突然生病或死去。可我不仅要在首次公演时参加演出，而且还要参加公演后的多场演出。当幕布一拉开，轮到我时，我都差不多快要吓死了。"①

据一位讲解员说，这次首演引起了有趣的反响。"赫拉巴洛娃太太在首演结束后从第一排贵宾席站起来，激动地谈到她儿子的演技，'我更该为他而感到难为情！'"在此几个星期之前，她曾在城里到处炫耀说她儿子也将演戏。

演戏这条路对于年轻的赫拉巴尔来说是活受罪，惊吓的面孔和可怕的梦呓。业余剧团和任何正规剧院都不对他的胃口，他没有从他母亲那儿继承下来对在剧院正式演出表演的爱好。他的表演舞台却是他整个周围世界，是在这熙熙攘攘的人群中。

两年后，赫拉巴尔参加了赫拉德采·克拉多维的铁路交通调度学习班，好几次穿着漂亮制服来到广场和主要大道，可却没穿鞋子……"人们都回过头来看我，我脸红了，我这人老爱害羞、脸红。现在我只能赤脚走，尽管我因丢人现眼而汗如雨下，可还是光着脚走，因为我故意在跟自己过不去，我有着一种自己是位黑人国王的

---

① 摘自赫拉巴尔与皮尔森业余剧团观众座谈会上的讲话。

那种感觉，光着脚走过广场这种小事儿将永久地载入我的……何处？"①

对赫拉巴尔来说，一个重要的引发灵感的形象就是与他同上酒馆和串门的贝宾大伯。在那些地方，人们鼓动大伯作"独角秀"。贝宾大伯甚至还在宁城的哈耶克业余剧团演过"七十二号"犯人。他口若悬河、激情满怀，在不可置信的表演中像地热喷泉一样喷出一个个逸闻趣事。"说白了，贝宾大伯就是那卓别林。大伯还能以一种绝妙的方式跳舞，跳起舞来像个精神错乱的人……他对我来说是那化装成鞋匠、酿酒工的缪斯。"②赫拉巴尔最初就是从大伯那里接受过来这套耍活宝出风头的本领（包括文学写作），这也成了他去发挥自己的艺术创作与变奏曲的灵感与出发点。而他本人则去饭馆酒家聆听人们的交谈，向他们打听他们的故事，反过来再由他自己来讲述另一些故事。

一九五九年二月，赫拉巴尔当了利本尼诺伊曼剧院的一名布景工。尽管他很怕演戏，但作为一名布景工和没有台词的群众演员，还是担任过一系列角色。据说尽管离晚上演出还有足够的时间，可他一大清早就在家里化好脸装，穿上了演出服，戴上了假发，然后就这样走遍利本尼的酒家饭馆，他又可以在民众面前表演啦，又成了最棒的、让大家感到吃惊和耀眼的注意焦点啦，就像他妈妈一样。她也是在每天晚上排练前都穿着戏装，腋下夹着台词本，走过宁城广场。一九六三年，当赫拉巴尔出版了他的第一部作品《底层的珍珠》时，他在前言中这样写着："我知道，我所喜欢见到的人们，宁可让自己像个粗鲁汉或滑稽小丑，也不愿出于羞怯而表露出他的感情。"有一次，赫拉巴尔坐在小酒家自言自语地作了如下描述，"眼下我为那无动于衷而感到吃惊。只是有时，当那些交谈涉及

① 摘自《赫拉巴尔文集》第 12 卷的《我是谁》一文。

② 摘自《手帕结》。

赫拉巴尔在诺伊曼剧院上演的《三名火枪手》中扮演了一个群众角色。摄于1961年。

哲学、造型艺术,当我觉得我已有话可说、信息足够时,我才无缘无故打断人家的谈话,心境明朗,大发宏论,几乎是一句一句话吼出来。我必须大声喊叫,好让旁边桌子的人也能听见,因为这是我的看法,想让旁边几张桌上的人也受到感染……当这雷鸣闪电一过去,我便自知有愧地环顾四周,悄声坐下,喝我的啤酒。现在只管叫别人去出风头,因为我已为此而感到不好意思。我在大发宏论出风头时,觉得自己是最棒的,哪怕就那么一小会儿也好……"

例如,赫拉巴尔有一回在金虎酒家也充当过片刻这独一无二的精英。当时在场的人肯定还没忘记,他全力吼了整整一首民歌。等他吼完了,他便羞怯地看一下四周,摸摸自己的脉搏。

卡雷尔·马利斯科称赫拉巴尔是"为说话和环境而生的马戏团

小丑","他的幽默不是像小丑那样的为幽默而幽默,而来源于故事情节和环境。赫拉巴尔是从进一步为自己的画面而创作的环境出发的。小丑留在赫拉巴尔从中走出来且继续往前走的处境中。他的幽默并不残酷,而是和善、亲切和通情达理的,不是嬉皮笑脸,而是温柔的微笑"。

赫拉巴尔有一次这么形容自己,"我一点儿像是正规演员,一点儿像是民间语言的草班演员。"另一次,又借罗兰·巴特的话说:"我虽然朝前走,可是却用指头指着我作为一名演员戴在脸上的面具。这演员想到他将扮演的是小丑。"的确,对于外部世界来说,赫拉巴尔的脸是用一张幽默、滑稽的面具遮着的,到生命尽头时,甚至是用了一副怪僻、坏脾气老人的假面具。可在这张面具之下,他却是一个不可置信的羞怯、胆小和纯洁的人。"①

赫拉巴尔借助于他妻子的口形容他自己说:"他几个钟头地微笑着,就像赢了一亿似的那么高兴,随后那表情又接连几小时像闻了臭屎堆似的。"

在社会上、酒馆里和在座谈会上,赫拉巴尔便成了庞大固埃②,表面上演着一场可怕的戏剧,在剧中不仅他自己出尽洋相,也把其他人拖了进来,逗他们开心,也许他自己也开心。他那张面具就是为金虎酒家那些想从他那儿得到点什么,或只是要求坐在他那张桌子上的顾客而戴的。他还常常通过服装——俄式高统皮帽、带黑绒球的格子贝雷帽、手上戴着腕套来强调他的表演。只有在自己最亲密的朋友圈子里,他才显露出他实际上是一个普通人。

如果说老玛丽亚·赫拉巴洛娃已经能够区分她所表演的与她生活中经历的,并与之全然分开来的话,那么,老年赫拉巴尔的情况也没比她好多少。他不是常将发生在自己身上的故事和事件贴

---

① 摘自马利斯科的《赫拉巴尔的世界》(1955 年)。

② 法国作家拉伯雷所著《巨人传》中的巨人。

赫拉巴尔与将他作品改拍成电影的瓦茨拉夫·门采尔导演（左
边坐着的）及他住在利本尼期间的朋友约瑟夫·汉布、瓦茨拉
夫·麦豪乌特在纳·富尔曼采啤酒馆的花园里。摄于 1980 年。

到别人身上(不仅是在文学创作里)，就是把别人身上发生的事件
和故事摊给自己。

　　无论是"戏剧演出"或是"当众表演"，无论是"戴着面具"或以
本来面目表演故事，无论是母亲还是儿子，他们俩都该戴上那枚刻
有"感谢"二字的戒指。

关于《我曾侍候过英国国王》的几点解释

　　《我曾侍候过英国国王》是赫拉巴尔将其副标题命名为"短篇小说集"的一部长篇小说。那是他一九七一年在炎热的夏天只用了十八天时间于克斯科一气呵成的。他在这部小说的"作者说明"中写道："手稿是在剧烈的夏日阳光下打字出来的。烈日晒得打字机曾多次一分钟内就卡壳一次。我没法直视强光照射下那页耀眼的白纸，也没能将打出来的稿子检查一遍，只是在强光下机械地打着字。阳光使我眼花缭乱，只能看见闪亮的打字机轮廓。铁皮屋顶经过几小时的照射，热得使已经打上字的纸张卷成了筒。由于最近一年来发生的事件，使我无暇注销亡母的户口，这些事件逼得我将打出来的稿件按原样撂在那里未加改动。"

　　究竟什么事件在朝他汹涌翻滚施加逼迫？为什么他再也不去碰这手稿呢？一九七〇年赫拉巴尔的母亲去世，在这个时期，开始了所谓"正规化过程"。一九七〇年，赫拉巴尔的《家庭作业》与《花蕾》被禁止出版，连他自己也成了"被清洗的作家"[1]。赫拉巴尔意识到他对官方来说是不被接受的人，他的书自然也出版不了，他已被列为了"让社会感到不顺眼的人"。赫拉巴尔暗自叮嘱自己，要"身处底层而眼望高处"，要依赖自己心中"达摩式的漂泊"，生活信条里的道学。他感到写作成了他的生理需要，要靠写作来求得解脱，靠写作来表白、放松甚至娱乐。于是就在这个炎热的夏天，坐到克

---

[1]　1968 年，以前苏联为首的"华沙条约国"军队占领捷克，遭到人民的反抗。1970 年，捷克政府推行"正规化"，凡对外国军队占领不赞同者均受到压制，反对入侵的作家则在清洗之列。

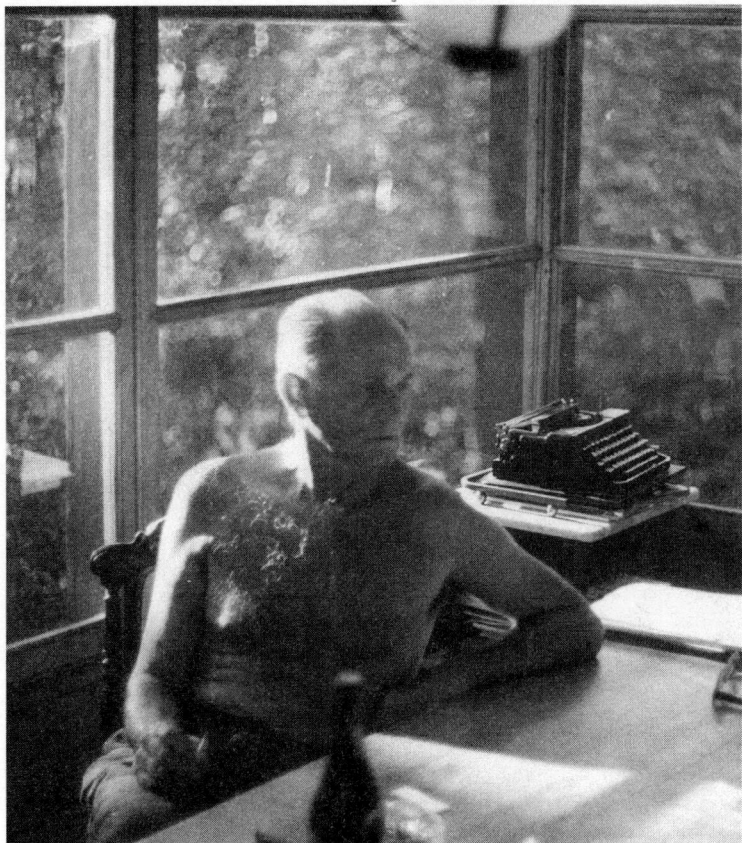
在克斯科村中小屋里。摄于 1978 年。

斯科林中小屋小凉台上的打字机前，在这些祈福的日子里，一气呵成了他的这部小说。他意识到反正谁也不会将它出版，因此也没必要应政府以及书刊检查机构的要求对它进行校正与修改。一气呵成，写完就完事！

　　关于《我曾侍候过英国国王》这部小说的灵感，赫拉巴尔在多年之后的好几次座谈会上（一九八九年在美国斯坦福大学、同年在捷克藏书家协会成立大会），还有在《来自记录员的记录》一文中，以及一九八四年在哈耶克饭馆，都大同小异地讲道："从孩提时候起，我父亲作为啤酒厂总管就常带着我骑车走访过各个酒家饭馆，我总是坐在酒馆里的某个地方，父亲则去帮助饭馆酒店的老板整理账目或者理清相关税务。我在那里没完没了地喝着柠檬水。等到我已长大成为少年，就也能有滋有味地喝上十来杯啤酒。我们家的朋友多为饭馆酒家老板，他们常上我家来串门，我们有空时，也上他们酒家去。因此，我满脑子装的都是这些饭馆酒家的故事。我与我妻子恋爱是当她正在巴黎饭店上班的时候，我常到那里去找她。在那里，我又进一步结交了一些招待员和领班，那位有名的斯克希万涅克……喏，至今我和瓦尼什达先生在一块儿喝了二十年啤酒，他正好是从这家巴黎饭店出师的。他在这里办了一所烹调学校，同时在城郊还有一家小饭馆（指的就是利本尼区卢德米林纳街上的霍斯曼酒家）。理所当然，连巴黎饭店的总领班巴乌曼也来参加了我与艾丽什卡在利本尼堤坝巷举行的婚宴。他带来了鹿后腿和背脊肉做的冷餐。可这还不能算是写作该书的契机，这只是作为所写事件的一些因素。直到有一次，我同维莱卡的弗朗吉舍克·沃尔里切克一道，乘车到萨特斯卡的蓝星小旅店，才遇到一个特别的小个子。他操持这里的一切事务，都要累瘫了。我们坐在一块儿，这位小个子侍应生、这个六十五岁的人便开始讲述我写在《英国国王》①开头的那个情节，讲述他从前当侍应生时发生的事情，讲述他是怎么挣钱的，就是他怎么在火车站上卖香肠的，等等。喏，他给我们讲述了大约半小时。而我，一回到家，他讲的故事突然就在我脑子里转动起来，并且开始将以往从宫殿旅馆听到的许多情节都给引出来，比如我从我妻子，从瓦尼什达先生那些有名望的领班、厨师那儿听到的所有故事都引了出来，一个接一个地串在一起。在这种情况下，我很无奈，只得坐下来，开始写作。那时，谁也没来串门，我一连写了十八天。我将那位小个子侍应生讲述的故事和其他故事，在烈日底下串在一起，一小时打满六张纸。我只顾从打字机里抽纸，就

---

① 文中的《英国国王》或《国王》都指的是《我曾侍候过英国国王》。

这样一口气写完。完事大吉。"

有关这部小说其他一些情节，赫拉巴尔在上述的座谈会上这么说："在苏黎士，我曾站在一座叫'地球仪'的百货大楼门前，从一块大广告牌上读到——在阿比西尼亚贝都因人①的婚庆上提供烤骆驼，它的烹调方法为——先烤体内装着鸡蛋的鱼，然后将这些鱼放到小鸡体内烤，然后再将这些小鸡放到羊肚子里烤，最后将这些烤羊当做馅儿装在开膛破肚的骆驼体内烤……这就成了我书中的情节描述。"

但赫拉巴尔的描述肯定显露出超现实主义尺度的潜台词，就像俄罗斯民间木娃娃那样，大的里面一层层套上一个个小的。

我们再接着听赫拉巴尔谈论书中的另一个情节，有关总统这个人物与法国美女在布拉格斯特朗里采的宁静旅馆的那一节："有关总统的这一情节，我是从那位在慕尼黑开了一家名叫'金色布拉格'饭店的巴朗多夫从前的老板米洛什·哈维尔那里得到的。我们这些作家与诗人在德国有过好几个讲座，哈维尔先生请我们吃猪肉喝皮尔森啤酒。下午，我们聊天时谈到了马萨里克总统②，哈维尔先生对我说，这位总统的确是最后一位远远超过七十高龄但还善于如此温文尔雅地应酬美貌女士的绅士。哈维尔先生说他甚至还在场目睹过。当那位美女、可说是巴黎的交际花乘飞机抵达时，哈维尔先生为她准备好了套间，总是供三人享用的晚餐，实际上是两人享用。说他总是佩服这位老人的魅力和感染力……喏，我于是……我也不知道怎么会想到这一情节，这更像是一种装饰。因为每个男人都非常清楚地知道，结果会怎么样……他说，'总统从来不是个可笑的人，只不过是个老花花公子而已。'可能这里指的是

---

① 阿拉伯游牧民族。

② 马萨里克(Masaryk Tomas 1850—1937)，哲学家、捷克斯洛伐克的主要缔造者和共和国第一任总统。

马萨里克与奥德拉·赛尔德玛耶洛娃在二十世纪二十年代末的感情关系[①]。好几十家的新闻记者与政界人物都知道这个，是第一共和国一个公开的秘密。曾经到马萨里克家中访问过的新闻记者菲丁纳德·罗乌特卡流亡国外时，为自由欧洲电台写了一篇《第一共和国的广播回忆》，在这次回忆谈话中，他描绘了一幅引人注目的马萨里克肖像，'他曾被女知识分子所吸引，不幸的是这些知识妇女也被他所吸引。有时因此而产生相当大的麻烦，这是很少为人所知的篇章。'连卡雷尔·恰佩克也遗憾地认为，出于政治缘由，关于马萨里克对女性的观点，他什么也不能写。(相反的是，拉德科·比特利克却肯定地认为，那位美丽的法国女士'就是玛尔基扎·吉乌利安娜·本卓妮，曾是米兰·拉斯基斯拉夫·什特发尼克的未婚妻'。)"

小说结尾时，主人公——讲述者将自己关进舒玛瓦森林里心甘情愿的孤独之中，以便能象征性地作为一个养路工，修整一条老是遭受自然灾害毁坏的被人遗忘的道路。在这个人物的内心中，隐藏着赫拉巴尔的生活哲学。

小说的结尾实际上是作者很长的一段内心独白。他借着与自己交谈来净化自己，并企图弄明白自身生存的意义。这一来，就提供了编成小说结束的三条辫子。此时，那不可置信的事情就成了现实。

二十世纪七十年代初，赫拉巴尔很不顺。从一九六九年直到一九七六年，他的作品在捷克斯洛伐克无法正式出版。他感到很无奈，但他并未被压垮。流亡国外是他所不能接受的，他根本不予考虑。结果，他没有成为流亡者，却成了一名"养路工"。兴许代替舒玛瓦的是克斯科森林？就在布拉格城郊离宁城不远的地方，在没有喧

---

① 1998 年《人民报》刊登过一篇《马萨里克与奥德拉的关系是个永远的谜》。

哗，只有间或被沙沙作响的松树梢头呻吟声所打断的寂静之中。

二十世纪三十年代末，赫拉巴尔完全沉浸于哲学学习，即使到后来，当他已经住在利本尼，常有客人来聚会，喝着一杯杯啤酒，互相朗读自己的作品之时也这样。他曾回忆说："楚姆尔博士大谈海德格尔①、雅斯贝斯②。我们最喜爱的读物是《老子》，一九五一至一九五五年，与艾戈·博迪在一起时也是这样，时常总有老子作品中的不同的某一句话，贯穿着我们整个晚间聚会。"赫拉巴尔在一九九二年写道："我曾经两年将《道德经》藏在工作围布下、衬衫里，我用两年时间将它读到能背诵下来。我在克拉德诺钢铁厂干了四年活儿，那时，这钢铁厂和《老子》就是我真正的大学……"二十世纪九十年代中期，赫拉巴尔曾当面对我讲过："这本书的确让我神清

---

① 海德格尔(M. Heidegger 1889—1976)，当代德国哲学界最有创见的思想家，存在主义的主要代表。

② 雅斯贝斯(K. Jaspers 1883—1969)，20 世纪德国哲学家，为现代存在主义哲学奠定了基石。

气爽。可是如今您看得到，这本书已完全被磨损坏了，页片散落了，不过那些句子我还一直记得很牢。"中国的道家学说成了这位舒玛瓦密林义务养路工的精神食粮。赫拉巴尔在克斯科也依赖这道家学说的果实来养活自己。五年之后(1976年)，老子的学说又一次渗透于《过于喧嚣的孤独》中，那些不连贯的格言例如"天地不仁"、"功遂身息"、"知不知为上"等等，均是赫拉巴尔最常使用的道家格言。

老子的《道德经》和中国天才的隐士、佛教信奉者的参禅，成了古代中国颇具活力的文化遗产。参禅之举在美国现代文化中的推广，爵士文化的前卫作家凯鲁亚克曾在他的《达摩流浪汉》一书中对此有所关注。使凯鲁亚克感兴趣的不仅是在寒山峻岭上的参禅，这影响到他创作的结果及写作的形式。他曾寻找一种参禅者的信仰以及他逃避社会的感受，与一个当代年轻人情感与感受之间的联系，从而看到一条寻求基本的人生真谛、回归自我的道路。一九六三年，在捷克斯洛伐克出版了一本名为《在铁路上的十月》的薄薄的凯鲁亚克散文选，从长达三十二章的《达摩流浪汉》一书中挑出了一篇名叫《护林员》的短文，其实这可以说是该部作品中最好的章节之一。一位作为防护森林火灾的护林员的年轻爵士乐手，在这荒山里度过夏天，在自愿远离文明这一点上，就像参禅者在寒山上一样，他料事如神地关注着周围天气变化中的广阔田野，注意并喂养这里的野兽，专心沉思冥想……赫拉巴尔为凯鲁亚克的《护林员》而兴奋不已，在写给"杜本卡"的一封信中说道："杜本卡，我认为凯鲁亚克的短篇小说《防火员》(赫拉巴尔这里提到的是翻译过来的《达摩流浪汉》三十二章中的片段，是以《护林员》为名发表出来的)棒极了。"在一九八五年的《手帕结》中，赫拉巴尔又指出："可以说，凯鲁亚克的短篇小说《防火员》具有一种无可比拟之美，是让人屏息的世界上最美的短篇小说之一。"甚至，我也曾同赫拉巴尔谈过好几次关于自愿孤独地处身于森林中的这个主题。

巴比代尔般的赫拉巴尔，仿佛带着微笑对孤独参禅者的独特诗人和凯鲁亚克两人说："你们已瞧见，我们坐在利本尼这永久的堤坝上，喝着啤酒，对这永恒酷爱得大声欢笑，这同时也像是梦想骑着马去英格兰的伊拉斯谟[①]写的《愚人颂》。这样一位凯鲁亚克或者金斯堡，肯定孕育了当年的我们这一代。凯鲁亚克令我倾倒，所有称之为所谓达摩流浪汉的人都非常清楚地感觉到，作家必须身处底层。"赫拉巴尔在《手帕结》中还写道："我们谈论禅佛、谈论《奥义书》[②]、谈论老子，我们所谈论的这些汉子，这一爵士乐团，这些达摩流浪汉们都知道，在诗人与他所写到的人物之间没有区别，这是同一的。总有一点什么宗教的东西，认为生命实际就是总面向超然存在的销魂夺魄的状态。这又联系到了老子。老子的哲学和他关于道的书，所谓道就是道路，当然写这道的老子是老人，而凯鲁亚克写《在路上》时是个年轻人。我主要是惊羡他的写作流、意识流。《在路上》是在很短的时间里写成的，有如打铁炉的风箱——吸气、呼气。"

在这里，的确可以找到一些外表的与内在的相似之处。凯鲁亚克与赫拉巴尔，不仅共有着某种近乎程序的外部特征。凯鲁亚克以其自由的思想、语言写出了他最著名的小说《在路上》，在描写与显现爵士乐的章节中，他最为突出的是一呼一吸的韵律及联想。赫拉巴尔的《我曾侍候过英国国王》也是用无意识的方法一气呵成，就像他自己所说的"一挥而就"。凯鲁亚克将他的写作取名为"自发的

---

① 伊拉斯谟(Desiderius Erasmus 约 1466—1536)，出生于荷兰鹿特丹，人文主义学者，古典文学和爱国文学研究家，《新约全书》希腊编订者，北方文艺复兴运动的重要人物，所著《愚人颂》为北方文艺复兴运动中的名著。

② 《奥义书》(Upanisad)，印度最古文献《吠陀》经典的最后一部分，其中多数为宗教、哲学著作。

摄于 1973 年。

散文",他的小说《在路上》甚至是写在几十米长的电传打字纸上,以免因需要不断地往打字机里装纸而耽搁时间。赫拉巴尔与此相比,他打字的速度快得使打字机"常常卡壳和结巴不畅"。凯鲁亚克的小说写于一九五一年,因为他拒绝改动一个字或增添一个标点,而不得不等上六年才自行出版这部小说。赫拉巴尔的这部小说写于一九七一年(比凯鲁亚克晚二十年),同样没有在他的打字稿上改动过一个字甚至一个标点,他的小说不得不等了十八年才得以正式出版。

舒玛瓦偏僻荒野中的养路工,他心中隐藏着禅者的深思冥想。欢快的大声吼叫,淹没在连日的狂风大雨之中,淹没在难以穿透的积雪和当地人胆小怕事、阴暗狭小的内心里。

我们再来回顾一下养路工吉杰的讲述。谈论人的后事,关于他想葬在"一座小山顶上的坟墓里,葬在山顶的背脊上,让我的棺材被这山脊分成两半断开来,让我的残肢被雨水冲向两个方向……"实际上,这指的是克斯科森林边缘维棱卡村的那个墓地,它的的确确是在山顶上(尽管不是太陡),鉴于是黏土地层,一埋就埋到了地下水中。有一次,我向赫翁问起关于《我曾侍候过英国国王》的这段题材,赫拉巴尔就将这个坟地介绍给我看了,并对我说:"这里的尸体实际上是埋在矿泉水里。那地下水和源泉连着波杰布拉迪、索特斯卡,还有克斯科区约瑟夫地下水源。"后来,紧挨着坟地的一位酒家老板还向我们证实说:"遇到雨下得很大的时候,我酒窖里的空酒桶都会在水里浮游。"在维棱卡的那家小酒馆里,可以直接眺望到一个凄凉的坟墓,而宁城的"地下溪流"10号啤酒,恰恰格外可口。

另一些人则将《国王》一书中的坟地,推断确定为舒玛瓦山地布琴村的所谓"公爵平地"。这坟地恰好位于伏尔塔瓦河与多瑙河两条河流的分水口。众所周知,伏尔塔瓦河流入易北河,而易北河则流入北海,多瑙河流入黑海。彼得·德尔霍列茨认为,该书将坟地定在舒玛瓦并非偶然。一九五六年,当地的一座教堂被摧毁,坟地被推土机铲除,在当时的广播里还谈到这件事,德国和奥地利的广播电台也曾注意到这件事,赫拉巴尔肯定听到过广播,便将坟地安放在舒玛瓦。德尔霍列茨认为,这表达了赫拉巴尔直接对连碧朴莎家庭也未能幸免的、强行迁走德裔居民这一政策的清算。

在小说的"作者说明"中提到,在他写作这部文稿的这个炎热的夏季里,他正生活在为达里的"虚构的回忆"以及弗洛伊德的"在畅所欲言中发现被压抑的冲动"而激动的情绪之中。赫拉巴尔在年轻时通过超现实主义接触到弗洛伊德。超现实主义者们将弗洛伊德看做他们的一位先辈。赫拉巴尔有一次谈话时说:"用弗洛伊德的心理分析法,可以弄明白人的本质。他的病人总是一些有缺陷的人,他们的表现几乎是富有诗意的,是疯癫的超现实主义者。我也有同样的嗜好……"在这个三棱镜之下,不仅可以看到小说的主人公,而且可以解释讲述者的视角变换。当然问题是,为什么要通过分析来解释这个人物。

可以找到很多有关赫拉巴尔通过"挪动事实"的手法来创作《国王》的实例。很多时候，他将整个故事情节加以挪动改编，仅仅是为了他更加便于讲述，更适合作品的结构，通过造型艺术丰富多彩的手段来组合作品的完美结构。有些名称、历史事件、名人名言，常常被他加工处理得恰到好处，产生出新的价值、新的事实。赫拉巴尔喜好制造奥秘，然而，他所写的一切，不管是自传性的，或者从别人那里听来的，全都建立在真实事件的基础上，然后整理成一个新的完整故事。赫拉巴尔在跟我们聊天时这么说过："制造玄奥的艺术是很重要的。我要是按照实际发生的事情来讲故事，可能谁也不会觉得有什么新奇之处，然而完全可以变变样儿来讲述，就像娱乐文学一样。于是，从平庸变成了幽默，当然重要的是不仅作者感到消遣，而且也使他的读者感到消遣。"

赫拉巴尔写出《国王》之后，让人重抄了几份，添上一个布封面装订成册，送给他的朋友们。原稿则存放在克斯科的抽屉里。就像他在最初开始写作时和他的朋友们所做的一模一样—— 一份原稿，三到四份拷贝。

文学和写作对赫拉巴尔来说是至关重要的事。尽管他意识到自己的书没法再出版，他至少为自娱自乐而写，因为这些画面曾经在这里出现过，甚至找到了共同的基础。他为朋友们而写作，的的确确是为了挑战查禁与追求不落俗套的作品。赫拉巴尔在一九六五年那次采访谈话中说："真正的诗人应该是类似普罗米修斯的人，他必须去盗火并为此而付出代价。"一九九六年，在另一次谈话中说："一个写过书而从未有过罪恶感的作家，一个写过书并出版了仍未犯忌的作家，一个听任自己写不出而并不感到触犯了谁的作家，我认为他算不得作家。"

为什么这并非政治性的小说也不能出版呢? 首先是因为赫拉巴尔本人的思想意识，与当时那个"正规化"时期不相吻合。他的《英国

1974 年摄。

国王》呢？是贯穿整个这一时期的、用完全不同于官方观点的、一条留有深深悲喜剧槽纹的危险长链，里面有异乎寻常的圣洁色情——性爱的段落。有百万富翁们的拘留所。有在森林里参加"义务劳动"的知识分子——教授。有小说结尾中的孤独与冷落……压根儿就是一大段一大段让书刊查禁部门有理由删除的情节。

赫拉巴尔在一九八九年的一次座谈会上说："你们也知道我们的政治、社会现状，对作家来说就是如履薄冰。许多题材不仅被社会习俗，而且被当时的政治关系和思想意识所禁忌，只是作家偏偏想要突破这种禁忌。里尔克常说，'我的作品有时不得不让人读起来心里不舒服，因为我就是一个让这社会不舒服的人。'"

当赫拉巴尔写完这部小说，按照在捷克的好习惯，便由匿名的读者与粉丝们以各种复制与传抄本相当快地流传开来。一九七四年，由"贝特立克"地下出版社出版。一九七六年，又由"探险"出版

第二部分

社出版。《国王》到一九八九年八月，才由捷克斯洛伐克官方出版社正式出版。九年之后，于一九九八年经在别的舞台数次上演，才由伊沃·克罗博特导演搬上了布拉格民族剧院。

　　一九九三年，赫拉巴尔在金虎酒家对我讲述过一件小趣事，"我在索科尔尼基那儿等出租车，寒风刺骨，总也不见出租车出现。当时我的头，我的脚，还有全身骨头架子都疼得要命……而且我的提包里还装着好几本给我这位作者的《国王》样书，我掏出一本《国王》来放在阶梯上垫屁股，免得太凉。一会儿，我看到有位年轻的先生开着小车过来，走进楼房，将一个什么东西扔进了邮箱。当他正准备离开时，我连忙叫住他，问他是否可以把我送到帕莫夫卡公交车站。年轻人说，'那有什么不可以的，我们正好顺路。'便帮我这个仿佛一只断腿鸟的人上了车。下车时我说，'没有别的办法感谢你，至少送您这本我刚刚出版的小书吧，您知道它吗？'说着，将我的《英国国王》交到他手上。可那司机小伙子对我微笑着挥一下手说，'您还是把它留着吧，大爷，书籍对我来说是对牛弹琴，我反正也不读书，我甚至没有时间读书。'我又将《国王》放进了提包——万事大吉！电影放映完毕！"

《过于喧嚣的孤独》
是他最在乎的、真正的孩子

一、汉嘉

一九五四年十月，赫拉巴尔又转换了一个新的职业——到国营废纸回收站上班,作为布拉格一区焦街 4079 号工作间的一名废纸打包工,一直工作到一九五九年二月。与他一起干活的是略微有点口吃的英德希赫·贝乌克特,他曾经是一名体育教员,一名举重、撑竿跳和橄榄球运动员,最后,以一位独具风格的讲故事者、气度优雅的醉汉和废纸回收站工人的身份,结束了他的生涯。赫拉巴尔最初叫他汉里赫,后来改叫汉尼,再后来发音软化成汉基,最后便又成了"汉嘉"这个名字。据德拉日杰纳街的旧书店采购员卢·斯沃博达回忆, 英德希赫·贝乌克特在二十世纪五十与六十年代间,偶然到他们旧书店去,将他在废纸回收站找到的书籍卖到那里。通常用他卖书换来的二十克朗买两瓶霍什恰克酒① 来喝,说"他不多一会儿就大着嗓门对我们大谈国际形势,还满嘴骂骂咧咧的。要是在废纸回收站什么也没找到, 他就从家中老婆的贮藏室里搬来一些自制的果酱、品相不佳的腌蘑菇来卖,有时还有臭气熏天的家制奶酪,统统三文不值两文地卖给我们"……赫拉巴尔与汉嘉不仅一同在废纸回收站地下室给废纸打包,还与这位班组长汉嘉一同到马路对过科特瓦附近的胡森斯基酒馆喝啤酒, 并从这里捎上几瓶啤

---

① 一种味道很苦的酒。

213·　　　　　　　　　　第二部分

酒回到干活儿的地方。赫拉巴尔在《新生活》一书中,借他妻子的口谈论汉嘉说:"我站起身来把脸转过去,因为汉嘉先生嘴里呼出来的酒气太难闻。我虽然站了起来,可却没法离开这地方,因为汉嘉先生在酒醉状态中说的话是那么精彩,让我惊讶得没法挪步。"有一次,赫拉巴尔还亲口对我说过:"当时我和汉嘉向店铺卖书卖杂志以及水浸过的湿纸、画页,以换来足够的钱买酒喝。"不过在回收站,他自己也找到并阅读了那些贵重的书,如尼采、库散努斯①、莱布尼兹,而主要是他的《形而上学论》。

于是,汉嘉这伟大的巴比代尔中的一员,便合乎逻辑地成了赫拉巴尔的短篇小说《底层的珍珠》中的主人公、废纸打包工。有一次,赫拉巴尔对我说:"汉嘉死于一九六五年初的一天。我们用担架抬着他去到一个可能收留他的医院,一直住到他在这个医院死去为止。"

与汉嘉在一起的经历,甚至在废纸回收站劳动的整个时期,对赫拉巴尔来说印象是如此鲜活、强烈,正如他在一九八七年的一次采访说:"我一次又一次地在小酒馆里讲述我的这段经历,讲得乃至连我都分不清自己和汉嘉这个人物,我们彼此混为一体了。于是,我不知不觉地将虚构甚至神秘都糅进了我的讲述里。我内心的这一切逐渐趋于成熟,合成一体,乃至使我不得不坐到打字机跟前,试着将这一切写下来。"

而书中这个主人公汉嘉,就成了赫拉巴尔和实际的英德希赫·贝乌克特的综合体,一半是普通工人,独具特色的讲述者,一半是知识分子和艺术家。赫拉巴尔在一九八六年与波兰记者谈话时补充过这么一句:"实际上汉嘉的另一半就是我。汉嘉所说的话,实际上是我在说。"

------

① 库散努斯(Nicolaus, Cusanus 1401—1464),德裔文艺复兴时期的哲学家,曾受新柏拉图主义与神秘论的影响,他的天然的哲学思考有着泛神论及辩证的特点,对宇宙论与认识论有影响。

英德希赫·贝乌克特是《过于喧嚣的孤独》中主人公汉嘉的原型,他年轻时是一位很棒的运动员。

二、喧嚣的孤独

　　"喧嚣的孤独"这一说法,或者说这一概念,一九六五年就已经可以在赫拉巴尔那里找到。当时赫拉巴尔在《信号》杂志上回答问题时就说:"现在我学着用铅笔在啤酒厂这个美好的喧嚣的孤寂中写作。"一年之后(1966 年),他登在《捷克斯洛伐克军人》杂志第 26 期上的采访谈话有过相同的说法,"由于我不能得到一个小房间,来培植有如著名的免疫球蛋白一样的喧嚣的孤独,那么小饭馆小酒家——就是我宁静的精神之国,与塞为卡人宁静的狩猎区相反,在酒杯相撞与交谈的喧嚣中,我恰恰能像在家里那样写作。"赫拉巴尔在《青年阵线》刊出的另一次谈话中,回答如何抵御疲倦与忧郁的问题时说:"我必须穿上衣服走到人们中去,必须走进喧嚣的孤寂之中,而我最乐意去的是谁也不认识我的地方。"

　　　　　　　　　　　　　　　　第二部分

在克斯科林中小屋外洗碗碟。摄于 1973 年。

　　一九八七年,赫拉巴尔在一次采访谈话中如此确定"喧嚣的孤独":"喧嚣的孤独这个概念不是我想出来的,是我在酒馆里听到的,有人在莱特纳一家名叫梅尔茫卡的皮尔森啤酒馆里说的。我总爱这样形容我自己,更确切地说,我是记录员而不是作家。唉!我的喧嚣中的孤独啊！"孤独对于赫拉巴尔来说，并不是什么不自然的东西，而是他性格中的一个组成部分。

三、永恒结构的忧郁

赫拉巴尔还在中学时期，就已经对哲学感兴趣，那时主要是对叔本华、雅斯贝斯。赫拉巴尔谈道，"我钦羡能够带来理智的一切，诸如一个叫什么柏拉图的'果实从美中传出'，还有莱布尼兹的'永恒结构的忧郁'，老子的'知不知为上'，苏格拉底的'我知我一无所知'，米古拉什·库散努斯的'学习无知'。"在《过于喧嚣的孤独》中，赫拉巴尔仿佛在竭力追求古典哲学思想的超然存在，乃至仿佛汉嘉将废纸压成纸包时，通过放一本书进去就能创造他的又一个宇宙。赫拉巴尔常常朗读哲学。他的思想更多地与捷克一九四八年后的思想意识格格不入，因此他的作品常常要被送进废纸回收站里捣碎。

四、思想上的孤寂空间

二十世纪六十年代末，赫拉巴尔被法国的文学评论家、结构主义者罗兰·巴特的一本名叫《零级别的手稿》吸引住了，他也常常朗读巴特的作品，并将其中有些表达方式吸收到自己的作品中，他甚至谈道，巴特是他晚年的一位导师。巴特认为："科学是粗颗粒状的，而人的生命是纤细的，为使这一差别得以平衡，我们需要文学。"作家的一切都该归列于基因之中。赫拉巴尔最感兴趣的是巴特关于写作风格的论述，即"风格总是有一种什么粗糙的未加工的东西，也就是某种垂直的、思想上的荒凉空间，是一种不确定的形式，是一种撞击的产物，是作家的'事情'，是他的辉煌，也是他的牢狱，他的僻静之所，他私人的宗教仪式的典章部分，它出自作家神秘的内心深处，在他的责任之外得以发展。这是出自那未知的神秘躯体富有装饰性的声音，有如花枝嫩芽，一种必不可免地起着作用的东西。风格只能有垂直的空间，沉没于个人内向的回忆之中，所以说，风格总是一种秘密，它的秘密封闭在作家的内心回忆之中。整个文学可以说，朝向前走，用手指着自己的面具。而文稿就是产物。文稿最初是自由的，到最后则是将作家同历史绑在一起的枷锁，其本身也是被束缚的"。

这一切，不仅对赫拉巴尔的生活与写作的一致风格产生了效果，而且首先对他的《过于喧嚣的孤独》产生了作用。的确，这部文稿就像花苞一样，是从作者身上钻出来的，"既是他的辉煌，也是他的牢狱"。赫拉巴尔还说："仿佛有人在对我口述，我只是听写出来一样。"

五、《过于喧嚣的孤独》

讲故事的人汉嘉在废纸回收站工作了三十五年，三十五年中

被那些禁书的铅字蹭得浑身肮脏,但却歪打正着地长了学问。不过在这些年月里,他一直被头头责备,喝了许多啤酒。他孑然一身,但并不感到孤独,"因为我是个追求无限与永恒的傲慢者,而无限与永恒大概特别喜欢我这种人"。汉嘉的卧室里塞满了书,从回收站搬回来的旧书,他为了自己把这些书抢救出来。倘若床下的撑梁一断,汉嘉恐怕要被几百公斤重的书籍埋掉。

第二次世界大战结束时,有人将几本被皇家普鲁士图书馆盖章查禁的书当做准备销毁的废纸,扔进了汉嘉的地下室。汉嘉试图将它们暂时存放到某个安全的地方,可有人却把这一切泄露出去,于是这些书在大雨天被扔进敞开的车厢里,运往不知什么地方去了。汉嘉在这些经历之后就明白了:整个世界的科尼阿什们①都在

① 科尼阿什(Konias),在反宗教改革时期,以搜寻和销毁捷克非天主教书籍著称的耶稣会教士,后来泛指人类文明的毁坏者。

徒劳地焚烧书籍,也许这些书籍意味着某种有价值的东西,你可听到这些被焚烧图书的隐约笑声? 因为一本好书,总是指向着别处并突显出来,这也是赫拉巴尔的实际经历。他的第一本诗歌集《偏僻的小街》,在一九四八年后由于印刷厂国有化而未能出版,到一九七〇年才直接编入《家庭作业》与《花蕾》中。一九九五年某些人抗议他在《创造》杂志上的谈话而在布拉格的水轮湾烧毁过他的书,却忘了出版社根本不肯出版的那些书。

从书本中,汉嘉学习到"天道不仁慈,人道也不仁慈"。于是,在汉嘉手下便将一些珍贵的书籍结束于水压机之中,他不因此而感到惊讶,因为他已经找到了能够冷漠地看待这一不幸的力量,他甚至还在自身找到某种享乐主义的愉悦,感到自己是一个"温柔的屠夫"——尽管在灵魂的角落里隐蔽着一种无奈。于是,他至少将经典哲学家、思想家书籍中的一本,自己世界的一小块,放进每一个将被压紧的废纸包里,通过压碾加工的纸包,创造出艺术拼图。这是往昔时光和自身关于死亡要领变奏的、不可重复的奇特之作,这是汉嘉每天的弥撒,是他的宗教仪式。该书结尾时,汉嘉在梦中借助硕大的压力机来碾碎和埋葬整座城市……然后,汉嘉在他的启示录式的梦境结尾,看到荒芜的旷野里有一个巨大的包,压成五百米见棱见角立方体的整个布拉格,连同它的整个历史、传统以及所有文稿、书籍都挤压在一起。赫拉巴尔作品的翻译家苏姗娜·罗托娃女士说:"例如二十世纪五十年代初以及后来的七十年代特别艰难的历史时刻,在赫拉巴尔的作品中,并非第一次偶然出现关于布拉格启示录式的消亡预见。一九五〇年,赫拉巴尔就在《布拉格圣子》一文中让这座城市恰恰毁于压力机:

"我走下来,眼见挤向布拉格的压力机缓缓地下降,越来越低。"

书中的汉嘉说:"我最喜欢去的地下室是暖气房,那儿有一些人受过高等教育,他们被工作紧紧拴在那里,犹如家犬拴在自己的窝里,他们在撰写当代史……"汉嘉承认并证实那不仅是某个人没有出路的状况(一种无用之感、生活中的冷漠之感、渐渐衰老接近死亡之感),而且是二十世纪七十年代整个社会的一幅画面。"在这个地下室,我得知,第四种人的数量在如此地下降,工人们怎样从底层进入了上层建筑,而受过高等教育的人又如何像工人一样劳动,我尤其喜欢同两位淘沟工人交谈。这两位科学院院士在那里干活儿,同时撰写有关布拉格纵横交错的下水道的著作。"接着,汉嘉指出:"于是我知道了,看到了兰波的'精神战争像任何一场战争同样可怕',这句话说得多么正确,我也领悟了耶稣那句冷酷的话,'我不是来送和平,而是来送剑的。'在我国,古希腊这优美的文化就好比一种典范和目标。而中欧文化传统之于汉嘉,也是当代文化的一把尺子(从萨特、加缪①、尼采、康德、黑格尔②倒推到古希腊罗马文化)。我还发现,即使在布拉格郊区,同样的古希腊投影也遍地皆是。从普通民房的墙面上就可以看到,大门和窗户周围都装饰着男女裸体雕像和异域情调的花卉草木。我一边走一边想着受过高等教育的锅炉工对我说的一番话,他说东欧的起点并不在波希契斯卡城门外,而是在加里西亚的某地,在奥地利皇家火车站的尽头。古希腊精神不仅表现在布拉格普通民房的墙面上,而且灌满了居民的头脑。唯一的原因就在于古典主义的中学和人文主义的大学,在千百万捷克人的头脑中塞满了希腊和罗马。当两个鼠族在首

---

① 加缪(Albert Camus 1913—1960),法国哲学家、小说家、剧作家、伦理家和政治理论家,二战后成为法国、欧洲乃至全世界当代人的代言人及下一代的良师益友,其著作主要涉及人在异己世界中的孤独,个人和自己的日益异己,以及罪恶问题和死亡之不可避免等,准确地反映了战后知识分子思想的迷乱和幻想的破灭。

② 黑格尔(Wilhelm Friedrich Hegel 1770—1831),德国哲学家、古典哲学的代表。

都布拉格的下水道和阴沟里进行着似乎毫无意义的战争时，那些被放逐的天使，受过高等教育和在一场本人并未投身的战争中吃了败仗的男人们，眼下正在地下室和地窖里工作着，并且继续绘制一张更为精确的世界面貌图。"

有一天，当汉嘉在压榨一包从屠宰场运来的血糊油腻的废纸时，他正喝到第四杯啤酒，压力机旁出现了举止文雅的年轻人耶稣，他身旁随即站了一位满脸皱纹的老年老子。"我见那耶稣在不停地登山，而老子却早已高高地站在山顶。我看见那年轻人神情激动一心想改变世界，老先生却与世无争地环顾，以归真返璞勾勒他的永恒之道……而耶稣神情激愤，一直被一些青年男子与美貌女人簇拥着，老子却孤零零地独自寻找合适的墓地……我看见耶稣有如一个乐观的螺旋体，老子则是一个没有缺口的圆圈儿。"接着，汉嘉拿起尼采的书翻到那些描述他同理查德·瓦格纳建立起星辰般友谊的书页，一按操纵杆，将整包血糊的纸连同一大群苍蝇统统压扁了。

可是，耶稣和老子又回到梦里……"耶稣有如涨潮，老子却似退潮。耶稣像春天，老子则是寒冬。耶稣体现的精神是爱所有的人，老子则是空零的最高境界。耶稣是朝着未来前进，老子则是退到本源。"这已是另外的时代……后来，汉嘉仅出于礼貌在布普尼回收站作友好访问。那里有最新式压力机，站在上面工作的是穿着彩色套装的年轻男女工人，废书打成的包直接掉进传送带，传送带再把它们直接运到捣臼里，连一页书也不会蹭脏人的眼睛。这些年轻人、前程无量和无忧无虑的工人们在津津有味地就着牛奶吃点心。社会主义劳动突击队每个周末都乘车到企业的度假屋去休长假，甚至到希腊去旅游——不过不是去访问古希腊历史名胜古迹、历史发源地赫拉德，也不打算了解亚里士多德和柏拉图，年轻人到那里，是去海边游泳，晒黑那希腊式身体，而不是去让历史文化来麻烦自己。

在公共食堂。摄于 1978 年。

汉嘉也意识到,这里确实已经开始了新的时代,它有新的人、新的劳动程序和方式,因为自己是别样的人和别样的劳动方式、思维方式。一种关于"人的存在的渺小"感觉,一种生存的空虚感和"永恒结构的忧郁",充斥着他。

当汉嘉回到他的回收站,回到他的"天堂花园"时,头头通知他将被分配到别处去捆白报纸,去捆干净的纸,到梅朗特利克印刷厂地下室去捆扎纯粹普通的干净纸,这无异于将他赶出了"天堂"。

"我无可奈何地站在查理广场,呆望着教堂正面墙上闪闪发亮的洛约拉的伊格纳休斯像,一圈光环从他周身放射出来。他立在教堂的正面墙上,然而我看到的不是光环,而是一只竖着的金色澡盆,卧在盆中的塞内加①直立着,这是他在用刀子割破手腕之后,向自己证明他的想法是正确的……"于是,我们看到,这位非常特别

① 塞内加(Laucins Seneca 公元前 4—公元 65 年),古罗马雄辩家、悲剧作家、哲学家、政治家。

223·

的英雄汉嘉,用书籍在压力机下铺床,像塞内加跨进澡盆一样,汉嘉躺进了压力机的槽子里,以便压紧最后一个包——放进去的不是珍贵的书籍,而是他自己,就像老子的"出生入死"。

像塞内加和苏格拉底一样,汉嘉在他的回收站地下室,自愿选择了死亡,同时意味着他升入了天堂。

《过于喧嚣的孤独》结束了赫拉巴尔为纪念卡夫卡而写的悲伤曲。苏姗娜·罗托娃说:"在小说《过于喧嚣的孤独》中,赫拉巴尔将哈谢克与卡夫卡的传统结合在一起了,也许可以预先想到这样一个题目——为哈谢克和他的啤酒馆拥有的喧嚣,为学习场所中的卡夫卡拥有的孤独。"

在作为一个文学形象的汉嘉身上,可以引证这种相互联系。相近的特点,将他与帅克和约瑟夫·K(卡夫卡小说中的人物)联系在一起。他们不同的世界,相互彼此吸收,孤独的作者看到他的主人公在两条线路的布拉格文学传统中,有如两个地震仪般敏感的孤独人物结合在一起,他们几乎没有爱情,而且也没有哭闹的孩子,或者在被毫无理解的世界包围中沉默一生。

六、成熟的顶峰

赫拉巴尔在谈话录《手帕结》中表示过,"《过于喧嚣的孤独》是我成熟的顶峰,我只是用一种方法来表示一个时代的结束和新时代的开始。这个只习惯于按老式的用手来干活的汉嘉,遇上了使用机器的时代,这就意味着在我国整个时代已经断裂。这种写法既是现实主义的,同时也是象征性的。整个时代持续了也许好几百年或者上千年,而汉嘉就处在这个断裂之间,仿佛木板断开的碎片扎进了他的体内,不只是扎进他的心里,而且也扎进他脑子里。这个汉嘉的确存在过,只不过原本没有那由我提供给他的知识分子的弹药。我用了可以当做哈谢克的帅克来读的那种方法,将它写了下来,尽管与哈谢克相比,这更加靠近美的文学。"

赫拉巴尔于一九八七年与波兰记者的谈话中还说:"因此,像每一个新时代要消除前一时代所表现和生存过的一切那样,连珍贵的书籍也要死去,这是合乎逻辑的。而我作为自己时代的孩子,不管我乐不乐意,都得提供这断裂木条的证据,而我的确不过是一个温柔而敏感的屠夫而已。"

《过于喧嚣的孤独》以其自身特点与历史情况(现实时代与城市背景),似乎可以让你联想起富有政治特色和抗议性的著作。然而,这首先是一部有着更多层面的艺术作品——如汉嘉的恋人曼倩卡的怪诞情节,对小茨冈女郎带有死亡与性爱契机的圣洁关系,等等。当然,它也是将作者与历史联系在一起的艺术作品。

赫拉巴尔在他的《关于解剖自己尸体的消息》一文中说:"关于《过于喧嚣的孤独》一书,我还需要说的是,我第一稿将它写成阿波里奈尔式的诗句,也许因为我不想受那些标点符号的烦扰,也许因为我把整个这一故事仅仅看做是个抒情故事。然而,当我第一次读了这一手稿时,发现我是用布拉格的捷克语,并非俚语而是口语进行的写作。我突然发现,我这个违背自己意愿成了有学问的普通人的主题,写得一点儿也不幽默,我发现这样一来,布拉格的幽默受到一丝不苟的捷克书面语言的更大伤害。于是,我便激情满怀地改用另一种方式来重写《过于喧嚣的孤独》。我拿定了主意,就在瞬间的印象下,或者说根据天生的漫不经心,将原来的稿子挪动一下,轻而易举地变动一下,因为我已知道,我不可能对这稿子有所损坏。我对这稿子感到畏惧,我只要一对自己的稿子感到畏惧,那么它起码会是好的,直到我读了一遍这篇用书面语言写成的稿子之后,才看到它已获得了比整个空间还要大的空间,直到此刻,这个故事才算得上是动人的,因为它的智慧比酒馆趣闻逸事更富有杀伤力,无论是《国王》还是《孤独》,我都是用'一挥而就'的方法写成的,就像客车白天缓缓驶入很长的隧道,或者驶入昏暗的黑夜。不管是《国王》还是《孤独》，都是我害怕阅读的作品，我甚至连瞅它一页都害怕。我并不仇恨这些过去的作品，更多的是，我对它们漠不关心，人们如果根本不阅读它们，我当然觉得不是滋味，但要让我回答一些赞赏的问题，我就很反感，甚至感到很不好意思。"

赫拉巴尔在一九八七年的那次采访谈话中还补充道："现在我已经老了，也无所畏惧了，甚至我还想，我那作品还很不错咧，正因为这样，我对它感到害怕。眼下我想，我这《喧嚣的孤独》大概是我最好的一本书，与我所写的所有其他的书相比，这本书的整个空间更大，在书中浸透的不仅是变野了的小丑，而且也有温柔粗汉的含蓄。我写了这样的作品，里面交织着时间的乃至超时间的题材，创造了一种类似久远过去与活生生现在的虚构博物馆这样一个统一体。"

一九八九年，赫拉巴尔又一次谈到《孤独》时说："也许我活着并写作，仅仅为了写出《喧嚣的孤独》。这部作品所表达的多余的表面水平的谈话……这部作品，综合了实实在在的汉嘉对我所说的和我所领悟到的，以及我从世界文学与艺术中所得知的。这部作品是某种显现，吸气和呼气。这是一部布拉格式的作品，也许因此我从拉贝河畔来到大都市，透过我这灵感的钻石眼，说出我必须勇敢地说出来的话。我为这部作品吓了一大跳，然而正经像样的作品就该让作者感到惧怕和刺激。我总以为在写出这样的书稿之后我会死去，而我没有死，于是我必须好好尝尝这巨大恐惧的滋味，因为在我国写出这样的作品，总是一种不凡之举。"

国外好些评论说《过于喧嚣的孤独》是"被专制制度摧毁的灵魂最辛辣的画面之一，同时又是卡夫卡式的，以世间凡人的处境为主题，骨子里饱含着布拉格的幽默故事"。

萨特曾经有文章说，欧洲的巨作将在这里，也就是在我国产生。这小说是指的《过于喧嚣的孤独》吧？

我再回到赫拉巴尔的朋友巴维尔·米西克对我说的："赫拉巴

尔最在乎他的《孤独》了，这是他真正的孩子。"

捷克造型艺术家和版画家奥特希赫·哈麦拉回忆说："一九七六年某个时候，赫拉巴尔在晚上给我送来了《喧嚣的孤独》的打字稿（我就住在离他不远的科比利希），大约有八十来张，'我明天早上来取走。'他对我说，然后转过身去，还补了一句，'你这臭小子，可别又拿去复印，让它传了出去啊！'可我理所当然连夜就复印了一份，那时赫拉巴尔可能真的不乐意我这样做。过了一段时间，等到赫拉巴尔已经平静了些，我就接着印了好几份。我以自己的方式安抚了他，尽管他转过脸去，挥一下手说'你别对我说起这个'，就像遇到烫粥一样绕着道儿走了。对我来说，《孤独》是赫拉巴尔的，也是整个文学的最佳作品之一。这本书让我入迷。"

二十世纪七十年代，《孤独》立即被好几个地下自行出版社出版。一九八九年十二月，才得到官方正式出版，一九九五年拍成了电影。

据雅·克拉古瓦教授说，赫拉巴尔写作《孤独》时还从马勒的第三交响乐中得到灵感，他反复地播放过这一音乐。据说从伊赫拉瓦军营里吹出的忧伤的黄昏曲，也曾让他受到影响。如果说赫拉巴尔的确从马勒的音乐中获得灵感，我想，那就是听了马勒的第九交响乐，首先是第一和第四句。在这几句里，马勒不仅表达了临近死亡的感觉，而且还有来自逐渐离去的时代的一种压抑感。就像《孤独》是赫拉巴尔的顶峰一样，第九交响乐则是马勒的顶峰，你还可以在克斯科赫拉巴尔的工作台上找到马勒的第五交响乐。赫拉巴尔也的确听到过从伊赫拉瓦军营里吹出来的熄灯号黄昏曲，并爱上了这温柔而忧伤的号音。

第二部分

赫翁的小酒家小饭馆情结

赫拉巴尔的名字对许多人(恰当地说,是指那些只靠阅读不入流刊物的社论来度日的非读者)来说,或多或少成了有爽口啤酒可饮的舒适的捷克小酒馆同义词。在这种小酒馆里,总有人海阔天空地讲些不可置信的东西、夸张地要活宝出风头,那些就着满盘子香喷喷热腾腾红烧牛肉猛灌啤酒的汉子们,在这里讲述着不靠谱的夸张故事……这看去像"赫拉巴尔式的"一切,代表着捷克环境所特有的某种文学。然而,赫拉巴尔的真正文学,对这一部分同胞却是第二位的,被高度压缩在由门采尔导演的带有某些大众观念的两部电影中[①]。在这些小酒馆里,每天发生的事情有如菩萨庙里一样,里面坐着的它的灵魂——它本身就是最大的巴比代尔——博胡米尔·赫拉巴尔,这种躁动的环境,使这些小饭馆小酒店一直保持着它的优势地位。赫拉巴尔与同桌的顾客们就在这里一块儿谈天说地,末了他还为大家埋单。

有个问题可以帮助人们消除其基本的误会,或者不同的看法:小饭馆小酒家对赫拉巴尔究竟意味着什么?有什么意义?对他来说究竟有多大程度的必要性?诸如赫拉巴尔跟酒究竟有多深的关系?他的确是一个酒鬼吗?这样的问题可以提出一大串来。

"我对啤酒的态度是虔诚的,我想说是先天的……"赫拉巴尔一九九三年曾这样回答过新闻记者的提问。显然他认为跟小酒馆的关系也如此。

[①] 门采尔曾导演过多部由赫拉巴尔作品改编的电影。此处所指的两部电影是《严密监视的列车》和《雪花莲的庆典》。

当四五岁的小博胡舍克跟父母住在波尔纳小城啤酒厂的职工宿舍时,他一大清早就在小城里满处逛荡。这个如同小城所有的小男孩一样的孩子,身穿金扣子红外套,头戴插鸡毛的警察帽,多次随着殡葬队伍一直走到墓地大门。当乐队送葬以后回到小酒馆参加招待宴,开始演奏快乐曲子时,小博胡舍克便坐在乐师们中间,喝着他们杯子里的烧酒。赫拉巴尔在《我只回忆那些阳光的日子》(1998年宁城私人出版)中描述说:"我常常在跟着乐队送葬回来时喝得醉醺醺的。我记得,有一次整个厨房都旋转得让我没法解开鞋带,我直喊,'妈,快把小凳子按住,所有的东西都在转啊!'"小博胡舍克还以同样的方式参加当时在波尔纳某处的一些婚礼,他又喝了乐师们的酒……

在波尔纳啤酒厂,大多喝的是啤酒。随便拿上一瓶两公升装的啤酒,或是到发酵室去弄点鲜啤酒恐怕并不困难。小博胡舍克的妈妈不也是上午"胃口蛮不错地喝了两瓶啤酒,还直舔嘴"吗?就这样,当同龄的孩子只喝水或牛奶时,小博胡舍克却已端着啤酒碰杯了,于是他一生都保持了这个嗜好。他在同一篇文章中坦言:"在一定意义上说,我喜欢不完全喝醉,而是微醺,这啤酒总给我激情,有利于产生怪诞与幽默的某些感觉。"

一九一九年,赫氏一家搬迁到宁城。小博胡舍克那位已是啤酒厂总管的继父弗朗茨,有时带着他到由宁城啤酒厂提供啤酒的各个酒馆去巡查,骑着摩托车绕过乡间各个小酒馆。当弗朗茨好长时间坐在厨房里,帮助小酒馆老板整理税务账目,帮他们出主意纠正错账时,小博胡舍克就独自坐在酒馆喝柠檬水,一杯接一杯地喝柠檬水,那红红的或黄黄的在杯子里嘶嘶作响的柠檬汁。到了下一个小酒馆,情况又如此重复。"我乐意跟着爸爸逛,放学后我就跟着他骑车出去,如果是假期,我每天都跟爸爸转遍宁城内外的小酒馆,我已经能把它们的店名全都背下来了……"

小博胡舍克从小就一再观察这些小酒家、小饭馆,并爱上了它

20世纪20年代，继父弗朗吉舍克骑摩托车外出工作，时常带着赫拉巴尔。

们。他在文章中回忆："这些乡间小酒家小饭馆对我的了解也如同他们家里的一员。我在这里很幸福。"

其实赫拉巴尔家的朋友大都是些小酒家小饭店的老板，他们也常到赫家来串门。

小博胡米尔在中学期间，作为一名少年就已经会喝啤酒了。据说他"同父亲一块儿喝咖啡时，就着他爱吃的罂粟籽小甜面包，还要喝上好些啤酒"。他仍旧继续跟他父亲外出检查账目，正如他在《我是谁》一文中写到的，"不管跟我爸到哪里，我就在哪里'做啤酒广告'。我一杯又一杯地喝着啤酒，一个劲儿地称赞着，说这啤酒有多么好喝，有多棒，我就是这么又说又有胃口地喝着啤酒。不仅老板们，就连顾客们也感到惊讶不已……于是，我就这样坐着摩托车跑遍同样的小酒馆，一杯接一杯地喝着啤酒。爸爸继续轻声地与老板们解决着有关啤酒展出和交税方面做得不妥等问题，而我则坐在灌酒柜台旁边，第三杯啤酒下肚之后，就和顾客们聊起天来。"

这个时期，在宁城与周围附近的小酒馆多得像线上的珠子一样，仅在宁城城里，据说早些年，啤酒馆的数量按居民人数的比例来算就有些超常，一条街上八家酒馆，有女招待的就占四家之多。

　　贝宾大伯则帮这些有女招待的小酒馆做了"广告"，他是这些酒馆的常客，他不光自己在这里玩得开心，还拿跳舞、喝歌和讲段子逗其他人开心。一九四一年十一月，啤酒厂总管弗朗茨·赫拉巴尔收到一封信，宁城长官以市府名义要求他采取措施，"在现今这时代，别让您的哥哥约瑟夫——当地啤酒厂的酿酒工在小酒馆跳什么舞，因为舞蹈是被普遍禁止的。"

　　赫拉巴尔在布拉格上大学时，只是在星期六和星期天才回到宁城的小酒馆，他最喜欢去的是拉贝河桥下波斯比什酒馆，上午在这里打打台球和玩扑克，也弹钢琴。卡雷尔·马利斯科在他的《几句关于思考的话》中写过赫拉巴尔那时喝得酩酊大醉的不少故事。

　　在学习期间，赫拉巴尔采用了理解复杂教材的一种有趣的学习方法，他这种方法在他一生中以各种不同的形式和强度反复出现过。"我是如此地爱喝烈酒——我们总爱直接拿着瓶子喝，因为这能激发你思考……当你的思想冻结怎么也活跃不起来时，总而言之，你怎么也读不进书时，比如像我在无法深刻领会叔本华时，我就马上往大酒杯里倒酒，等我喝到第二杯时，我的思绪被点燃了，开始活跃起来，你得继续加把劲儿，只要你继续加把劲儿，那就会出现妙趣横生的现象。自然，随后你会突然感到酒劲儿下降的趋势，折腾这么四小时之后，你就去躺一会儿，躺到床上去——我连下午也躺在床上睡觉……一九九五年，在意大利与那些僵硬思想的记者相比，我们醉成了什么样，同一年内，我们又是怎样在马德里醉酒，一年之后，又怎样在帕多瓦醉酒的！一九九六年十一月，在柏林又是怎么'被点燃'起来的啊！甚至用不着瓶子，直接捧着缸子喝……但是到床上躺那么一会儿，还是蛮不错的。"赫拉巴尔又是在《我只回忆那些阳光的日子》中回忆道："我从孩提时候便学会

了喝酒,不是为了壮胆或解愁,而是为了兴奋、无羁,为了有个好心情。只要有人在啤酒厂附近什么地方吐了一地,只要有人在夜里大声吼叫,一大清早就会有人到我妈面前来告我的状,甚至在我离家已经好几年之后还这样。"

一九四六年,赫拉巴尔当了保险公司代理。从一九四七年起当了商业代表、服饰商品销售员,跑遍捷克地区,在便宜的小旅馆过夜,每天都在小饭馆里用早餐、吃午饭和晚饭,喝啤酒,直到一九五〇年,他才彻底扎根在一个地方——布拉格,又每天都在布拉格的利本尼、日什科夫、维索昌尼的小饭馆过着年轻人的,说得更确切点,无拘无束的生活。整整四分之一个世纪,他都在小饭馆就餐,很少时候,更可能是阴差阳错,才上正式饭馆或旅馆饭店吃饭。赫拉巴尔说:"那些地方我总不爱去,我在那里甚至觉得胆怯,直到我走

在废纸回收站劳动工休常去的布拉格"锚"酒家。摄于 1978 年。

出了这大饭店的门，进到第一家小饭馆小酒家时，我才觉得自在了。这里有我喜爱的人们，有我与其建立了友好关系的服务员和老板，我在这里就像在我自己家里，谁跟谁都不见外。"

和赫拉巴尔一块儿飘荡的人都是他的朋友——温柔的粗汉——艾戈·博迪和沃拉吉米尔·博乌德尼克（当然过些时候还有一系列其他朋友）。常言道，诗人永远是口渴的①。他们在一块儿讨论和朗读自己的作品，喝着"上天赐予的七度啤酒"，他们喝着啤酒不思归家，直到第二天早上。一九五一至一九五五年间，他喝啤酒纯粹是为了找乐子。艾戈·博迪于二〇〇〇年十月在布达佩斯对我证明说："我只要一见到啤酒泡沫就会口水直流。我和赫拉巴尔从小饭馆把啤酒打回家去，倒进盆里，让我们有个聊天喝酒的安静独

---

① 意即爱喝酒。

在经常光顾的布拉格金虎酒家门前。

摄于 1978 年。

处的环境,也就是痛痛快快地喝酒的片刻时光。只有在很少、的确很稀有的情况下,我们才坐在小酒馆里。一周有两个夜晚,我们要喝上一百公升啤酒,聊的只是,仅仅是哲学和艺术……"

然而我们并不否认,与博迪相比,长他十六岁的赫拉巴尔在狂饮啤酒中,不只是为了快活,还有另外一些理由,至少让他能片刻地忘掉那个时期的专制与不自由,以及对生存的担心,对犹如逐渐走进黑暗地道的未来的迷茫。

赫拉巴尔在喝啤酒的时候,便成为(尽管只是一会儿)朋友们注意的中心,所谓"头号人物"。从一九五三年起,来找赫拉巴尔的下一代诗人,就没喝那么大量的啤酒了。

后来,赫拉巴尔在《婚宴》中写道:"喝醉之后,最美好的不是那股兴奋感,不是醉意最浓的那时刻,也不是那双举起的手和源源不断涌现出的奇思异想。最有价值的是在第二天那种喝大之后不舒

与托马什·马扎尔(左三)、瓦·卡德莱茨(左四)以及酒铺伙计在金虎酒家。摄于 1992 年。

服的感觉,良心责备,那种沮丧忧愁。当一个人情绪低落时……这就是醉酒过后头疼的力量,想要开始新生活,而且我在酒后难受时,至少会出现一些我在清醒时害怕去思考的想法。酒醉头疼之后,往往出现一些若在平时会让我吓一大跳的思想。这是一些虽然不会太多,但也总有一点点进步的思想。"赫拉巴尔在他感到身心疲惫不堪时,脑海里也会冒出他妈妈经常责备地问到的"你将来能有什么出息呢"那个问题来,还该接上一句"我现在这副德行算什么呢"?

赫拉巴尔的写作,在很大程度上成了对这酒醉状态,对这无奈,对那想以自杀来逃避、离开自己的情绪的一种抵御。赫拉巴尔通过他妻子的口气对自己诋毁说:"我丈夫对这种状况也习惯了,这也属于他肖像画的一部分。于是他喝啤酒,喝得比过去更多,他对啤酒已经没有了胃口,但还是喝,因为他想在别人面前当个'头号人物'。实话说,我丈夫只喜欢微醉,只想变得兴奋些。他独自一

酒后跌跌撞撞走出克鲁肖维采酒家。摄于 1991 年。

人时,从来没喝醉过。但只要和一堆人,只要有人到我家来欢聚,他就喝开了。倒不是因为他很爱喝,而只为图个高兴,可到后来为了逞能,为了不落后于别人,于是就喝个痛快,就失控了,直到喝大为止。他并不是一个酒鬼,但是在这个晚上或这个下午他必须是冠军,世界冠军。我直吼他……每隔五分钟便求他,'别喝那么多!你已经醉了!'他自己也许会想到明天头疼得厉害,可是仿佛正因为我提醒他说'别再喝了,你醉了',他就偏要灌自己,直到讲话结巴,干些傻事为止。"另一处,赫拉巴尔在他的《诗意列车》一文中总结得简单明了,"醉酒教会我死里复生,酒后头疼充分地教我明白,世上没有任何东西是白给的。"

当赫拉巴尔于二十世纪六十年代中期在克斯科买了一所小木

第二部分

在克斯科林中小屋搬运搅拌机。摄于 1966 年。

屋时,他在乡间原野游荡的首选,自然是去乡间的小酒家小饭馆会见老乡们。他很快就将小木屋前的木栏杆涂上一层白漆,领导们问他为什么偏偏挑上这么个耀眼的白色时,他微笑着回答他们,这样一来,好让他在黑茫茫的夜里从小饭馆回来时容易找到家,也免得挨什么东西碰着。这点用心,到他晚年也一直发挥着作用。

如前所述,喝啤酒对于赫拉巴尔来说是为了心情愉快、活跃思维,这就需要与人交谈,需要说话。不单赫拉巴尔一个人是这样,随你去到哪个比较热闹的小酒馆,你就会听到人们因啤酒而打开了话匣子大声交谈。"当然,正常的交谈与正常的思想,说者和听者都是要担一点风险的。因此,对于我,喝啤酒是个神圣的时刻。我甚至还知道,小饭店小酒家和里面的桌子有一种庇护所的权利,就像古时候你若跑进了教堂,人家就没法在那里杀害你一样。"请注意,赫拉巴尔已经不只一次将啤酒馆比做教堂。

与本书作者托马什·马扎尔(左)和《赫拉巴尔文集》出版者瓦茨拉夫·卡德莱茨(右三)在乌·辛古啤酒馆。摄于 1993 年。

　　"小酒馆是什么？按我的感觉它是什么？"赫拉巴尔在他的作品中提出了这个问题。这不是用一句话就能回答得了的问题。他在《何谓小酒馆》一文中写道："首先，小酒馆能让你放松一下，与你径直回家找老婆大发雷霆不同的是，在小酒馆里，你整整一天的紧张得以慢慢清除。小酒馆也是个忏悔、释放潜在意识流的地方。

　　"然而小酒馆小饭店首先是人们尽情表演出风头的地方，在那里，就连那些最普通的小人物也能即兴表演，能够说出些富有灵感与想象力的言辞。小酒馆在其宗教仪式中是个集体剧场，在这个剧场里，那些相当普通的人常常扮演他们想要成为的人，将自己的生命升华到生与死的边沿。小酒馆是这样一个地方，在这里，可以在活生生的剧中和画面中进行平时难以达到的表演，在这里，你无意中可以得到认可，即一种尊严，随后进入一种自责的心态。也可能还是对陈规旧律的一种极端抵制。小酒馆也是一个力图在最小限

与本书作者托马什·马扎尔在乌·辛古啤酒馆。摄于 1994 年。

度中改变世界的地方。"赫拉巴尔接着说，"一切思想都是不可调和的，但普通人拥有的一切矛盾冲突，都能在啤酒桌边化解。此外，还有一点不容忽视，在小酒馆可以比较容易地等待死亡。不是说'死在小酒馆的人是被上帝选中的人'吗？很少有人死在小酒馆里，因为那儿的人是这么多。"

让我们暂且将赫拉巴尔所有关于啤酒馆的幽默诙谐陈述放在一边。这里，还有一段关于小酒馆的重要陈述，"在小酒馆里，像是一个面对实际的庇护所，人们不断地聊天，饶舌，解释着什么，喧哗，为的是别去想现实中的事儿，在这些地方人们所说的话，往往会放松地道出本质的东西来。

"我的这些小酒馆呀，从来不是什么机关，什么忏悔室，我上小酒馆也不只是去打听什么，我只是那么坐着，从不勉强人家，像一个采访者那样开始询问公众意见那样。我就这么坐着，喝酒，聆听，等待着，绝不贪婪。突然，有人会自个儿，就像我有时并没有想要怎么样，可突然不得不坐到打字机面前那样，有人开始讲些似乎违反

摄于 1975 年。

社会的、似乎有些煽动意味的话来……这一瞬间,我在小酒馆里通常有一种感觉,我是在自己跟自己说话,我的那个公开的原告同时又是忏悔神甫在对我说话,觉得我自己关于自己所想到的只涉及我一个人的一切,原来是普遍的,仿佛那位讲述者和自责者只是为了帮助我表达出我的那些偏颇、那些特别、那些最隐蔽的愿望和一反常态的思想,他才降世的。"

　　与赫拉巴尔坐在小酒馆同一张桌子的时刻,就像诗人伊希·史莫朗茨描绘的:我们就好比"坐在森林中的隐蔽处等待飞禽那样,生怕会将它吓跑……实际上没将他也就是赫拉巴尔吓跑"。当赫拉巴尔下午三点以后来到金虎酒家时,其他人已经坐在桌边喝酒,赫拉巴尔的朋友中谁也不跟他打招呼,尽管他们很在意他,但宁可装成啥事也没有发生过的样子,只当做是来了一个陌生人,而这陌生人又只是偶然来这里喝一杯啤酒而已,他根本不聊天。赫拉巴尔自己说:"在我喝第一杯啤酒时,我脸上相当明显地表露出我不高兴回答任何问题,我期盼着喝这第一杯啤酒,要我适应这吵得要命的小酒馆,跟这么多的顾客、这么多的谈话适应,还得持续相当长的一会儿。"直到后来,根据人们所聊的内容,赫拉巴尔才开始加入同桌人的谈话,或者讨论一些所谓"平庸问题"(如房租涨了呀,路税呀,等等),不过这时,他还是固执地保持着沉默。赫拉巴尔在他的《赫氏隐私日记》中说:"只有当聊天涉及哲学、造型艺术,只有当我感到我有足够的能力与信息说到这些时,我才立即云开雾散,对这些问题大发宏论。我不顾一切地打断人家的谈话,大声地、几乎是吼出来一句一句话,我非吼不可,好让旁桌的人也能听到……可等到这雷鸣电闪的劲儿一过去,我便又自责地环顾一下四周,坐下来接着喝我的啤酒。现在只管让别人去表演去出风头,因为我已为此不好意思,而当我在尽情表演时,只想着自己要当'第一把交椅',哪怕一会儿也行……"

这就是赫拉巴尔式的带有某种表演成分的即兴演出,在这方面,他的确称得上"第一把交椅"。当然,赫拉巴尔自己也承认,你必须有这能耐,不仅是知识而已。只要赫拉巴尔遇上涉及文学、艺术、哲学……一类问题,他的吼叫就更为频繁一些。他开始发言,并掌握着谈话方向……这都是一些让人不能忘怀的时刻,常常像那些内容比较宽松、活跃的大学讲座。

在《越肩偷读到的信件》中,赫拉巴尔曾这么说:"很早以来,小酒馆小饭店就是我的第一个家,我喜欢在小酒馆小饭店里吃午饭、晚饭。在家里我总是要多吃一些馒头片和肉,这并不好。小酒馆小饭店是我的健康餐,我总是先喝啤酒,然后才吃饭,以饭作为结束。我年轻时,上小酒馆小饭店总是穿得漂漂亮亮,跟进剧院、参加什么喜庆活动一样。"

赫拉巴尔如此赞美的小饭馆饭菜,在他妻子去世后,的确成了他的病号饭。他在小饭馆吃得很少,主要是非常不乐意当着别人的

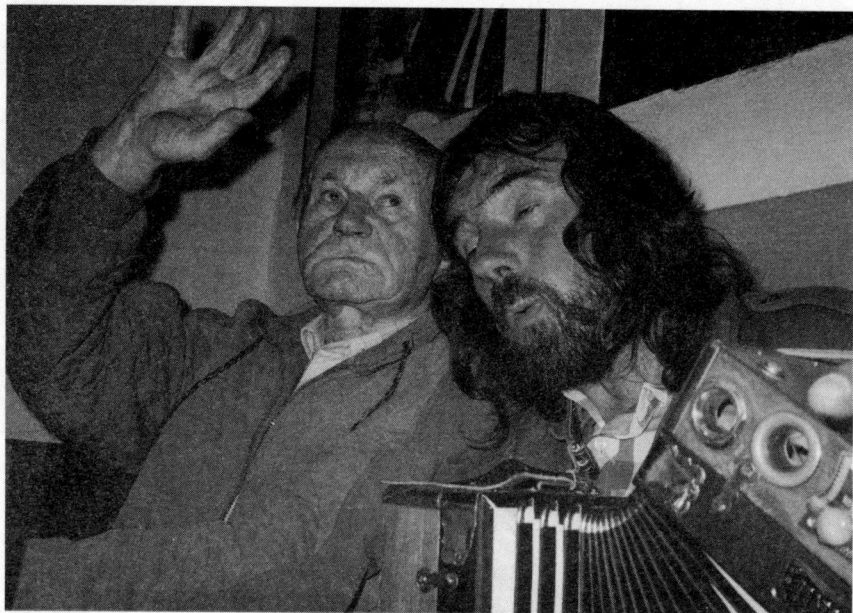

与手风琴手贝普恰·恰戚尔在乌·辛古啤酒馆。摄于 1994 年。

面一个人吃饭，倒有点像是尝一尝而已。准确地说只啄一点儿朋友们给他带来的东西——从法国旅行带回的奶酪、摩拉维亚的家制熏肉、一小块抹着斯特拉科尼采肉泥酱的细长面包……或者，他自己买的和喂猫剩下的，也就是一小块切下的灌肠，一条用来下啤酒的最棒的肉卷。赫拉巴尔常将他这些美食放在从厨房借来的一只小碟子里，请同桌人一同分享。这常常是他平日的午餐和晚餐。有时他还对同桌朋友建议说："你们今天准备吃什么？这里有很棒的牛上腿肉。"于是大家都订了这份菜，他也订上一份，因为他也爱吃这个，但又觉得光他一个人吃这个有点别扭、不合适。有时，他还这样解决问题，为他在金虎酒家这一桌的人要了一大盘上面放了奶酪、灌肠片、烤牛肉、酸黄瓜的面包片，有些人狼吞虎咽地享用这些美味，而赫拉巴尔只是不时地啄上一点儿桌面的碎渣儿，就已经感到心满意足了。

总而言之，赫拉巴尔上小酒馆就是为了去喝个啤酒和聊天。他还引用画家约瑟夫·伊拉的话说："有喝的，就用不着吃了。"

在《新生活》一书中，赫拉巴尔通过妻子的口气描述了自己上班期间会选一天假日，然后身着节日盛装从早到晚在当时的利本尼街道闲逛，到好晚才回家。说他走在堤坝巷里，拖着拉在他身后地面上的衣袖回到家时，已经累得不成样子，但他还是显出很兴奋、惊讶的神色。他坐在椅子上，闭起眼睛，微笑着，重又评估他在这一天，这仅仅一天假期所经历过的一切，"丫头，写什么呢？我这一天所经历的就是一部小说，真是一部小说。这种最普通的生活对我来说足够了！"

这样的小酒馆小饭店对赫拉巴尔来说，不仅仅是各类故事的信息源泉，而且也是他视觉感受的来源。半公升装的鲜啤酒可以成为"美妙"二字的同义词，小酒家小饭店也可以当做圣餐储藏室。"领班先生，您送来的这半公升杯装啤酒有多么的美妙啊！有着如此漂亮的泡沫！这不是泡沫，这是奶油，是凉爽的布丁，这不是布丁，这是漂亮地射进了一个球！领班先生，您这马厩，这不是下等酒馆，你们的小酒馆是伯利恒小教堂。在这里，所有客人都通过他们的谈话，成为他曾经梦想充当的角色或他渴望成为的人。领班先生，你们这个马厩，不是什么下等酒馆。你们的小酒馆是喧嚣中让人做梦的孤芳自赏之地。领班先生，我的老天爷，您送来的半公升杯装啤酒有多美妙啊！让我们用铁匠在赞赏《一缕秀发》里的玛丽什卡时说过的话来形容一下吧！'皮尔森啤酒，太太，它的颜色酷似您的秀发，请允许我为表达对您的敬羡之情，继续享用这酷似您金发的美味啤酒吧！'"

遇上阴天，赫拉巴尔坐在小酒馆时，他就觉得这像一座圣母大教堂，还将酒馆老板打酒的活儿比做基督徒的礼拜仪式。在《新生活》一书中，他借他妻子的嘴说："每一个卖酒的人在太阳底下就像穿着节日圣袍的牧师，我丈夫觉得天主教的天国大概就是这个模样，每位服务员就是一位天使，每位灌酒师就是大天使加百利，小

摄于 1970 年。

天使们四处分送着啤酒,可这不是啤酒而是圣餐,穿着白袍的老板就该是关注着饭菜质量和啤酒浓度的圣·彼得了。我丈夫和所有这些在此沐浴着阳光喝着啤酒的人,都是能够死后升天的一个群落。所有顾客都是信徒,他们绝不只是来参加上午和下午的弥撒,他们已经不必下地狱和进炼狱了,所有在这里的人都是被选中的上帝的羔羊,大家都在接受用鲜浓的啤酒和柔软的奶油泡沫作为替代品的上帝的血和肉。"

在一家普通的烧酒作坊、利本尼的四等小酒家利布舍饭馆里,当老板举起灌了一点儿啤酒的玻璃杯检查质量时,赫拉巴尔会突然聚精会神感动万分地观察起这一情景来。他在《新生活》中借妻子的视角描述这一情景说:"(老板)每次都将杯子举到阳光下面,用两只眼睛审视啤酒的质量、颜色和光泽,看看是否有什么不到家的地方。他这么站着,为整个饭馆祈福。我丈夫说,要是有足够勇气的话,他真想跪下来,因为此时此刻的那位老板跟一位牧师一样的严肃认真,牧师就是这样举起杯里的圣餐为信徒们祈福的。这些信徒跪下来接受这代表主的血肉的酒和圣饼……人们抽烟的烟雾在洒满阳光的饭馆里冉冉上升,每一支香烟清晰地闪着火光,在利布舍饭馆的朝阳下活像做弥撒时插在香炉中的神香冒出的青烟。我丈夫总爱尽情观赏老板如何用手举着那杯啤酒,就像端着的圣餐盘一样,然后将小杯啤酒放到嘴边慢悠悠地呷上一口,将自己口中和喉咙里的味觉器官全都调动起来。喝完啤酒之后,他还要琢磨一番,等到他一点头,那就是说这天国已经应允了,这啤酒不错。"

那时,这些每日必行的弥撒也少不了在别的小酒馆举行。只是在有些地方,比方说在斯拉夫菩提饭店,赫拉巴尔认为其情况更有意思,斯拉夫菩提饭店不像别处注酒师举行的弥撒,因为斯拉夫菩提饭店的吧台总是在强光照射下,而穿着法式灯芯绒布罩袍的注酒师布拉贝茨表情极其庄严,仿佛他主持的是半夜弥撒,又仿佛他在主持隆重的圣诞节弥撒或复活节弥撒。

既然我们已说得这么具体了,那就再说一件事吧。距离利本尼区热尔特维街的纳鲁什吉酒馆只有几米远的地方,曾经有一条通向利本尼下一站的铁路。每当火车通过,从蒸汽火车头冒出的烟雾便钻进这家小酒馆,在这浓浓的雾气中不仅看不见注酒台,就连注酒师也看不见了。赫拉巴尔偶然赶上在这儿喝啤酒的一刹那,感到自己"仿佛是坐在德尔夫的神谕宣示所里,听着被毒品迷糊着的女占卜者胡乱喊叫,这些女占卜者是专门向国王预言帝国命运的"。从这些视角很明显地看出,赫拉巴尔与啤酒以及酒馆的关系确实非常神圣。用他自己的话形象地表达:"洒满阳光的酒铺是利本尼的天国。"

赫拉巴尔在二十世纪九十年代他后期的作品中常常写道,并且也爱提起自己总是喝得有点儿醉,"我常用带色的水冲洗我的肠胃。谁生活在中欧,决不允许那么清醒。"他还使用押韵的字句说,"我即使喝了个醉醺醺,脑子仍然很清醒。"或者,反过来朗诵道,

"我即使清醒如常,也遮不住那副醉相。"

赫拉巴尔的嗜酒阶段(不知是否可以暂且这么称谓),有各个不同的时期。首先是他搬到了利本尼(那个不羁浪人们的城郊)的二十世纪五十年代初,然后是(他被禁出版、靠边站)二十世纪七十年代初,其次是(国家安全部门加强了对他个人的压力)二十世纪八十年代中期,再后是一九八七年他妻子逝世,以及从二十世纪九十年代初起,他的确陷入老年孤独的境地,如此直至逝世。例如赫拉巴尔在一九九二年的一篇作品中说:"现在我只剩下酗酒了。"但有必要再一次强调,赫拉巴尔不是在峡谷里打滚的酒鬼,或者说常常醉得不省人事的人。简言之,他并不抗拒酒香,然而多喝上一杯的习惯也并非是经常的。"我有着喝点儿酒的基因,跟这个倾向于嗜酒的民族一样。"

赫拉巴尔二十世纪七十年代给他的朋友马利斯科的一封信中说:"多年来,我将五十万克朗花费在喝啤酒,皮尔森啤酒上。同我的朋友们以及偶然同桌的人一块儿。这些啤酒足够装满一个游泳池,比卡罗维发利疗养地的池子还要大的游泳池,我们可以在里面泡个痛快,我没什么可抱怨的了。如今还剩下十来万,等我将最后一个克朗花在啤酒上,花在和我在一起的朋友以及那些来到我们桌上成为朋友的人身上,我的梦想就将实现。因为我已经没有别的朋友别的亲人,只有那些跟我一块儿喝啤酒、喝皮尔森啤酒的朋友了。"

赫拉巴尔对钱的态度是极其特别的,仿佛为自己写作得到钱而感到有点不好意思。至少我是这么觉得。"钱——对我毫无价值。"他有时在酒馆里这么说。的确如此,当他几乎一无所有,什么都已花光时,看上去他倒心满意足。他分送得很多,朝各个方面分送。他还没有分送完的就用来喝啤酒花掉,不是他自己喝,而是给朋友们喝。他从不关心自己的稿费和红利。社会主义捷克斯洛伐克的唯一一个文学代理公司很明显是非常不热心的。一九九〇年之

与友人沃·特舍什尼亚克在布拉格的克鲁肖维采啤酒馆吃点心。摄于 1991 年。

后,甚至通过某种方式弄丢了赫拉巴尔作品在国外出版者名单。至于说到付款问题,他对谁也不催不盼。当然,赫拉巴尔在小酒馆跟人家签过什么合同,自己也搞不清,搞不清是跟什么人签的合同,这样的例子也是有的。只要某些人士别烦他,别打算老坐在他那张桌子旁就万事大吉。一九八九年,赫拉巴尔从小酒馆出来,走过米古拉什教堂时向正在罢课的布拉格哲学院大学生捐钱,这个故事众所周知。他头戴那顶黑貂皮帽,谁也没认出他来,他很容易地通过了教堂门口罢课委员会的检查,到那坐着罢课大学生的地方,将十万多克朗放到桌子上说:"你们拿去喝啤酒吧!"还念了几句黑格尔、老子的话,鞠了一躬就走了。大学生罢课委员惊得愣在那里说不出话来。又比如,一九九三年,赫拉巴尔得了雅罗斯拉夫·赛弗尔特奖,奖金为二十五万克朗。他立即把奖金的一半捐出来援助波斯尼亚受战乱困扰的老百姓,只是银行通过赫拉巴尔账号转赠的手续拖了相当一段时间,赫拉巴尔等得不耐烦了,决定付现金,说由他自己寄去。赫翁向我们描述说:"于是,那姑娘(银行职员)立即把那现金付给我。我将这些钱放到了我的背包里,准备带到邮局去寄。在我离开储蓄所时,有人拽住了我的袖子,是一个茨冈女子,她戴一块花头巾,是一位茨冈老妇,她对我说,'老爷子,您把背包忘在这儿了!'于是,我拿起那装着钱的小背包,叫了辆出租车把钱送到卡布罗夫卡邮局去了。"一九六三年,赫拉巴尔的第一本书《底层的珍珠》出版时,他将百元一张的一万克朗放进网兜里,提着这个他称之为"菠菜兜"的网兜逛遍了布拉格的几个小酒馆。在后来的岁月里,他还多次重复过这类举动。什么钱不钱的!到晚年,赫拉巴尔的腿脚已不方便得连走到纳·普希科普实业银行的路程都是个难以克服的距离时,每每遇上暂时缺钱的情况,他总是派瓦茨拉夫·卡德莱茨或我去替他跑一趟。于是,我们就按照他的要求直接从金虎酒家步行到银行去为他取钱,只是赫拉巴尔填写的取款单的字迹有时难以叫人辨认,比如他常将 DEM(德国马克)写作流行的"帝国马克",将取钱目的(由他人来取钱时必不可少的填写项目)一项"dar"写成"bar"①,在最末一项"时间与地点"里,赫拉巴尔通常填上金虎酒家及当天日期。银行对这些填法都予以接受。事先总要笑着说上一句:"啊,赫拉巴尔先生喝啤酒的钱又花光了。"这是大实话。后来银行取钱的规定更严了,我们的签字得有公证人在场公证。小姐们开头还有点犹豫,不同意直接到金虎酒家来办公,到最后终于谅解并同意赫拉巴尔这一特殊事例了。于是有一天下午,她们来到金虎酒家坐在赫翁旁边一起喝啤酒。她们其中的那位戴着雅致小礼帽的小姐打开了装着表格和印章的手提箱,赫拉巴尔十分惊讶地说:"小姐,我觉得你好像是卡夫卡《审判》中的一个角色。"他完全忘了在干什么,根本不去管签字的事儿了……"跟我

---

① dar 变 bar,写错一个字母,便由"赠品"变成"酒吧"了。

们一块儿来为卡夫卡先生而干杯啤酒吧！"说着，将啤酒递给不知所措的女公证员。我想她至今也不会忘记这件事。还有一次，焦急的赫拉巴尔对着我的耳朵悄声说："您能不能借给我一千克朗，到明天就还给你。"这只是关于赫拉巴尔在会计事务方面的一张小插图（理所当然，从前是由碧朴莎替他打理的），可以证明他所有的钱都花在皮尔森啤酒上了。

赫拉巴尔在给马利斯科的一封信上说："我总是挺直身子走在正点上，因为只要我稍微一弯腰，嘴里就会流出啤酒来，肚里装得如此满满的兴奋剂。我时不时去取出几千克朗，慢慢地喝掉母亲留下的积蓄，因为我发现这样纪念曾生活在啤酒厂的母亲的方式，比买个不动产或没多大价值的东西要好一些。直到现在，我才发现啤酒喝少了，人会变得糊涂，唯有大喝，才会使人变成天才。"

所以说，小饭店小酒家对赫拉巴尔来说，毫无疑问属于他生活与创作的一部分。总而言之，他每天都得上酒馆，也就是那"喧嚣中的孤寂"环境，是"我精神宁静的画面"。读者和来自全世界各式各样的访问者，甚至通信者都到小酒馆来会他。赫拉巴尔在小酒馆处理他的日常事务，校订他的最新作品，举行这些作品的小型首发式乃至朋友们的书籍首发式，再从这儿走出去参加下一个活动，进到另一家小酒馆。然而很特别的是，赫拉巴尔不太容忍酒鬼，在小酒馆的同一桌上常常让他们吓一大跳。每逢遇到这种情况，他会立即离开这张桌子坐到别处去。

有一次，还发生这么件事儿。与赫拉巴尔同一桌的一伙人，被家常李子酒灌得吵翻了天，快活得大肆喧哗，赫拉巴尔有点儿不高兴，宁可独自一人换到厕所旁的一张小桌子旁去坐下。刚要离开那儿的一位顾客往赫拉巴尔的酒杯垫片上放了些零钱，赫拉巴尔琢磨了一会儿才认定，那个陌生人上了厕所后往他酒杯垫上放些小费，一定以为这个"老头儿"是守厕所的。于是，赫拉巴尔继续坐在这个位子上，接受了这个新的角色。一小时后，他坐回到原先那张

摄于 1980 年。

桌子旁说:"你们这些笨牛,趁你们在这里狂呼乱叫疯闹腾的时刻,我至少还挣了一点儿钱……"

一九九三年九月,赫拉巴尔面对自己的衰老叹息道:"我拖着头痛至极的病体在这里躺着,无法入眠,每天喝着那五扎啤酒,吃着止痛片和阿司匹林,只要有人把我塞进公交车拖到小酒馆去,我就会健康了……"

此后有一回,赫拉巴尔在小酒馆里的确身体很不舒服时,我和沃拉斯达·特舍什涅克用小车将他从乌·辛古酒家送到布洛夫卡医院,那儿立即收下他进行紧急护理。几天之后,赫拉巴尔稍微康复了一点儿(用他自己的话说"活过来了"),他重又坐着出租车从医院直接回到了小酒家。

的确,赫拉巴尔晚年虽然步履艰难,走得极慢,但总算还能走,就跟哈谢克、跟博乌德尼克和其他许多人一样,需要他那家小酒馆,那张痛饮啤酒的桌子,即便只是长时间的静寂,甚至在一片欢

与电影《过于喧嚣的孤独》主人公汉嘉的扮演者在金虎酒家。摄于 1994 年。

腾喧嚣的酒馆环境中一连好几小时沉默，他也心甘情愿。我还记得，有一回早上九点钟之前（这在平时正是赫拉巴尔准备搭公交车去克斯科的时间），他给我来了一个电话，诉苦说因昨晚啤酒喝得太多而头痛（我们的确喝了相当多），脚也疼。可紧接着，他又问我："你下午会去金虎酒家吗？去吗？"我本来不想去的，我必须到幼儿园去接孩子，一想到又坐在小酒馆要耗费不少时间，就不那么迷着要上酒馆了，可我又实在难以拒绝，"那好吧，我去！"赫拉巴尔在电话中说："我三点以后到。这时间对你合适吗？我肯定去。"于是，我便又去了"金虎"。看得出来，赫拉巴尔很高兴，稍微恢复了点儿元气。当然还是沉默不语。我也陪着他沉默着一块儿喝上一小时或两小时的啤酒，这在我们是常有的事。酒桌的另一端一帮人在说说笑笑闹个不停，我们却像两名聋哑人一样坐在那里。后来叫来一辆出租车，他为我们两个付了酒钱，握握我的手表示感谢之后，就坐上出租车离开了酒家。

赫拉巴尔在这个当时还不出名的酒家需要有个他亲近的人，能够心心相通地、默默地陪伴他，就像在克斯科那些与他形影不离但却沉默无语的猫们。在酒家，赫拉巴尔除了每星期二和星期日有一张与我们聚会的预订桌之外，平日他这位常客不得不与另外一群陌生顾客混坐在一张桌子旁，勉强听着他们那些他毫无兴趣的谈话……但赫拉巴尔在晚年生活中离不开小酒家，需要喝啤酒以打发他的老年时光……

一九九五年的一个星期二，赫拉巴尔在乌·辛古酒家说："我们家在赫吉什杰的那块墓地是我在酒馆里就已买好的，这倒没什么可忌讳的。现在那里埋了我的双亲、我妻子碧朴莎，等到我死了，请你们把我也埋到那里。挖开上面的泥土，然后你们会遇上这么一个重重的橡木箱，这箱子的盖上有个'波尔纳啤酒厂'标签，请你们打开这箱盖，那里就放着码得整整齐齐的骨灰盒，在一个曾经摆放过瓶装啤酒的普通木箱里。喏，你们说说看，当你们的遗骸最后被安放在曾经装过瓶装啤酒的木箱里，这难道不棒吗？你不能再奢求别的任何更漂亮的东西了。然后再将这箱子盖上，撒上土，就该是这个样子了。"

可惜实际情形并不是这样。橡木箱早就腐烂掉了（或者被什么人扔掉了），有人只是往赫拉巴尔的塑料骨灰盒里装了一瓶啤酒，一瓶宁城出产的没喝完的十度啤酒。

结论还该补充点什么呢？也许只需沿用赫拉巴尔的好友沃拉吉米尔·沃吉契卡的一句话，那是他在电影纪实文献中所说的一段，"显然他是喝了酒，算得上个酒仙，但首先要看到的是他的作品，他是一位伟大的人物。谁有这样的学识，写出了这样的作品呢？"

金虎酒家的啤酒杯垫。

用康德语言来解说的体育

赫拉巴尔许多方面表现出他是一位奇论者，一位非常精神化的艺术家，同时又是以一个工人的方式与眼光来观察事物的自由思想者。捷克作家翁·丹涅切克在他的一篇随笔小品中这样写道："您可能经常会在三级队联赛的一群醉醺醺的足球迷中找到他，听他引用康德或他所崇拜的其他哲学家的话评价比赛。"①

这在一定程度上合乎实际情况。对赫拉巴尔来说，体育与艺术（我们暂且将哲学搁在一边）是属于这么一个范畴，它们互相补充，而又彼此成为对方的象征。

"在体育甚至艺术中，美学与伦理常常混杂在一起，这两个范畴都致力于精神与肉体的最高提升。我想，艺术恰恰最像足球。根据我的看法，最好看的足球赛，是那几乎要得胜的一方到头来在最后几分钟却输掉了。这就恰似希腊的戏剧。"②

赫拉巴尔从孩提时期起，就爱在课余时间踢足球，每天都要踢到天黑。据说他对足球喜欢得要命，不利的是他有点儿骨质疏松，他的多次外伤甚至骨折就够单独写上一章的，尽管并不全都是因为踢足球而负的伤。

"中学时期，我就在宁城的业余足球俱乐部操场上，还有扎拉比，在小谷地跟住在啤酒厂旁小屋的男孩们玩足球。什么空间、时间，我一概不管，心中只有球。我们还非赢不可，否则我就会感到不幸。我十七岁的时候在学生球队里打右锋。后来也参加宁城波拉巴

---

① 摘自 1999 年丹涅切克的一篇小品打字稿《有人从田野上空飞过》。

② 摘自《赫拉巴尔文集》第 13 卷中的《未告知的访问时间》。

队踢球。"①代表宁城波拉巴队踢球,这是赫拉巴尔的踢球高峰,他常常谈起这些。这的确已有很高水平和不少观众。"如今波拉巴队早已从甲级联队、而且从乙级联队中降了下来,它的绿白两色球衣也不吃香了。"赫拉巴尔在二十世纪六十年代末这么写道,"而我却一直怀念着那些美好的球赛。如果说我在回忆什么精彩的事件,那总是想起宁城的波拉巴球队。"作为这时已经知名的作家,根据自身经验还补充了一句,"世界上最重要的体育运动便是足球,因为踢足球时,通常那踢得较好的一方不是赢家。从外表看,踢球是一种娱乐,而从深层看,则是一出戏。"②

赫拉巴尔说:"我也喜欢打篮球,从二十世纪三十年代起,就带着极大的兴趣打篮球(像玩扑克那样)。有一次,我在利本尼区墨德尔街的墙报上读到一张剪报,上面有个黑人篮球运动员在描述打篮球的秘密,不禁让我眼睛一亮,因为在这里我发现了能写出抓住读者的文章指南。艺术恰恰是在那个谁也没有想到它会出现的地方出现,通过机智制造假象,在与队友协调配合中找到投篮的合适瞬间。"③在另一段文字里,赫拉巴尔用比较平易的语言来描述运动,"我认为,二十世纪不只是社会革命、变革年代,不只是科学的世纪,同时也是体育运动的世纪。在这个世纪里,体育将向运动员展现出像在古希腊一样的意义。运动像是战争的临时替代品。运动像是积累起来的危险情结的通风窗口。运动是体能的极限表现。运动是一种美学感受,是一幅关于任何种类竞赛的完美图画。关于体育运动,甚至可以按照柏拉图思想的含义来谈论,即只有达到了极限的个体,才能够表示出最本质的东西。于是,每一支大球队,每一个田径运动员都有自己的心理学、哲学,将自己肉体所能达到的成

---

① 摘自赫拉巴尔的《家庭作业》(1970 年)中的《论足球》。

② 摘自《论足球》。

③ 摘自《赫拉巴尔文集》第 13 卷中的《未告知的访问时间》。

在美国。摄于 1989 年。

绩,移位到经典戏剧的精神层面。"①

一九七五年,在他给马利斯科的信上写过这么一段话:"运动比赛开始前,那一刹那的情景最有看头,所有参赛者都是在零点状态中的诗人。他们与起跑小旗连同整个世界道别,排除杂念,完完全全准备好朝零冲刺。他们彼此的眼睛挨得如此之近,近得好像成了唯一的一只大眼,一只等边三角形中的大眼,上帝通过它,连眼都不眨一下地看得目瞪口呆。"

赫拉巴尔定期收看奥林匹克比赛的各类项目。一九九二年,巴塞罗那奥林匹克运动会结束之后,赫拉巴尔写道:"奥林匹克运动会结束了,然而离胜利最近的却是那些未能获得成功的人,比如,没有跳过极限的布普卡(Bubka),他孤独地坐在喧嚣与一片欢腾的体育场中间,在这一瞬间,他离上帝比那些跳过六米的人更近,他坐在那里的神情酷似忧伤凝视着海岸的诗人拜伦勋爵……还有受伤后用纱布绷着膝盖的马吉克·约翰逊(Magic Johnson),人称其崇

① 摘自《赫拉巴尔文集》第 19 卷《富态的孕妇体形》。

拜者多过耶稣。我主要感到的是运动与文学多么接近。当然,我指的是奥运会和田径运动。有谁在何时何地看到过啊!如果真看到过,那也只能在圣画上看到这种精力集中,这种心醉神迷,这种在赛前受到宠信状态中的圣洁,几乎每一项比赛都引向宗教的心醉神迷,引向参赛者全部过去生活的突显,属于一种神迷状态。多数女参赛者都有着一双美丽的眼睛,像特莱扎女圣者在寻找基督的宠信并与之合为一体。运动与写作之间的相互奥秘关系巨大,让人惊讶得简直要停止心跳。"

有些足球运动员(大多数情况下都是些年轻运动员)常常来到赫拉巴尔在金虎酒家的那张桌子旁向他问好,跟他握握手。他是他们的球迷啊,他们上的是同一个啤酒馆。赫拉巴尔在二十世纪九十年代中期的固定同桌酒友,他多年的好友便是奥运会金牌得主铁饼运动员卢德维克·丹涅克,他跟赫拉巴尔彼此很知心。丹涅克是一个很普通、很谦虚的人,性格很好,是位在国内外都广受欢迎的人物。他的运动生涯开始也颇具特色,作为一个农家子弟常要去放牛,就像他自己所说的,常将干瘦扁平的母牛沿着贝斯基特方向赶到邻近的那个峡谷里去,同时不经意地扔石子玩。在一次乡村的体育比赛中,人们硬让他代表他们村去参加扔板球①的比赛,说是因为他别的什么本领也没有。丹涅克的板球飞得老远,谁也找不到。后来,丹涅克就扔上了铁饼,几年之后,成了世界上最棒的铁饼运动员,在奥运会上夺魁。赫拉巴尔对丹涅克的讲述非常感兴趣,多次问他赛前是怎么个感觉,一个人站在喧嚣的体育场中央是个什么滋味。丹涅克说:"我后来就什么也没想。我对我必须达到或超越的距离毫无概念,只是眼睛一闭,然后就那么简单地把铁饼扔了出去……"赫拉巴尔眼睛闪闪发光,将这句话重复了一遍,同时想着他的创作,他在图书封面的软套封纸上写了热契卡博士的一句话:

---

① 盛行于英国的户外游戏。

与奥地利陆军元帅、外交家史瓦曾伯格在
布拉格会晤。摄于 1993 年。

"我是一个捡网球的,捡起之后又将它扔回球员那里去接着打。"赫
拉巴尔将一切都与文学挂上钩,并与文学等同起来。

一九八四至一九八五年,赫拉巴尔与匈牙利记者拉兹格·齐凯
蒂的一次谈话,即后来被赫翁命名为《手帕结》的访谈录中,表达了
他对匈牙利足球运动员桑多·希台库丁的感谢与敬意,"他踢球时,
掌握了摆弄球的魔法,不仅使对方,而且主要使观众屏住了呼吸,
目瞪口呆。"

一九九五年,我陪赫拉巴尔访问西班牙,拜访那位同时也是赫
拉巴尔的读者的纳斯奎尔·马拉加拉市长先生,这是赫拉巴尔访问
日程的一个组成部分。一开头,赫拉巴尔只是不经心地听着市长夸
奖他的译成西班牙文的作品,可当他得知马拉加拉年轻时爱好足
球,甚至还在希德库蒂姆这类著名球队里与匈牙利队赛过、踢过中
卫时,他立即两眼一亮,不仅背出了当时匈牙利队所有球员的名

20 世纪 40 年代,赫拉巴尔(左一)与宁布尔克城足球队合影。

字,然后又背出了捷克人称为"热吻"①队里的里尔·马德里特等球员的名字。随即,赫拉巴尔从《手帕结》谈到超现实主义,向西班牙现代派画家达里表示了敬意,然后又讨论了一会儿米罗②和市长办公室墙上挂着的油画肖像。随后又从米罗的话题回到赫拉巴尔所效力过的宁城波拉巴足球队。这两位在整个会见期间,一直在谈论足球,直到市长必须到总理那里处理一项要务为止。

意大利为格林赞加富(Grinzane Cavour)文学奖得主举办的晚宴上,赫拉巴尔也是以类似方式与都灵市长神侃。对赫拉巴尔来说,没有比讲述尼采在城市街道上踢球的故事更重要的了。随后,话题转到了二十世纪三十年代的都灵足球队,赫翁又将该队所有

① 西班牙有一名曰"里尔·马德里特"的足球俱乐部,粉丝观众称他们为"热吻"队。因为他们总穿白球衣,又称"白色芭蕾"。

② 米罗(Miro Joan),西班牙画家、雕塑家,作品简洁、单纯、幽默、自然,想象有如梦境。

队员的名字背了出来,赢得了在场都灵人的热烈掌声。

在《关于解剖自己尸体的消息》一书中,赫拉巴尔又将他的写作与运动作了比较,"如果我要拿我写作的东西与什么东西作比较的话,我想,体育运动就是与它最相似的一类。不过,文学却像网球,我看到温布尔·阿什在休息时,曾靠闭起眼睛来集中精力,我也是这样。当我在喧嚣的孤寂中,在散步中的聚精会神状态一旦结束,当我脑子里酝酿的图像已经成熟,就开始了那虚幻的片刻。我试着将我的多方位画面移写到打字纸上一行行文字里,到后来,我便看到这个喧嚣的孤独就是一首叙事诗,就是那需要打上艰苦的三局的网球比赛,就是那犹如打成九比七、七比五、六比四的网球赛的抒情而富于戏剧性的叙事诗。如果说在这个喧嚣中的孤寂里,我最后看到的这首悲怆叙事曲,是需要打艰辛的三局网球赛,而《我曾侍候过英国国王》这部小说,则需要打上五局。"①

赫拉巴尔最后的几年里,还经常坐在金虎酒家,但并不像一名退休的国际知名人物,他坐的那张桌子上方至今挂着世界足球俱乐部的广告和月份牌,上面有这家著名啤酒馆的常客——最佳球队运动员的亲笔签名。外国旅客也常来这里(至今都来),他们高兴地指着来自他们自己国家的俱乐部球员的照片,认为如今在这家酒馆桌旁坐着的即使不是捷克足球运动员,至少也是体育团体的什么人。

① 摘自《赫拉巴尔文集》第 12 卷中的《关于解剖自己尸体的消息》。

下辈子要当歌剧演唱家

赫拉巴尔回忆少年时代，"当我们住在啤酒厂时，傍晚我总爱弹弹钢琴。"他弹钢琴完全出于爱好，绝不是因为父母逼着他去弹的。其实弹钢琴在当时成了一种时尚。赫拉巴尔在《手帕结》中谈到："我会弹两部肖邦①的《小夜曲》，但我主要弹的是李斯特②的《爱之梦》③，我弹得脸都发红，生怕弹错，心想要是让人听见了怎么办？我心里发颤，果真在弹《爱之梦》的第一首曲子时出错了，可是谁也没打这儿经过。我从来都不敢去弹第二首，那清脆的一部分。它要求你的手指头必须灵活得像湍急的溪流跃于琴键上，就像将一百只银咖啡勺投进空锡盆里。我总也弄不好，因为在这段时间里，我常爱拾掇菜园子，种菜，于是我的手指头就总是脏兮兮的又粗又笨。"

据说，赫拉巴尔曾被舒伯特和柴可夫斯基的作品感动得哭泣。他说："那个时期，我二十来岁，曾经热爱过德彪西④的作品，他的音

---

① 肖邦(Chopin 1810—1849)，波兰著名钢琴家与作曲家。

② 李斯特(Liszt 1811—1886)，匈牙利著名钢琴家与作曲家。

③ 《爱之梦》(德文为 Liebestrum，英文为 Love's dream, dream of love)，是李斯特作于 1850 年的钢琴曲，是他所作的三首歌曲的改编曲：1.崇高的爱情，2.幸福的死亡，3.啊，爱情。作者自题为"三首小夜曲"，其中以第三首最著名。

④ 德彪西(Claude Debussy 1862—1918)，法国作曲家，受文学和美术中印象主义和象征主义影响，创造了一种十分独特的和声与音乐结构的体系。

在宁布尔克城啤酒厂干完园艺活儿之后。摄于 1930 年。

乐与宁城的氛围很相近。"

在至今尚未出版的赫拉巴尔诗歌片段集《无框的图画》(20 世纪 30 年代下半叶)中,可以找到大批题名为"肖邦"的诗篇,反映出这位深受音乐影响的年轻人的感情。

赫拉巴尔还曾经常在桥下酒家弹奏钢琴,他交替变化地弹着斯特劳斯的华尔兹舞曲和各个时期的流行歌曲。据说他在弹奏中出错不少,但是那些酒客们肯定不在乎。除此之外,他还跟宁城拉贝河畔的巴达拉先生学过小号。

可能正因为如此,赫拉巴尔后来才喜欢听阿姆斯特朗①,不仅从收音机收听他的演奏,而且还专门买了他的唱片来欣赏。他的演奏风格与赫拉巴尔非常接近。"阿姆斯特朗,他唱歌出错,吹小号也出错,但这些错误是极具人性的,他的嗓音是如此的平凡、富有人

---

① 阿姆斯特朗(Armstrong Louis 1900—1971),著名美国乐手,爵士乐史上主要的小号演奏家,最重要的贡献是普及了一种即兴演奏的节奏处理方法,即爵士乐的摇滚感。

情味。你在酒馆里,无论是略有醉意或者烂醉如泥,阿姆斯特朗的声音总是那样能使昏迷者苏醒。"①

中学七年级的时候,学生可在制图和音乐两门课中任选一门,赫拉巴尔选的是音乐课,在专业老师的指导下,一周练习两次。学校甚至还组建了学生交响乐团。赫拉巴尔在里面演奏降 E 调小号。在这一学年,赫拉巴尔爱上了贝多芬、瓦格纳②、斯美塔纳,还参加了学校组织的活动,集体到布拉格看歌剧。他的这种对音乐的爱好一直保持到晚年。

音乐对他的熏陶,还通过了其他途径。他父母是城里最早拥有留声机的人。从留声机唱片里,赫拉巴尔熟悉了卡鲁斯③、德斯丁诺娃④。很快,与赫拉巴尔住在啤酒厂同一宿舍的一位师傅也买了一部留声机,不过那人却喜欢播放流行歌曲。

第二次世界大战初期,赫拉巴尔在铁路上当工人时便停止了弹钢琴。他坚持说,这是德国鬼子的罪过,劳动使他的双手起了老茧,没法弹琴。实际上他也乐得这样,因为他想要弹的却不会弹,而他能够弹的却又没兴趣弹。他说:"我认为,音乐能够进入到对一个人有转折意义的境况,进入到爱情和欲望情绪里,进入到一个临终的人的心坎里。现在我知道,每一部伟大的音乐作品,只能产生于历史乃至哲学都趋向着社会制度变革的时期。"

---

① 摘自赫拉巴尔访谈录《手帕结》。

② 瓦格纳(Richard Wagner 1813—1883),19 世纪后期德国主要作曲家、音乐戏剧家。

③ 卡鲁斯(Carus, Enrico 1873—1921),20 世纪初最受爱戴的意大利歌剧家、男高音歌唱家。

④ 德斯丁诺娃(Destinová Emma 1878—1930),世界著名的捷克歌剧女高音歌唱家,曾在柏林、伦敦、巴黎及纽约大都会歌剧院演出,是捷克民族剧院荣誉成员。

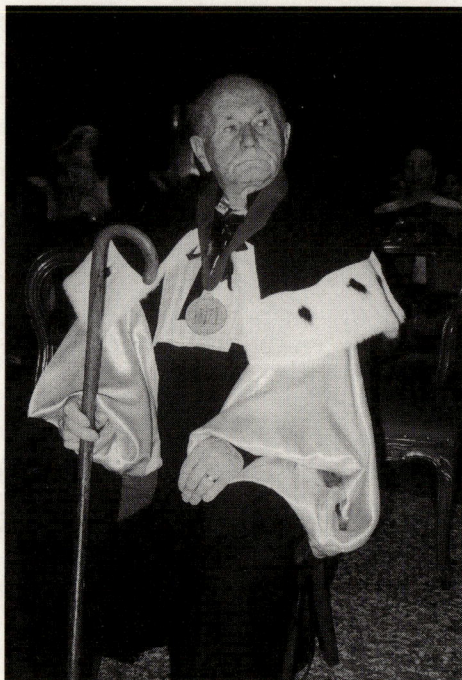

在意大利帕多瓦接受博士学位。摄于 1996 年。

　　赫拉巴尔终生收藏着他父母亲在宁城书房里留给他的一九一一年柏林版《歌剧集》，还有一本《二百二十一部歌剧内容指南》，磨损破旧，犹如一本被翻阅得很烂的都市游览手册。

　　赫拉巴尔对本国的著名音乐家有着他独到的见解。他在《手帕结》中谈到捷克严肃音乐巨匠斯美塔纳、德沃夏克时说："斯美塔纳对我来说，最了不起的作品是《我的祖国》，然后就是《被出卖的新嫁娘》，这是一部让我不太敢看的歌剧，它以其特有的忧郁抓住了我的心，让我忍不住哭泣。在这部歌剧里，有种多于别的歌剧的什么东西，有种你可能听不懂但只有捷克人才能理解的什么东西。而德沃夏克呢，他整个音乐是现代的，他的四重奏，那简直是碾碎的玻璃。还有好几部忧伤的斯拉夫舞曲，有诙谐曲和交响乐、大提琴协奏曲，不错，这些都是杰出的作品，可我却深爱着他的《水仙女》。

德沃夏克的这部歌剧，是他最核心的东西。我若有个儿子或者女儿，倘若他们是十五岁左右的孩子，我就会向他们解释，什么是赛采赛①，最典型的赛采赛就是《水仙女》，我认为在这部歌剧里，最完美地抓住了时代的灵魂，这就好比普洛伊斯莱尔②的'沉入幻想的少女画面'。"

音乐陪伴着赫拉巴尔走到各处，甚至在他想图个清闲、享受平常日子的时候，或在特别例外的情况之下。他说："斯美塔纳的凯旋交响乐，我不知道为什么，我经常乘坐飞机，当它还在跑道上发动时，就在起飞的一刹那，我仿佛听到发动机声音里响着他的凯旋交响乐。"

关于贝多芬的第五交响乐，赫拉巴尔是这么写的，"真是一部决定命运的交响乐啊！这是一部对我指出通过音乐能说出什么的交响乐。它能道出一种伟大的思想，乃至由外而来的命运，而你们却只会成为它摆布的对象，当然也不至于对此不加抵御的对象。"

二十世纪七十年代起，赫拉巴尔在克斯科几乎每天都从收音机里收听严肃音乐、世界经典音乐。他总将收音机开关调在维也纳台，听短讯、天气预报（"啊哈，明天咱们这儿将要下雨"，然后就在酒馆里这么通知我们）。从十一点到十二点，收音机里就只播送那些拥有一流指挥的最好乐队的演奏。他静静地聆听着，仿佛他不在这里。他坐在火炉旁的小沙发里，膝盖上趴着小猫，伸直双腿，沉入深深的内心独白。一九九二年，他这样描述自己的聆听，"午前的维也纳台，阿巴多指挥的乐队演奏柔板马勒的第十交响乐，十分钟结

---

① 赛采赛(SECESE)，是 19 世纪末欧洲建筑与绘画艺术中的一种流派。

② 普洛伊斯莱尔(Preisler Jan 1872—1918)，捷克新浪漫主义与象征主义版画家和插图家，是捷克当代艺术的奠基人之一，19 世纪与 20 世纪交界期间的一代艺术家的领导人。

在布拉格市区公寓里。摄于 1995 年。

束,纤细的弦弓有如金发女仙的发丝,好比洛亨格林①的结尾,我则坐在由天鹅拖着的小船漂流而去。"

音乐感受对赫拉巴尔来说是神圣的。譬如将啤酒馆的老板、为顾客打酒的人比做圣餐储藏室的神甫,那么站在乐队前面的指挥,对赫拉巴尔来说,就几乎是位神职人员。只需引用他在《一面破鼓》中的一句话就足够了,"激动人心的交响乐开始了,指挥像个祭司为乐队掌着舵。"

赫拉巴尔晚年最爱听马勒的作品,甚至让人给他买了马勒所有交响乐的录音带。既然维也纳没有演奏马勒,他就自己来放马勒

---

① 洛亨格林(Lohegrin),一位天鹅骑士,是德国传说中的英雄。该传说从中世纪起就以各种形式广为流传。其主要内容为:一位神秘的骑士乘着一只天鹅拖着的小船来拯救一位落难的贵妇,娶了她,但禁止她问自己的出身,后来她忘了这誓约,骑士便离她而去。

的录音带听。

"马勒总是说,第一交响乐和第二交响乐中的主人公直到死才使卡利什杰感到满意,到死才成为胜利者,大概别无他法。这是典型的出生在伊赫拉瓦中欧人的一种感觉。他总算达到了来自舒伯特、李斯特和瓦格纳的艺术倾向的高峰。"①

"马勒(在他第四交响乐中听出)以一种特殊的方式在提琴上发出难听的吱呀之音来表现死亡,只有这样,才将我们带到了苍穹……"②据说,赫拉巴尔在二十世纪七十年代写作《过于喧嚣的孤独》时,就是从马勒的音乐中,具体地说,从他的第三或第九交响乐中得到了灵感。

到二十世纪八十年代,赫拉巴尔承认,要是他能重新作一次人生选择的话,他会非常乐意,并且他的母亲若能听到他的选择,一定会感动得哭泣。他在《手帕结》中是怎么说的呢?"若能让我选择我想当个什么,我若能再次活在这世上,那我绝不当作家,我要当名歌剧演唱家,莱哈尔③对我来说就是了不起,他掌握得真棒,这个莱哈尔让你不得不流下庸俗的泪水,但这些眼泪是真诚的。歌剧对普通人来说,不是没有艺术价值之物,而是他们想要成为的幻想。至少有一点点是。"

到晚年,赫拉巴尔乘车去克斯科纯粹是为了他那些猫,他先喂它们,然后就好几个钟头地坐在小沙发椅里——他的脚已经行动不便了,他与公猫卡西乌永远心心相印。"我这不幸的、逐渐衰老的卡西乌啊!"年已八十的赫拉巴尔,在一九九四年他一生出版的倒数第二本书《魔力》上写道,"这个音乐酷爱者啊,录有马勒与贝多

---

① 摘自《手帕结》。

② 摘自《赫拉巴尔文集》第 18 卷中的《贝比克!》。

③ 莱哈尔(Franz Lehár 1870—1948),奥匈帝国轻歌剧作家,以《快乐的寡妇》一剧著称于世。

在焦街 11 号"锚"酒家。摄于 1978 年。

芬交响乐的三十盘录音带就摊在收音机旁，连我的马勒第十交响乐我也不放了，因为卡西乌已经对音乐不再感兴趣，只有从一点到两点钟这个时刻（维也纳人将播放时间从上午挪到了中午——马扎尔按），维也纳才播放那些最棒的交响乐，那些乐队的指挥都是最优秀的。可是我没法听，因为下午两点我必须去赶乘公交车，几乎每天都是这时直接回到布拉格金虎酒家喝啤酒。"

录音带放完了。两年之后，连收音机也悄然无声了。我和卡林地区茨冈乐师们的头头米兰·科尔曼商谈，赫拉巴尔出殡时将演奏什么音乐，最合理的是演奏赫拉巴尔常听的《魔力》。

科尔曼乐队只演奏了一半《魔力》，然后就很顺畅地转到了罗马诺·韦杰的《茨冈的哭泣》。一九九三年，他们为庆祝赫拉巴尔寿辰，在乌·辛古酒家最后演奏过这首乐曲。那天，我第一次看到赫拉巴尔哭了。音乐就如同对准他跳动着的心脏，猛然一击……

视猫如子

"我想,我对恋人也从来没像对猫咪们这样关怀备至。我和它们在一起感受着一种惊人的情侣综合征……"赫拉巴尔在《手帕结》中非常坦率地承认。这听起来也许可以把它当做他的一句名言。这种"情侣综合征"实际上贯穿了他整个一生,直到他在克斯科林中小屋度过的最后几天。

他的第一只小猫,一只小不点猫,是他从小学一年级就养起的,是他回家路过宁城啤酒厂窗下,在葡萄藤里捡到的。这只猫不知从哪儿来,转到了这里,可怜巴巴地对着赫拉巴尔喵呜叫着,引起他一种从未有过的感觉,"猫的叫声是那样悲凄,我对它表示惊讶不已时,它便紧紧地依偎着我,我就感觉到我从未认识的一点什么。就在这一瞬间,我知道,这只小猫永远也不会离开我……那次我正好去看了个电影,电影院放映的是一部名叫《泥瓦匠赛贝丁》的滑稽片,于是我就给我的小公猫取了个名字叫'赛贝丁'。"赫拉巴尔的父母接纳了这只小公猫(其他的猫则总跟赫拉巴尔待在啤酒厂)。赫拉巴尔的童年世界从此增添了一片新的天地。"有时我想象天上的状况,就觉得那里一定也有猫。"尽管这只小公猫很快长成了一只大猫,小博胡米尔还总是跟它有着说不完的话。

大学期间,赫拉巴尔将自己的认识与感受相互一致地确定为如下哲理,"我全身心地体会到了拉吉斯拉夫·克里曼的一个美妙句子,即动物比人离上帝更近,对它们来说,一切都是理所当然的事。"

二十世纪五十年代,赫拉巴尔的朋友沃拉吉米尔·博乌德尼克也会与动物对话,关于这,赫拉巴尔曾在《温柔的粗汉》中写道:"他

在克斯科。摄于 1980 年。

不管什么时候一遇到猫,就立刻向它伸出手指,碰碰它的鼻子,用这样的办法与猫咪沟通,并对我说,'博士,谁跟小动物交朋友,就能免费与上帝交上朋友,有朝一日,这最低下的与最高贵的会走到一起,成为一个群体。'"

二十世纪六十年代,赫拉巴尔与妻子艾丽什卡住在布拉格利本尼的时候,"尊贵"的公猫艾江就是他们的宠儿,它本来名叫贝江涅克,可是赫拉巴尔嫌名字太长累得嘴唇疼,就把它名字的头一个字母"P"去掉,又将"涅克"两个字删了,于是便成了艾江。一星期之后,艾江就在院子里和利本尼的各个屋顶到处游荡。每逢周末,主人就把它带到他们刚刚买下的克斯科林中小屋去。艾江实际上像个孩子,一个淘气的小男孩,到后来,克斯科的大小猫咪在一定程度上替代了赫拉巴尔那压根儿没有出生的孩子。赫拉巴尔在一九八四年写过这么一段话:"我要是有个一男半女的,那我哪还会写作啊!我一定会去专心照看孩子,至于写作,我恐怕连想都想不起来。可你既然没有孩子,怎么办呢? 那我只好去上吊,或者写作。

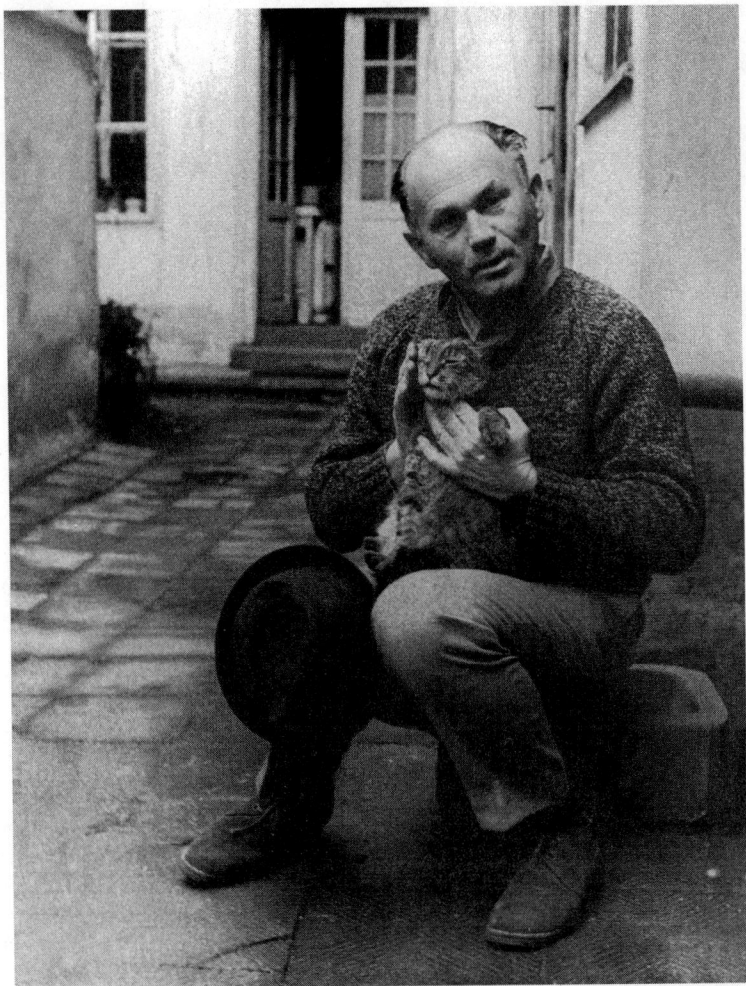

幸好有一件事情阻碍了我去自杀，那就是我在克斯科有一大群猫咪，它们仿佛离了我就没法儿活。于是我就必须坚持让自己有能力坐上车，买上一百二十克朗的猫饲料，像分给孩子们一样分给它们。"

赫拉巴尔在他《神秘的笛子》中已经把猫咪与孩子完全等同起来，"到最后，是我的那些孩子们——在林中小屋中等待着我的小

第二部分

猫咪们在拯救我,它们是我的孩子——既然你有这些小动物,你就得喂它们,你就是它们的父亲。由你来确定它们要吃些什么。实际上,它们在一定意义上就是你的孩子或情侣、宝贝。"谁知道赫拉巴尔是位怎样的父亲呢?由猫咪角度来判断,在饭食方面孩子们该是非常满足的。在赫拉巴尔最近几年的各类作品中,可以找到类似"晚餐我吃了两个三角形小面包,猫咪们吃了四分之一只小鸡"的叙述。据当时一个住在克斯科的人说,我这没工作的闲人,真恨不得每天上午正当赫拉巴尔喂猫的时候,躺到它们中间去。赫拉巴尔的确花了很多钱来养活自由自在生活在他地皮上的一群猫(一九九二年猫的数量甚至多达二十四只),为此,他尽了最大的能力来这样做。而他自己却凑合着随便喝点儿炼乳,吃点儿各式各样的香肠、烤肉卷……但这并不意味着赫拉巴尔不曾意识到自己内心深处的绝望与痛苦。他曾说:"我看到,我的手在发抖,因为我在买小鸡喂猫,而非洲有些地方的孩子却在挨饿。"除此之外,他喜欢猫咪们过得凉爽些,就像半野生的那样在小屋外面游荡着,在各处过夜——在干草堆里,杂物棚里,屋外随便什么地方……"我坐在这里,不挨风吹,在冬天,猫咪们却在门外咳嗽,我没放它们进到暖和地方来,而是让它们冻着点儿,否则的话,这些猫咪一高兴起来,恐怕会在我的床上、地毯上拉屎撒尿。"可到后来,赫拉巴尔又往往憋不住,赶上天寒地冻的日子,他就让大门敞开着,好让它们(主要是那些不怕人、让人抚摸的宠儿)自由自在地从这儿游荡到那儿,或在炉灶旁取暖。赫拉巴尔自己则因吹了穿堂风而着凉,流清鼻涕。有一次,他在半夜热得醒来了,因为有好几只猫躺在他身上取暖。赫拉巴尔生涯中这些有关猫咪的故事真是数不胜数。

"我那生活在林中地皮上的十来只猫咪并非和睦相处,在我眼里,它们是在上演一出出戏剧,带着几分感伤成分的悲剧,弄得我在夜里简直没法入睡。特别是,我常看到我的这些猫在黄昏分成好几堆、好几派,它们在夜里互相撕扯抓咬,死命地嚷吵、尖叫,甚至

猫食盘子一扫而光。摄于 1994 年。

猫们热烈欢迎它们的主人从布拉格回到克斯科。摄于 1992 年。

一只猫毫不留情地将另一只猫追赶上树梢，然后又将它这个敌人从树上撞下来，接着再追赶，直到那弱者跑掉，消失不见，没法再追赶为止。这些猫就像学校里的孩子、小顽童一样。

"这些小动物最有看头的是，它在最紧急的关头突然被什么吓得要命，心惊胆战，恐惧给了它十倍的力量，竟能使它飞速蹿到向它袭来的不幸的对岸。"①

一九八四年，赫拉巴尔在《手帕结》中谈到对猫的关爱，"我每天早晨都得去克斯科，为了能见到它们，照顾它们，喂养它们，即使天气恶劣，我也得去给它们壮壮胆，当然我也在那里写作。它们坐在那儿瞅着我。我大声播放马勒的音乐给它们听，我妻子气得嚷嚷起来。我们当时有两只公猫，一只名叫贝比多，另一只叫布辛卡，它们都在聆听音乐或睡觉，睡醒后还甜甜地叹息着。"

其实，赫拉巴尔一九七五年在《我走在布拉格街上》中就写到他跟猫咪们的不可思议的关系，"我有自己的目的，自己小小的快乐，越是清楚地知道这些猫咪在林子里等着我，我这快乐就越大，因为我是它们的钥匙，在它们眼里，我不仅是它们的喂养者，而且是它们的父亲，它们的上帝。它们只爱吃我给它们捎来的东西。它们坐着，打着呼噜，望着我，为这个把我们联系在一起的伟大的神秘联盟，而开心地眯缝着眼睛。我抚摸它们，它们则在我身上蹭来蹭去。我让它们像过节一样快乐，这种感觉也流露于我的眉眼之间。因为对这些猫咪们的爱也让我变年轻了。有时我一只一只地将猫咪托在手上，挨着它的脸，对它说些没轻没重的甜言蜜语，就像早些年我对着年轻姑娘的耳朵说话那样。"赫拉巴尔到底是怎样具体地与这些猫咪交往互动的呢？在他的《手稿》中可以读到一些，"在我走到小溪之前，猫儿史瓦尔察德就已经跑到我前面，它跑到溪边又折回来，就这么一去一回二十趟，每次跑回到我跟前就蹲下

---

① 摘自《赫拉巴尔文集》第 15 卷中的《记录着各类关爱的小本本》。

来,我则二十次地将它抱到怀里,它的脖子紧挨着我,我也紧挨着它,我们之间爱的绳圈就这样结紧又松开,反复二十次,真是甜美至极。我与这猫的神秘互动就这样一次次重新开始,一次次反复重来。人与动物,我与猫咪们的这种关系,真是美极了。

"人到了一定年龄,也就是变老之后,对于年轻漂亮女性的爱,也许只能是柏拉图式的,否则不免显得可笑。可是猫咪们爱我,就像我年轻时曾经喜欢女孩那样。"赫拉巴尔欣慰地说,"人只有在动物眼里才会变年轻,只有投入地生活的人才能变得年轻。在任何情况下,在大自然中,要像跟年轻女性一起生活那样去享用大地风光,领悟这大地这树木花草,在肉体渐渐衰萎之时,我还真有点儿永垂不朽。"① 之后,赫拉巴尔可以大胆地用哲学家的话来表达自己的心意,"小猫咪使我快乐,我从它们身上看到未来的大猫,我喜欢把我当做年轻男人的老猫。因为我们互相喜欢,就像黑格尔教导我们的,'恋爱的人没有肉体。'我与小动物是同一的。"每当赫拉巴尔在布拉格突然想念起他那些猫时(就像他在《小汽车》中谈到的),就立即坐公交车去克斯科,抱起它们,往它们的额头上舔,只有这样,他的担心与忧愁才离他而去。甚至当他有时坐在小轿车上,车要是开快一点,他马上就要求减慢速度,担心要是出了车祸,猫咪们怎么办。

当猫的数量不断增加,变得有些过剩时,问题就来了。有时还发生过这样的事情,邻居悄悄地将他们的几只小猫隔着篱笆扔到赫拉巴尔这边来,赫拉巴尔就将其照看起来。"谁想要家里有一点点安宁与和谐,那就不能养上十五只猫,更甭说在林中小屋里了,只需两只母猫,就能让你发疯,要是母猫又生了小猫崽,开始从外面往屋里叼来小崽子,那你就简直不知道该偏袒谁,是这些小鬼呢还是这只母猫。有时你会气得要死,要是你手边有一杆枪,你准会

---

① 摘自本书作者马扎尔为赫拉巴尔所汇编的《文稿》第四册。

把你那只爱得不得了的母猫一枪崩掉，因为被母猫叼来的那些小鬼，远比那只了不起的母猫要漂亮、温驯。于是，我这位赫拉巴尔先生也不得不学会残忍，当然是以自我折磨为代价。为此我写过一本书，是以不得不除掉的这只猫的名字为书名的①……终有一天，有人必须处理掉小猫。从少年时代起，这个角色总是由我来担任。恰恰因为我爱过它们，曾与它们生活在一起。我知道，让它们继续活着是行不通的。也可说我就是将它们从这世上除掉的人，我也曾经是那个去年或前年不得不宰杀掉两只母猫的人，因为我已有了十二只猫，必须去掉两只。不得不由我去将它们毙了，让它们减少一些。"这对赫拉巴尔来说是一个可怕的时刻，代价昂贵的时刻。

后来，一九八七年，赫拉巴尔的妻子艾丽什卡去世，这位著名作家像人们所说的变得脾气粗野、心灰意冷了，他为自己突然成了孤身一人而感到痛苦。可是在克斯科还有一群猫啊！他最钟爱的卡西乌就成了他的小宝宝。

从这时候起，赫拉巴尔常常说："我已经没什么地方可去了，只能去小酒家、饭馆，已经没有谁在等我了。"随后，又加上一句，"我还得去克斯科，因为得有人去喂那些小动物，安慰它们，而我实际上必须有一个为什么去那儿、并且为什么活着的理由。"②

也许是那些猫拯救了赫拉巴尔吧？这看去似乎有些荒谬。赫拉巴尔的确每天都在上午十点钟搭直达公交车去克斯科（最先是在佛罗伦萨公交车站，后来则在帕莫夫卡车站上车）。上车之前，他还要在便利店买些吃的，在肉铺里买些肉给猫带去。乘车到克斯科的"小凳站"将近一小时路程，从这儿去到赫拉巴尔的林中小屋就只有几十米远了。

赫拉巴尔曾经在《文稿 1993 年 1 月—1994 年 1 月》中描述说：

---

① 指《小汽车》。

② 摘自《赫拉巴尔文集》第 15 卷《吵嚷的美人儿》。

"每当我搭公交车抵达'小凳站',下车后几步走到林荫道上,就会立即看到——第一批来迎接我的是猫儿橘子和黑蛋,它们互相碰撞着脑袋,一块儿朝我走来,紧跟在它们后面的是三只黑公猫,顽皮的男孩子,它们中的一个尽管周身湿漉漉的,可还是时不时要仰天躺着,七翻八滚,想向我表明,它比那只总是待在篱笆旁的卡西乌更爱我。再后是其他几只大母猫,现在……又添了六只小猫崽。我被卡西乌吓了一跳。它闭着眼睛,小脑袋一下撞到我手心上,不过只是一小会儿。随后,这只猫咪护航队就在我前面蹦跳着,往栅栏缝里钻进钻出讨我欢心,因为它们清楚地知道,马上就会得到好吃的。我将背包和用塑料袋装着的食物放在椅子上,然后从码好的木柴堆里掏出钥匙,打开门,烧热牛奶,将香肠或烤肉卷切碎。尽管它们在互相抓挠打闹,大的欺侮小的,但几乎所有的猫都一块儿待在白桦木的桌子底下。卡西乌什么都得单独享用。我给它在桌子下的小红碟里放些切好的食物,然后往汤盘里倒些牛奶。小猫和母猫们的食物放在铁盘里,牛奶用小锅装着。我坐在椅子上陪着它们,弯身看着它们那些馋食的小红舌头,有时往小盘子里再倒些牛奶给小猫送去,然后坐在房间里凝视着天空、树木、灌木丛,聆听着维也纳新闻和世界各地最棒的乐队,并且这儿那儿的走到窗子跟前,再瞅瞅我的这群猫咪。"①

赫拉巴尔在这里还忘了补充一点,即当他在林中木桌上给猫们切食时,他还给自己掰下几块儿同它们一起尝味道,这就算是他的早餐,有时甚至这么打发一顿午饭。你们要是在场,赫拉巴尔准会切下一块说:"拿着!这烤肉棒极了,能用来下啤酒。我还得给小伙子们带些到酒馆去。"

"我实际上是不顾安危地在接触这一大群猫咪。我用眼神来回答它们的问题,我像哑巴一样用手势与它们沟通。"赫拉巴尔曾在

---

① 摘自作者为赫拉巴尔所汇编的《手稿》。

与猫们共进午餐。摄于 1994 年。

一九九一年说过,"只要它们一顿乱叫,我就知道这意味着什么。它们彼此之间可会没完没了地闹腾呢,然而这却是一首美妙的抒情曲。

"我就这样静坐着,凝视着大地这永恒的风光,而大自然对我们这些观赏者是很残酷的,它有它的规律,我清楚地知道,它现在是什么模样,到了秋天又将是什么模样。所有的树叶都会变黄,随后,会下雪,寒冬降临,我的那些猫咪怎么办?我就这么坐着,这些猫咪像婴儿似的安静下来,它们之间恢复了我不在那里时的关系。这很有趣。随后,突然又打闹成一团。接着又成为彼此非常温柔的一群……"

猫咪们就这样,每天上午十一点,一直走到车站去迎接赫拉巴尔,因为它们知道,那位从大老远就能认出的先生一定会来,他背上背着背囊,手里提着塑料袋,接着,他就会给它们分配食物,抚摸这些他心爱的猫咪。可是,有一次赫拉巴尔在克斯科的林中小屋待过了星期六、星期天,到第三天你知道怎么着?布拉格的公交车开来时,猫咪们照样连忙飞跑到"小凳站"去迎接他。赫拉巴尔打开小屋窗户对它们吼道:"你们这些笨蛋,我在家已经待了三天啊!"于是,它们又跑回来,他又得给它们牛奶喝,因为不想让它们白欢迎了一趟。

赫拉巴尔天真地认为,猫咪们只是眺望着他乘坐的那辆公交车。在这方面其实是难以捉摸的,它们其实什么都爱观看。有一次,赫拉巴尔在小酒馆里说:"我在克斯科半夜里突然醒来,因为做了一个不安的梦,有一种奇怪的感觉,怎么回事啊?在我的床沿上蹲着六只猫,直瞪瞪地盯着我,就像盯着一具即将入土的尸体,是不是那位每天给它们送食物来的人死啦?你设想一下看,这还是在夜里。"

听完维也纳新闻,通常在中午两点过后几分钟,赫拉巴尔就关上收音机,拿起背包,将钥匙放在木屋的柴堆缝里,重又磨磨蹭蹭去搭乘回布拉格的公交车。

"每当我在大雨中朝'小凳站'迈步时,两只喜欢蹲在门厅小柜上的公猫总是不高兴地看着我,因为我又要走了,因为我又要丢下它们。我从它们的眼睛里看出,只要我能在这儿留下来,跟它们在一起,它们该有多高兴,可是我已出门走进了水洼泥潭。寒风呼啸,干枯的槐树与白杨叶落四方,两只公猫跑起来,在我后面蹚着泥水,大声哭喊着责备我离开它们。待在通向外廊楼梯下方的六只小猫崽,一只挨一只蜷缩成一串念珠,伤心得连香肠、牛奶都不想吃,只是这么蜷成一团,将脸埋在小爪子里,冲着自己的脖子呼吸着,为的是别让一点点热气散掉。我听到,车站的铁皮屋檐被雨水打得咚咚直响,而这两只公猫站在我身边,身上雨水滴落,伤心地责备我离开它们,等公交车开来时,它们像两只落汤鸡似的站在椅子旁,我却上了车。车轮滚动,泥水四溅,两只公猫仍蹲在椅子下面,而我却乘车朝布拉格方向驶去,因为到头来我也跟我的猫咪们,跟这两只黑色的被雨水淋得浑身湿透而又冻得冰凉的男孩①一样,感到绝望。"

我们不必忧伤,不必担心,赫拉巴尔第二天一大早,又坐车回到了克斯科。尽管他头痛、脚疼,全身上下哪儿都疼,总而言之,他却非要去探望猫咪们不可。要是他不去,躺到床上,恐怕他就再也起不来了。谁能像他那样去照看它们呢?谁会去跟它们一道凝视那永恒与无限的深潭呢?

从一九九六年十二月起,一直到赫拉巴尔去世,他都住在医院里。一九九七年一月中旬,主任医师允许我们开车将赫拉巴尔接出去一天,至少到克斯科待一会儿。

我们拐弯抹角地问赫翁,"赫拉巴尔先生,您想不想就在下午看到您克斯科的那些猫?"

"也并不怎么想,不怎么想。"赫拉巴尔的内心在忧伤地斗争着,"克斯科那儿,一定可以找到一位能干的护林人。"他终于闭上眼睛,作出了这样的决定。

---

① 指那两只公猫。

译 后 记

二○○四年,我应邀访问捷克时,在布拉格我的一位捷克好友家看到了托马什·马扎尔所著《赫拉巴尔》这本书,一部开本大、篇幅长、插图多的有关赫翁的专著,真是喜出望外。但我跑遍布拉格的大小书店都没买到。这本书问世才刚刚一年就脱销,可见它受欢迎的程度。后来,还是由作者马扎尔亲自带我到出版该书的托斯特出版社图书门市部,才硬从书架上取下最后两本样书中的一本。马扎尔说:"真希望有一天能见到您的中译本,好让我能为中国朋友们进一步了解赫拉巴尔而尽到一分微薄之力。"接着,他还补充了一句说,"不过不必全译,摘译可能更合适,在匈牙利就是出的摘译本。"我对他的美好愿望当即表示了感谢。

从二○○一至二○○四年,中国青年出版社出版的"赫拉巴尔精品集"已经推出了八部作品①,加上二○○七年为纪念赫翁逝世十周年而出版的《河畔小城》中的三部②,在我国单是"中青"这一个出版社所出版的中译本赫翁作品就有十一部之多,且未加上先后在别的刊物零星译介的赫翁作品。我想,此时如能出一本较全面系统介绍赫翁的创作与生活的书,对喜爱赫拉巴尔,想要深入了解他的我国读者来说,无疑是非常有益的。

一开始,我对马扎尔不拘一格的编写手法还不大习惯。开头那

---

① 这八部作品是《过于喧嚣的孤独》、《底层的珍珠》、《巴比代尔》、《我曾侍候过英国国王》、《婚宴》、《新生活》、《林中小屋》和《我是谁》。

② 《河畔小城》一书包括《一缕秀发》、《甜甜的忧伤》和《哈乐根的数百万》三部作品。

一篇"电影结束了"是对赫翁最后一次住院的情景,也就是逝世前的日日夜夜的回忆。可到了占据该书三分之一还多的长篇幅"传奇的文学生涯"时,则是引文摘句,对赫翁曲折的文学创作历程和成就做旁证式的介绍、分析与评价①。到了该书的第二部分,则既非直接回忆,也不是学术分析,而是运用大量的不为人们所熟悉的宝贵素材,平实、客观地讲述赫拉巴尔学习、生活、兴趣爱好等各个方面的故事。直到我读完全书,才深深领会到作者的良苦用心。他就是想用既回忆又评介,加上讲述赫翁生活故事的"拼贴"手法来达到他想要达到的效果,让读者了解到赫翁既作为一位伟大的作家,又是一个真实而亲切、生活多姿绚丽的人,一个既平凡而又不平凡的人的全貌。

马扎尔的目的达到了。我从心底里感激他。

从"电影结束了"这一章可以看出,作者马扎尔是赫翁的莫逆之交。他比赫翁小四十二岁,但他们彼此之间的关系是世间少有的,真是比亲人还要亲。在赫拉巴尔的同辈亲朋好友相继过世,他膝下无儿无女、孤寂凄凉的晚年,马扎尔等几位年轻的莫逆之交就成了他生活中的拐杖,人们称他们为赫拉巴尔的"保护天使"。更重要的是,当赫拉巴尔被政府当局列为"清洗作家",禁止出版他著作的艰难岁月,这些知交朋友则冒着"违法"的艰险办起了地下出版社,传抄复印、扩散赫翁的文稿,使他的许多作品在国内外广为传播并得以保存。至于赫拉巴尔是否因为"喂鸽子不慎从医院的窗口坠落身亡",我们看了马扎尔在"电影结束了"中的平实叙述后也会有所判断,"偶然的不幸事故"?抑或是赫翁面对无情的现实的一个"勇敢的选择"?

去年秋末,我又一次应邀访问捷克,与马扎尔有了进一步的接

---

① 基于原定有限篇幅和考虑到赫翁的许多作品尚未译成中文,我国读者不熟悉,故摘译时对此章多有删节。

译后记

触。从他的一言一行中，不难看出他对赫翁的深厚情谊和深切怀念。他领着我走遍赫翁生前住过的河畔小城宁布尔克和布拉格的利本尼、克斯科的林中小屋以及赫翁丧生的布洛夫卡医院……他边走边向我讲述赫翁在这里那里发生的一桩桩事情。连赫翁出车祸、他心爱的小猫丧命的那段公路也没忘了指给我看，并且那么的富于感情。在马扎尔家里，他将珍藏的赫翁遗物(包括护照、小时候的成绩单)一一拿给我看。他的手有些颤抖，眼里含着泪花，声音沙哑。他送给我一些赫翁作品影片的光碟和一九九四年他为祝贺赫翁八十大寿出版的由赫翁亲自剪贴配画的《文稿1993年1月—1994年1月》，这本小书现在已成为人们收藏的珍品，当我表示不好意思接受这份厚礼时，马扎尔却说："赫拉巴尔生前就从不吝啬将有用的东西包括书籍送给需要这些物件的朋友，以最大限度地发挥它们的作用，免得在他死后弄得七零八落，成为无用的废物。"从这个小例子也可看出，马扎尔也是在默默学着赫翁的为人。我怀着深深的感激接受了馈赠。

《赫拉巴尔》一书中，马扎尔描述了赫翁生前在音乐、美术、体育、戏剧各方面广泛而浓厚的兴趣和不一般的造诣。赫拉巴尔纯真、羞涩、胆怯的恋爱以及对猫们父爱般的情感。赫拉巴尔那巴比代尔式的"身处底层、眼望高处、从不气馁"的言行举止，他那活得真诚真实真情，充满活力的人生魅力，一直呈现在我眼前，感染着我。感谢赫翁的作品与他伟大的人格魅力给我的启示，感谢马扎尔给我们介绍了这样一位不可多得的良师益友。

本书的出版，基于赫拉巴尔和他的作品翻译出版十余年后，迄今尚未被我国专业文学界熟知，所以编者同我商量，定名为《你读过赫拉巴尔吗》。我对这个书名表示赞赏。

刘星灿

2010年3月